KB140215

교정과 인문학

교정학의 인문학적 기초

교정과 인문학

교정학의
인문학적 기초

전석환 지음

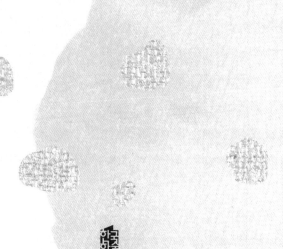

한국학술정보

이 저서는 2017년 정부(교육부)의 재원으로 한국연구재단의 지원을 받아 수행된 연구임 (NRF-2017S1A6A4A01020879).

본 저서 집필의 원초적인 발상은 '교정학에 대한 인문학적 접근'이라는 큰 주제로부터 출발한다. 무엇보다 먼저 본 저서는 현존하는 한국 교정학이 철학 등의 제 인문과학들과 조우하는 통섭적 혹은 융·복합적 형태를 지니게 된다는 점에 주목한다. 그러한 주제의 등장은 지금까지의 한국 교정학이 '교도소 관리학' 혹은 '행형법의 주석학' 범주를 벗어나지 못하고 있었다는 비판이 그 배경을 이룬다. 더 나아가 '규범학의 유사학문으로 일부 타 전공자들의 부전공 영역쯤으로 왜곡'되어 있었다는 일단의 교정학 전공자들의 자성으로부터 비롯되었다고 할 수 있다. 즉 교정학의 올바른 학문적 정체성에 대한 요구 중 하나가 바로 '교정학에 대한 인문학적 접근'이라는 모습으로 드러났던 것이다.

그러한 구체적 모습은 외연적으로 볼 때 일군의 교정 전공자들과 철학을 중심으로 한 인문학 전공자들에 의해 주도된 2007년 3월 27일 〈아시아교정포럼〉이라는 학회의 발족으로 확인할 수 있다. 그 학회는 1년 후 사단법인으로 거듭났으며, 2007년 이후 현재까지 연 3회 정기 학술지 〈교정 담론〉을 지속적으로 출간하고 있으며, 2013년 이후 〈교정 담론〉은 '등재 후보지'로부터 '등재지'로 승격 평가되었다. 그리고 2012년 사단법인 〈아시아교정포럼〉은 그 산하에 〈인문교정연구소〉를 출연시켰다. 이러한 계기를 통해 볼 때 〈아시아교정포럼〉의 활동은 교정학과 인문학이 '인문 교정' 혹은 '교정 인문 연구'라는 이름으로 명실공히 다학제적(多學制的) 성격을 지닌 학문으로서의 구체적 모델을 구현하고 있다고 자평할 수 있을 것이다.

본 저서 집필의 의도는 이러한 일련의 과정을 교정학 탐구영역 안에서 '교정인문학 구축(構築)을 지향하는 교정 인문의 운동'으로 전제하고, 그것에 상응하여 '그러한 운동의 내적 기초를 이론적으로 정립할 필요가 있다'라는 사실에 그 초점이 맞추어졌다. 왜냐하면 이제는 '교정학에 대한 인문학적 접근'이라는 이슈는 '교정학과 인문학의 접속'이라는 통로를 통해서만이 그러한 대상이 더 적극적으로 '담론화' 될 수 있고 '독자적인 학(學)으로서 정초' 될 수 있으리라고 기대되기 때문이다.

그러한 의도에 입각한 본 저술 작업은 가장 먼저 지금까지 축적된 교정학 탐구 안에서 인문학과 관련시킨 산발적인 연구들을 집산하여 분석·종합하고, 또한 교정학 안에서 인문학적 탐구의 미래 전망을 제시하는 것을 큰 목표로 설정한다. 그 목표 안에서 교정 인문 탐구의 가장 큰 화두는 무엇보다 먼저 '형벌이란 무엇인가'라는 물음이라고 필자는 생각한다. 그리고 그러한 물음은 '인간이 인간에 대해 형벌을 가할 수 있는 권리가 있는가'라는 물음으로 이어질 수 있다. 구체적으로 그러한 물음과 연계되는 것은 사형제도 및 신체형을 대체한 자유형의 시행 문제이다.

오늘날 보여주고 있는 교도소의 형태는 200여 년 전부터 시작되었다. 즉 신체에 고통을 가하는 징벌의 형태가 인간의 자유를 제한하는 구금형으로의 변화 결과가 바로 오늘날 우리가 보는 교도소의 일반적 모습이다. 육체에 고통을 가하는 전통적인 형벌의 신체형으로부터 자유형으로의 전환은 거시적 관점에서 보아 박애 정신의 결과인 휴머니즘의 구현이라고 할 수 있다. 물론 이러한 징벌의 변화 그 자체를 부정적으로 - 또 다른 억압의 형태, 혹은 더욱 가중된 징벌의 형태로 - 보는 시각도 있다. 그렇지만 대체로 교도소를 중심으로 한 자유형은 현재까지 형벌 형태로의 최선은 아니지만 '다른 대안이 없다'라는 이유로 국가나 사회체제 안에서 합법적인 것으로 받아들여졌다.

그러나 현대를 지나 후기 현대에 이른 현시점에서 범죄행위와 그에 따른 처벌에 대한 새로운 이해를 하자는 요구가 범세계적으로 일고 있음을 볼 수 있다. 이러한 현상은 한국에서 사형제도의 존폐에 대한 논의가 꼭 풀어야 할 사회적 문제의 이슈로 부상했음으로도 확인할 수 있다. 즉 이러한 이슈는 거시적 관점에서 인권과 사회정의의 문제로, 그리고 미시적 관점에서는 사회복지의 차원에서 활발하게 논의되고 있다.

현재의 교정학 탐구의 제(諸) 영역 안에서도 이러한 문제에 더하여 '회복적 사법', '평화 범죄학', '철학적 범죄학', '타자 윤리학' 등의 개념 틀에 접근한 다양한 연구가 이루어지고 있음을 확인할 수 있다. 부연하자면 교정 인문의 탐구는 기존 교정학 연구에서 볼 수 있는 단선적이고 평면적인 형벌의 형태로부터 다면적이고 다차원적으로 교정과 교화 작업을 바라보는 시각 전환의 요청을 함축한다. 물론 이러한 시각의 전환은 신종 범죄 출현의 가중 현상과 더불어 피해양상의 형태와 그에 따른 사회적 대처 양식의 변화에 상응하는 것이라고도 할 수 있을 것이다. 또한 그 처벌의 결과는 '곧 자유를 박탈하는 것이다'라는 전통적 교정의 패러다임을 바꿀 수 있는 '전환적 사고'를 밑바탕에 깔고 있다.

여기서 특별히 눈여겨볼 점은 이러한 사고의 전환은 응보적 사법(retributive justice)이라는 교정의 전통적 패러다임을 대신하여 새로운 사법 모델인 회복적 사법(restorative justice)의 등장과 긴밀한 연계를 지니고 있다는 사실이다. 다시 말해 교도소는 더 이상 형을 집행하는 형무소가 아니라는 것이다. 이러한 의미에서 볼 때 현대의 교도소는 '수형자를 관리하는 조직, 시설, 서비스 그리고 프로그램을 수행'하는 집합체이자, 형 집행 완료 이후 수형자들을 지역사회로 재통합하기 위한 '재사회화의 기관'이라고 정의할 수 있다.

이러한 전제를 바탕으로 필자는 본 저서의 집필을 통해 나름대로 축적된 – 특히 〈(사)아시아교정포럼〉의 결성 이후 – 인문학에 입각한 교정학 연구의 방향 및 경향 그리고 그 구체적 연구 업적에 대한 정리와 결산을 수행함으로써 교정 인문 연구의 미래적 향방을 제시하려고 한다.

본 저서 집필의 근본적인 모티브는 필자의 아주 오래된 독일 유학 시절로 거슬러 올라간다. 1984년 여름학기에 마르게리타 폰 브렌타노(Margherita von Brentano) 교수가 개설한 독일 베를린 대학(Freie Univ. Berlin) 철학과 세미나 '*Texte zur Diagnose und Kritik der Wissenschaft* (학문 탐구를 통한 진단 및 비판을 다룬 텍스트들)'에서 필자는 막스 베버(M. Weber), 프랑크푸르트학파의 비판이론, 특히 호르크하이머(M. Horkheimer)와 아도르노(Th.-W. Adorno), 하버마스(J. Habermas) 등과 더불어 쿤(Th.

Kuhn)과 페이어벤트(P. Feyerabend) 등의 과학철학을 읽게 되면서 과학론(Wissenschaftstheorie) 및 과학사(Geschichte der Wissenschaft)에 내재한 사회철학적 의미에 큰 관심과 흥미를 갖게 되었다. 특히 하버마스의 'Erkenntniss und Interesse(인식과 관심)'에 대한 담론은 실증주의 과학과 그것이 간여하거나 응용된 여러 인문·사회과학들의 문제를 필자로 하여금 자세히 들여다볼 수 있게 하는 큰 계기가 되었다. 그러한 주제에 대한 관심과 흥미는 귀국 후 여러 논문을 쓰는 데에 반영되었고 본 저서의 집필 방향을 결정하는 데에서도 크게 영향을 주었다.

이러한 내용을 담고 있는 본 저서의 활용성은 무엇보다 먼저 두 측면에서 살펴볼 수 있을 것이다. 첫째는 교육과의 연관에서 생각할 수 있을 것이다. 교정학 연구의 실제는 직간접으로 주로 실증주의적 방법론에 치우쳐 있다. 본 저서는 교정학 탐구가 실증주의적 관점 외에도 여러 가지 방법론의 차용이 필요하다는 생각을 할 수 있게 하는, 즉 사고의 지평을 넓혀줄 수 있는 유용한 매체로 활용될 수 있을 것이다.

둘째로 본 저서는 교정학 탐구 안에서 인문학을 집중적으로 연구하는 사람들에게 좋은 지침서가 될 수 있을 것이다. 아직 많은 사람들은 교정학과 인문학은 서로의 각기 다른 연구 영역으로 '간극의 폭이 아주 넓다'라고 생각하고 있다. 그러나 본서를 통해 교정학과 인문학은 각각 다르지만 공유되는 부분이 많다는 사실을 인식하는 데에 큰 도움이 되리라고 필자는 생각한다.

물론 본 저서가 일반교양서가 될 수는 없다고 필자는 생각한다. 그렇지만 그 활용적 유용성은 일반 사람들이 지니고 있는 교도소 및 교정학 연구 자체에서 발생할 수 있는 선입관 및 편견을 깰 수 있는 좋은 계기를 마련할 수 있을 것이다. 주지하다시피 지금까지의 전통적 형벌의 체계는 죄와 벌의 응보적 관점, 수용자의 무력감, 그리고 수용자의 사회 복귀 후 열악한 현실, 그리고 낮아지지 않는 재범률 등을 통해 부정적인 모습으로만 비추어지고 있었다. 과연 현존하는 교정 실제의 효과는 무엇인지에 대해 연구자들은 물론 교도소 밖의 일반 사람들도 많은 의문을 품고 있다.

본 저서는 이러한 의문을 단순한 물음이 아닌 적극적인 관심으로 전환하고, 또한 그 문제에 대해 같이 생각해 볼 수 있는 계기를 마련하는 데에 기여할 수 있으리라고 필자는 생각한다. 특히 본 저서가 교정학 영역의 전문 연구자들과 교정 업무에 종사하는 교정 공무원들로 하여금 새로운 논의의 단초가 제공되기를 필자는 기대해 본다. 더불어 필자는 본 저서가 읽는 이들에게 교도소의 '안과 밖'을 연결하면서, 추상적으로 남아 있는 '자유' 개념에 대한 이해와 그 실천에 더 큰 힘을 실어 줄 수 있는 계몽의 견인차 역할을 하리라고 필자는 희망하는 바이다.

본서는 2017년 한국연구재단의 〈인문사회 저술출판지원사업〉에 선정된 계기로 집필되었음을 밝힌다.

프롤로그: 교정학에 대한 인문학적 접근

　본 저서 안에서 필자는 세 가지 방향 – '과학성'·'철학성'·'실천성' –
에 세워질 '교정학에 대한 인문학적 접근'을 시도한다. 그 구체적 목표
는 그러한 인문학적 접근을 '어떻게 이론적으로 정초할 수 있을까'를
구상하는 작업이다. 더불어 그러한 이론 구상의 시도가 '어떻게 가능하
며 어떠한 한계가 있는가'를 본 연구에서는 고찰할 것이다.

　본서 집필 이전 필자의 선행연구들은 본서의 방향과 틀을 형성하는
데에 크게 기여하였다. 특히 2009년부터 2012년까지 '경기대학교 사
회과학연구소' 연구교수직 수행과정 중 나온 연구 결과물과 그 이후
다수의 연구논문들은 본서 집필의 중요한 근거가 되었다.

　이러한 필자의 의도를 살려서 본 저서는 4장으로 구성되어 집필되
었고, 각 장별 주요 내용을 간략하게 소개해보면 다음과 같다.

　제1장에서는 현시점에서 본 교정학의 정체성을 논의한다. 그러한
논의는 무엇보다 먼저 교정학 전공자들에 의한 교정 개념에 대한 정의
및 교정학의 기능과 역할을 살펴보는 것으로부터 시작한다. 여기서 교

정학은 다학제적 성격을 지니고 있으며, 그런 근거에서 교정학 연구는 인문학적 요소를 연구 대상으로 배제할 수 없다는 사실을 필자는 밝힌다. 그런데도 지금까지 대체로 수용하고 있는 사회과학으로 분류되는 현시점의 교정학적 성격을 논의한다.

그러한 전제에 터하여 사회과학적 탐구의 역사적 전개를 살펴보면서, 과학상의 변화에의 관점 안에서 사회과학이 지니고 있는 근본적인 문제점을 제기한다. 즉 사회과학은 자연과학에서처럼 원인 – 결과라는 메커니즘 속에서 일의적인 법칙을 추구하는 것뿐만 아니라, 더 나아가 구체적인 원인 – 결과의 관계에서 비롯되는 의미를 탐구해야 하는데, 그 의미의 문제는 결국 인식이 아니라 이해의 문제에 귀결된다는 것이다. 본 장에서 제기하는 그 문제점은 원초적으로 사회과학적 탐구 역시 인문학적으로 재해석되고 재맥락화되어야 할 대상으로서 인문학적 특성을 분명히 지니고 있으며, '교정학에 대한 인문학적 접근'의 등장 계기는 바로 이러한 필요에 부응했다는 점을 밝힌다.

제1장에 이어서 제2장은 교정학과 인문학의 관계를 규명하면서, 제1절에서는 먼저 인문학이 무엇인가를 밝힌다. 여기서 필자는 인문학은 자연과학과 그것에 의존하고 있는 사회과학과 상이하다는 점을 강조하면서 인문학은 상상력에 기초한 직관적 사유가 작용하는 연구 영역이라는 사실을 부각한다. 다시 말해서 인문학은 자연 과학적 방법이 사용하는 경험적 대상에 대한 관찰과 실험 대신 감정이입과 추체험과 같은 연구자의 주관적 관점의 개입이 필연적으로 요청된다는 것이다. 또한 인문학의 위기라는 현시대의 경향은 위기에 대한 담론이 다시 재생된다는 점에서 오히려 인문학적 위기는 '인문학적 호황이 도래한다는

증후가 될 수 있다'라는 필자의 주장을 담는다. 여기서 최소 현시점의 인문학적 위기로 인해 크게 좌절할 근거가 없을 뿐만 아니라 인본주의 정신의 토대를 새롭게 설정할 수 있는 도전 정신을 지닐 수 있게 해 주었다는 점을 필자는 덧붙인다.

이러한 바탕에서 인문학과 교정학의 연관을 살펴보면서 제2장 2절에서 필자는 두 영역의 연계에서 비롯되는 '교정학에 대한 인문학적 접근' 시도를 '교정학의 탐구 안에서 교정 인문 연구'라는 용어로 규정한다. 그리고 이 용어가 지니고 있는 총괄적인 의미를 필자는 교정학의 인문학적 측면을 연구 대상으로, 혹은 연구 영역을 표상하는 '총괄개념 (Sammelbegriff)'이라고 상정하고 다음과 같은 과제를 수행한다고 제시한다. 즉 교정학 탐구 안에서 교정심리, 교정역사, 교정사회학 그리고 행형법 등 안에 이미 드러나 있어 표출된 인문학적 요소들을 개발하고, 동시에 기타의 영역 안에서 아직 드러나 있지 않은 부분을 계발하는 시도로 이루어지게 된다는 점을 밝힌다. 그리고 제2장 3절에서는 그러한 시도가 객관성을 보장받는 방법을 점검하고 검토한다는 의미 선상에서 '교정 인문 연구와 과학론(Wissenschaftstheorie)과의 관계'에의 해명을 시도한다. 필자는 그러한 해명을 통해 교정 인문의 연구가 과학론이라고 하는 커다란 체계 안에 어디쯤 자리 잡고 있는가를 가늠해 보는 것이 필요하다는 점을 해명한다.

이러한 전제로부터 먼저 개괄적인 '과학론(Wissenschaftstheorie)'과 그 발전 과정에 대한 이해를 시도한다. 여기서 필자는 특히 '인식 (Erkenntnis)'에 대비시킨 '관심(Interesse)'을 통한 현대 과학론을 부각하면서, 하버마스(J. Habermas)가 관심에 정향된 세 가지의 과학적 유형 – '경험적 · 분석적 과학(empirisch-analytische Wissenschaft)'과 '역사적 · 해석학적 과학(historisch-hermeneutische Wissenschaft)', 그리고 '비판적 · 변증법적 과학 (kritisch-dialektische Wissenschaft)' - 을 제시한다. 이러한 하버마스의 틀을 명시적으로 원용하면서 필자는 각각의 과학 측면에서 본 교정학 안에서 교정 인문 탐구영역을 광의의 범주로서 '과학적 · 철학적 · 실천적 측면'으로 구획한다. 그리고 그러한 구획의 시도에는 분과학문의 폐쇄성을 넘어 다수 학제 간 결합 형태로서 나타날 교정 인문 연구가 담론화되거나, 또한 미래에 학(學)으로서의 정초 가능성의 윤곽이 들어있다는 점을 필자는 부기한다.

교정 인문 탐구의 개괄적인 구획을 전제로 하여 본서 제3장은 교정 인문 탐구를 정초하는 작업, 즉 연구 영역을 구체화하고 연구 방법을 제시하고, 연구 대상을 한정하는 작업을 수행한다. 제1절은 하버마스가 제시한 '경험적 · 분석적 과학'과 '역사적 · 해석학적 과학', 그리고 '비판적 · 변증법적 과학'으로 대별된 학문이론의 개별적 입장들에 상응하여 필자는 각 교정 인문의 탐구 안의 연구 영역이 어떠한 연구 수행의 장(場)으로 소여(所與)되어야 한다는 점을 해명한다. 더불어 그 각각의 영역은 또한 어떠한 특징을 지니게 되는가에 대한 설명을 덧붙인다. 제2절에서는 연구 영역에 담는 대상을 어떻게 연구할 것인가를 묻는 물음으로부터 출발하면서, 본서에서 방법론으로서 명시적으로 활용될 '메타(meta)이론'을 제시하고 논의한다. 그러한 논의는 무엇보다 먼저 메타이론이 적용될 근본적 기저(基底)를 자세하게 살펴본다는 의미의 측면에서 '연구 방법의 이론적 토대'를 밝히는 작업에 할애된다. 그리고 메타이론을 본서에서 명시적으로 사용될 방법으로 상정하면서

'메타이론은 무엇인가'를 정의하는 작업을 구체적으로 수행한다. 마지막으로 '메타이론이 본서의 연구에 적용될 때 사용할 매개(meditation) 개념들'을 소개한다. 그리고 필자는 제시된 매개 개념들이 기능적 측면에서 볼 때 두 가지의 차원에서 설명이 가능하다는 점을 밝힌다. 그 하나의 차원은 사용될 매개 개념들은 교정 인문 연구를 주제로 한 텍스트를 서술하는 데 있어 다양한 관점을 제공하는 역할을 담당할 수 있다는 점이다. 또 다른 하나의 차원은 그 매개 개념들은 지금까지 축적된, 혹은 앞으로 수행될 교정 인문 연구 성과물들을 평가하는 비평의 기준점으로 활용할 수 있다는 것이다. 이렇게 '연구 대상을 구성하는 제(諸) 요소들', 혹은 '그 대상을 주제로 하여 연구된 결과를 평가하는 조건 항(項)'인 매개 개념을 필자는 거시적 관점에서 이성과 탈이성의 사유적 측면으로 일단 구분하여 나눈다. 그리고 그러한 구분 안에서 그 개념을 다시 3가지의 요소들, 즉 '분석(analysis)' 및 '해석(interpretation)' 그리고 '해체(destruction)'의 개념 범주들로 제시한다. 이러한 메타이론적 요소를 구체적 방법으로 활용하는 교정 인문 연구는 주로 실증주의적 탐구를 매개로 하는 지금까지의 교정학 연구가 인문학적인 관심으로의 전회(turning)를 담는다는 목적에서 수행된다. 더불어 총체적 사회 과학적 탐구 방법을 비판적으로 이해하고자 하는 시도라고도 할 수 있다는 점을 제3장 2절에 부각시킨다.

이어서 3절에서는 앞에서 제시된 방법을 통해 다루어지게 될 교정 인문 연구의 실제적 탐구 대상에 대한 구체적 한정 작업이 시도된다. 그러한 작업은 '교정학 탐구영역 안에서 계열화된 연구 주제 및 주요 쟁점'을 분류 제시하고, 그것을 기준 삼아 직간접적으로 각각 상응하는

'메타이론적 관점으로 활용될 인문학적 탐구의 구체적 방향'을 설정한다. 또한 그러한 설정 항목에 의거하여 '지금까지 메타이론적 관점에서 다루어진, 혹은 지속적으로 다루어질 구체적 주제들'을 세분화하여 각각 제시한다. 그리고 이러한 계열화되고 세분된 근거를 해명한다. 그러한 근거를 필자는 메타이론의 기능과 역할에 부응한 두 가지 관점에서 요청된다는 점을 통해 밝힌다. 메타이론은 다른 이론들을 기술하는 이론 모델이라는 측면에서 첫째는 '교정학 연구 안에서 인문 교정 방법이 연계될 수 있는 접점은 어떤 것인가'에 대한 물음에 해답을 찾는다는 사실을 필자는 제시한다. 또한 메타이론은 대상화된 이론의 탐구영역과 구조 및 구성요소를 이해한다는 목표에 상응하여 필자는 둘째로 '그러한 접점이 존재한다면 어떠한 개발 및 계발이 필요한가'에 대한 물음에 대한 해답을 탐구하는 것이라고 제시한다. 그리고 그러한 작업은 다음과 같이 구체적으로 세 가지의 갈래로 자리한다.

가) 교정학 연구 안에서 전제된 탐구의 목표는 교정 인문 연구를 통해 어떠한 논의가 필요한가?
나) 교정학 연구 안에서 제시된 탐구의 단초는 교정 인문 연구의 주제로 어떻게 접근시킬 수 있는가?
다) 교정학 연구 안에서 여러 인문학과의 다자적 협업의 전략은 어떻게 구사되어야 하는가?

이러한 교정 인문 연구의 정초 작업을 전제로 하여 본서 제4장에서는 교정 인문의 탐구를 과학론에 의해 분류된 과학적 · 철학적 · 실천적 측면에서 지금까지 축적된 연구 성과를 제시하고 평가한다. 그러한 서술 과정은 과학적 · 철학적 · 실천적 측면에서 본 교정 인문 탐구의 등장 배경을 설명하고, ⟨(사)아시아교정포럼⟩의 정기 학술지 ⟨교정 담론⟩ 2007-2020년 사이에 기고된 연구논문들을 중심으로 각각의 주제에 상응하여 분류 · 제시하고 비평의 관점에서 평가를 시도한다.

이러한 시도를 전제로 제4장의 제1절과 제2절 그리고 제3절 안에서 필자는 특히 교정학에 대한 인문학적 접근, 즉 교정 인문 연구의 접근을 통해서 각각의 인문학적 입장들이 제시한 특수한 성과들을 조명하는 것을 일차적 목표로 설정한다. 즉 구체적으로 교정 인문 연구가 지금까지 어떤 문제점들을 담고 있었는지를 살펴보고 그것들이 향후 어떻게 극복되어야 할 것인가 대하여 논의할 것이다. 그런 바탕에서 제4장에서는 마지막으로 현재의 교정 인문의 연구들 안에서 현재 누락되었거나 미진한 측면을 지적한다. 그리고 새로운 이론의 개발 및 계발의 시도를 통해 지속 가능한 연구 주제들을 드러내고 그 탐구의 미래 전망을 진단해 보기로 한다.

목차

제1장

교정학의
정체성 문제

제1절

교정학이란 무엇인가

앞서 머리말과 프롤로그에서는 간략하나마 본서의 전체적인 목적과 논의의 과정을 밝히고 있다면, 이어서 본 장에서는 교정학의 특성, 즉 정체성을 논의한다. 그러한 논의는 '교정'이란 무엇이고, '교정을 탐구를 하는 교정학'은 무엇인가를 먼저 묻는 것으로부터 시작되어야 할 것이다.[1] 교정학 전공자들에 의한 교정 개념 내지 교정학에 대한 구체적인 정의(定義)를 먼저 살펴보기로 한다.

이윤호는 교정(corrections)이란 "범죄 피의자나 수형자를 관리할 책임이 있는 조직, 시설, 서비스 그리고 프로그램의 집합"이고 그 용어는 원래 "유죄가 확정된 범죄자, 즉 수형자에게 적용된 행동"이자, "그들을 지역사회로 재통합시키기 위해 취해지는 행동"[2]이라고 정의한다. 그러한 교정이라는 개념은 교정과 관련된 "다양한 사람, 기구, 제도, 조직의 철학, 시설, 그리고 절차와 관련되므로 교정은 그만큼 더 복잡한 것으로 보일 수밖에 없다"[3]라고 설명한다.

이백철은 교정 개념의 해명을 협의적 · 광의적 차원 두 가지로 나누어 시도하고 있다. 협의적으로 교정은 "교정시설 내에서 이루어지는 제반 교정행위만을 범위"[4]로 하는 것이며, 교정의 광의적 정의는 "비행 소년이나 범법자를 대상으로 하는 교정시설에서는 물론 학교나 가정, 그리고 일반사회 단체 등을 포함한 모든 분야에서 행해지는 행위를 포함한다"[5]라는 것이다. 또한 그는 교정 개념을 교정 실제의 범주로 분류하면서 협의적 · 광의적 차원 두 가지로 설명한다. 협의적 차원에서는 "징역형, 금고형, 노역장 유치를 받는 자와 구류형을 받은 자에 대하여 교도소 내에서 형을 집행하는 절차", 즉 "교정과 행형 그리고 시설 내 처우의 의미를 동일한 개념으로 이해"[6]하는 것이라고 설명한다. 이러한 협의적 차원의 교정 개념을 확대하면 "자유형의 집행 외에 미결구금과 자유 박탈적 보안처분의 집행까지 포함하는 개념"[7]이라고 그는 설명한다. 또한 광의적 차원의 교정 개념의 실제적 범주는 협의의 교정 개념과 그 확대된 "협의적 개념 외에 보호관찰, 갱생보호 등 사회적 처우를 포함"[8]하는 것이라고 부기한다.

허주욱은 교정 개념의 규정을 좀 더 자세하게 분류하고, 정치한 범주화를 시도한다. 그는 교정의 개념을 '최협의(最狹義)의 교정', '협의(狹義)의 교정', '광의(廣義)의 교정', '최광의(最廣義)의 교정'으로 구분하고, 전통적으로 동일시되어 온 행형(行刑)과 교정 개념을 명확하게 분리해서 정의하고 있다.[9] 행형이라는 용어는 "교정의 형식적, 법률적 측면"이라면, "교정은 행형의 실질적, 이념적 의미"[10]를 강조하는 데에 그 의의가 있다는 것이다. 이런 근거로 "행형은 교정의 기초를 조성하는 법적 개념"이라면, "교정은 행형의 목적개념으로 상호 엄격히 구분"[11]될 수 있어야 한다고 주장한다. 그는 이러한 전제를 바탕으로 교정 개념을 명료하게 해명하고 있는 가운데 다음과 같이 교정 영역을 분류하고 있다.[12]

(표 1)

1. 최협의의 교정(행형) (자유형의 집행절차)
⇩
2. 협의의 교정(행형) (최협의의 교정+미결수용자에 대한 수용절차=시설 내 처우) (형의 집행 및 수용자의 처우에 관한 법률)
⇩
3. 광의의 교정(행형) (협의의 교정 +구금성 보안처분 +중간처우) (형의 집행 및 수용자의 처우에 관한 법률 + 소년법 등)
⇩
4. 최광의의 교정(행형) (광의의 교정 + 사회 내 처우) (형의 집행 및 수용자의 처우에 관한 법률 + 소년법 + 보안관찰법 + 치료감호법 + 보호관찰 등에 관한 법률 등)

이렇게 제시된 각각의 교정 개념들에 따라 교정학의 성격과 더불어 교정학 연구의 범위가 규정된다. 그런데 이러한 교정과 교정학에 대한 성격을 규정하는 데에 있어서 공통된 주장의 하나는 교정을 대상으로 한 연구는 '다학제적(interdisciplinary)', 혹은 '융·복합적' 그리고 '통섭(consilience)'의 형태를 지닐 수밖에 없다는 점이다.

이러한 특징을 허주욱은 교정학 탐구 안에서 중요한 연구 영역은 "교정학과 인접 학문과의 관계설정"[13]이라는 점에서 교정은 하나의 탐구 방법을 통해서는 연구될 수 없음을 밝히고 있다. 이것을 이윤호는 "교정의 종합 과학성"[14]이라고 정의하고, 이백철은 "교정학의 종합 학문적 성격"[15]이라고 명시하고 있다. 허주욱은 주요 교정 연구 방법이 "교육"인 이상 무엇보다 먼저 주관적인 "수형자의 개성파악을 떠나서는 그 목표를 달성할 수 없으"므로 여러 '과학적 방법'이 요청되고, 특히 "인류학, 생물학, 교육학, 일반의학, 정신의학, 사회학, 심리학, 노동치료학 등 광범위한 인접 학문의 관여가 필요"[16]하다는 점을 역설한다.

이윤호는 교정은 "형벌을 집행하는 과정 이상을 의미하며", 또한 "범죄자를 처벌하기 위해 이용되는 관행 그 이상을 뜻"하고, "단순히 구치소나 교도소를 운용하는 이상의 의미"[17]를 지니고 있다고 설명한다. 결론적으로 교정은 "우리 사회가 그것을 통하여 사회의 정의를 실현하기 위해 추구하는 하나의 체제 또는 체계"[18]라 할 수 있다고 그는 주장한다. 그렇기 때문에 그는 교정의 이론과 실제를 이해하기 위해서라면 전통적으로 답습된 연구 방법 외에 "다양한 학문의 분야"가 상당 부분 "기여"[19]하여야 한다는 것이다. 그는 이미 교정학 연구와 연계되어 "교정학의 발전에 크게 기여한 학문 분야"로 "역사학, 사회학, 심리학",[20] 규범학[21] 등을 예로 든다.

이백철 역시 교정의 "종합적 특성을 이해"하기 위해 교정은 "규범학 체계", 즉 "헌법, 형법, 형사소송법, 형의 집행 및 수용자의 처우에 관한 법률, 보호관찰 등에 관한 법률 등" "기존 행형학의 근간" 안에서 '역사학, 사회학, 심리학' 등의 "학문적 결합"[22]이 필요하다는 점을 역설하고 있다.

이러한 전제로부터 우리가 알 수 있는 것은 교정학 자체의 연구에서 다양한 학문 분야, 특히 인문학적 연구 분야가 자연스럽게 연계되며, 또한 인문학적 탐구 방법이 개입될 수밖에 없다는 사실이다.

우선 역사학은 "현재의 교정철학에 영향을 미치는 지배적인 문화적 가치와 행위는 무엇인가를 반추"해 줄 수 있기에 "교정의 역사를 분석함으로써 우리는 현재의 교정정책을 위한 새로운 방향을 제시"[23]할 수 있는 유용성이 있다.

또한 사회학은 일탈, 소외, 동조와 순응, 권위 등의 인문학적 요소를 함축한 개념들을 교도소와 재소자 그리고 교도관과의 관계에 적용해 연구함으로써 특수한 교도소 내의 생활에서 파생되는 "부문화(sub-culture)"[24] 파악에 집중할 수 있다. 이러한 일련의 인문학에 기초한 사회학적 시도들은 교정학 연구를 행형학의 연구 영역을 넘어서, 교도소의 안과 밖을 연결하는 데에 크게 기여할 수 있게 만들 수 있을 것이다.

그리고 교정학 연구 안에서 심리학은 "형벌과정에 대한 재소자와 교도관의 행동 반응이나 태도를 규명함으로써" 교정의 실제에 "지대한 공헌"[25]을 했다고 평가할 수 있다. 또한 교정학 연구 안에서 심리학은 지속적으로 현재까지 "범죄자의 분류나 이를 바탕으로 한 대부분의 교정 처우가 상담 등 심리학적 처우가 대종을 이루고 있다"[26]라는 주장에서도 그 중요성을 확인할 수 있다. 구체적으로 말하면 교정 연구 안에서 심리학의 가장 큰 기여는 인문학적 간여 없이 이루어질 수 없다는 사실이다. 즉 인문학적 관점이 전제된 심층 심리학적 접근은 "교정되어야 할 문제의 특성을 규정함으로써 처우의 효과를 증진할 수 있는 진단유형"[27]을 연구하여 '교화개선프로그램'의 효과를 크게 증진하였다'라는 점이다. 이러한 의미에서 교정학 안에서 심리학은 "재범의 예방과 사회방위라는 목적을 달성하고자 형사사법의 기능", 즉 '치료적 사법(Therapeutic Jurisprudence)'[28]의 목적 아래 정신의학과 더불어 형사 사법제도를 실천 구현하는 매우 중요한 탐구의 영역이라고 할 수 있다.

교정학 연구에 있어서 규범학적 관점은 교정 개념의 범위에 따라, 즉 최협의, 협의, 광의, 최광의의 교정 개념을 적용할 때에 따라 법 적용의 범위를 다르게 전제한다.[29] 즉 교정학의 규범학적 관점은 교도소 내의 자유형의 집행으로부터 시작하여 교도시설 외의 처우와 보호관찰, 사회봉사명령, 수강명령, 가석방, 갱생보호 등 사회 안에서 처우까지의 과정을 각각 구분하면서 범주화할 수 있다. 20세기 이후 점차로 행형의 개념은 협의로부터 최광의의 교정 개념으로 파악되고 있으며, 여기에 상응하여 교정의 규범적 눈높이 또한 변화하고 있다. 또한 교도소 내의 '교화'라는 실천은 교육학 내지 교육심리와의 연계를 빼놓을 수 없다. 이러한 학문의 실제는 재소자와 교화자의 소통, 즉 교정상담(correctional councellng)을 전담하는 상담학, 혹은 상담심리학과 같은 인문적 소통이 전제된 연구에서 이룬 혁혁한 업적에서 확인할 수 있을 것이다.[30]

거시적 관점으로 본서 안에서 주제로 삼고 있는 교정학의 인문학적 측면은 앞에서 제시된 역사학, 사회학, 심리학, 교육학 및 교육심리, 상담학 및 상담심리학의 연구 영역 등에서 그 뿌리를 찾을 수 있다. 대체로 그러한 틀은 크게 보아 '교정학에 대한 인문학적 접근'이라는 탐구 범주에 자연스럽게 합류시켜 논의할 수 있을 것이다.

이상의 논의에 근거하여 지금까지의 교정학의 제(諸) 연구 영역은 다음과 같이 제시될 수 있다.[31]

(표 2)

〈교정학의 탐구영역〉	〈교정학 탐구영역 안에서 세분된 연구 주제 및 주요 쟁점〉
교정의 이념과 목적	교정의 개념, 교정학의 연구 범주
형벌의 이념과 적용범주	형벌의 정당성 여부, 처벌의 형태 및 기준, 교화 개선과의 관계, 사형제도 존폐여부, 교정관련법에 대한 논의
범죄학 이론과 교정	범죄 현상, 범죄 원인, 범죄유형, 범죄통제 및 대책, 범죄피해자론
교정관리(행정)론	교도소의 역할, 교정조직, 구금의 타당성 여부, 교도관의 직무만족도, 교도관 교육, 교도소 건축구조, 수용자의 처우 문제,
교정심사론	수용자의 분류 문제 및 분류제도, 교정 상담
교정 처우론	수용자의 인권, 수용자의 교화 및 교육
특수교정론	여성, 청소년 범죄자, 노년 수용자, 사형수 혹은 무기수, 약물 중독자, 정신장애자, 외국인 등에 대한 교정
교정사회문화론	교도관/재소자의 의식과 태도, 교도관/재소자의 부(하위) 문화, 남성/여성교도소 문화 및 부(하위) 문화
교정(학)의 역사	한국 교정(교정학 혹은 교정행정)의 역사, 세계 각 나라의 교정(교정학 혹은 교정행정)의 역사, 한국 교정제도와 다른 나라 교정제도와의 비교연구
교정학 연구의 미래 전망	확장되고 심화 되어야 할 교정 연구의 영역 및 방법, 새로운 교정 실천이념의 정립

사회과학으로서의 교정학

교정학을 '독립적 과학성'을 전제로 하여 하나의 독자적 학문으로 분류하기에는 그 태생적 한계가 있다. 말하자면 교정학 자체의 정체성 문제는 지금 한국 사회 혹은 한국의 학계라는 특수성에서만 발생한 것은 아니라는 점이다.

교정학은 원래 형사정책(Kriminalpolitik)의 한 부분으로서, "형사 정책학은 사실로서 형사정책을 대상으로 일정한 이념 아래 그 가치를 판단하고 그에 대한 효과적인 원리를 탐구하는 학문"[32]이며, 형사학, 혹은 범죄학(Kriminologie/Criminology)이라는 용어와 흔히 혼용되어왔다. 원래 형사 정책학은 크게 보아 '범죄의 원인론'과 '범죄 예방 및 대책론'으로 구분되며, '범죄 원인에 관한 과학적 해명이라는 측면'에서 "범죄의 원인을 탐구하고 인간의 행동을 경험과학적으로 분석하는 사실학 내지 경험과학"[33]이다. 형사 정책학은 필연적으로 '범죄 원인에 대한 다양한 규명방법'으로 인해 '심리학, 정신의학, 인류학, 교육학, 통계학 등' "다른 학문 분야의 성과를 기초하지 않을 수 없는 학제적 성격(der interdisziplinäre Charakter)"[34]을 지니게 되었다.

이렇게 교정의 연구 영역이 형사 정책학 안에서 여러 학문에 걸쳐서 비독자적으로 존재했고, 또한 "범죄학의 쌍생아인 행형학(Penology)"[35] 정도의 연구 방법론에 머물고 말았던 것은 어쩌면 학문 분화의 역사적 배경에서 본다면 당연한 귀결이라고 할 수 있을 것이다.

물론 교정학 연구에서 계량적 탐구의 관점에 기초한 통계나 확률 등을 통한 실증적 과학성의 활용을 결코 배제할 수는 없다. 즉 교정행정 및 교정관리, 그리고 범죄유형에 따른 재소자 분류 및 처우 등의 문제에서 경험 · 분석적 방법은 반드시 필요하다. 그래서 교정학 연구가 계량적인 연구를 넘어서 질적인 연구를 지향한다고 해도 그러한 방법은 '교정 연구의 실제'에 있어서 그 활용 및 사용에서 얼마나 효율적인 효과를 내는가에 큰 의미가 놓여 있다고 하겠다.

그러나 종래의 처벌을 위한 교정의 관점이 '범죄의 예방 및 대책'에 초점이 맞추어졌다면, 현대사회의 교정은 '범죄인의 사회복귀과정'에 중심을 두면서 교정학의 정체성은 새로운 국면을 맞이하게 되었음은 주지의 사실이다. 물론 "한국의 형벌 제도, 그리고 감옥-형무소-교도소의 분석작업은 별도로 추구"되어야 한다는 전제로 그러한 관점에 반(反)해서 현대사회의 범죄학, 혹은 행형학은 "정치적 · 이데올로기적 정당화의 계기로서 법의 중요성이 그만큼 약화하고 대신 '과학'과 '공학'이 점차 헤게모니적 지식/권력이 되어감을 시사"[36]하는 것이라고 보는 관점도 있다. 그러나 대체로 교정 실제 변화와 교정학 연구는 재소자의 사회복귀과정의 문제에 초점이 맞추어져 있고, 그것을 더욱 확대한 "범죄는 범죄를 만들어낸 바로 그 사회에서 해결"[37]되어야 한다는 '재통합(reintegration model)'의 이념이 좀 더 중요한 것으로 언급된다. 즉 재통합 개념은 그 한계 역시 뚜렷하게 드러나고 있지만, 범죄자를 사회 안에서 포용하기 위해서는 "시설에 가두기보다는 지역사회의 의미 있는 접촉과 결속을 끊지 않는 것이 중요"[38]하다는 주장으로 설명될 수 있다.

그런데 이러한 진단에 비교하여 한국 교정학 연구의 경향은 어떠한가?

좀 오래된 주장이기는 하지만, 아직도 한국 교정학의 연구 풍토가 그리 변하지 않았다는 전제로 교정학자 이백철의 주장을 소개해보기로 하자: "우리나라의 교정학이 오랜 기간 교도소 관리학이라고 폄하될 수 있을 정도로 영역을 넓히지 못하고 정체되어 있었던 이유는 다음 몇 가지로 요약될 수 있다. 첫째, 일본적 학문 담론과 행정 관행에 지나치게 의존해 있었다는 점이고, 둘째, 사회과학적 학문인 교정학이 규범적 학문인 법학의 아류 학문으로 위치하여 독자적인 영역을 확보하지 못했다는 점이며, 셋째, 행형학에서 교정학으로 명칭이 변경된 상징적인 변화 후에도 품질 높은 교정 담론을 창출할 자원이 지속적으로 창출되지 못하였다는 것이다."[39]

연구의 결론 부분에서 이백철은 이러한 정체 현상을 극복하는 전략적 향방을 다음과 같이 제시한다: "교정학이 법학이라는 왜곡된 등식이 해체되고, 일제, 냉전, 군사의 잔재로부터 해방되어 개혁성, 다양성, 실천성에 입각한 담론이 창출되어야 한다. 자연스러운 인간의 역사적 삶 속에서 억제되고 배제되었던 또 다른 인간의 삶을 찾아 대등한 반열에 올려놓는 작업이 교도소학을 교정학으로, 교정학을 또 다른 대치된 담론학문으로 정착시켜 가는 길이다. 이는 무한한 예술적, 문화적 상상력이 학문적 담론에 그리고 실천적 담론에 이입되어 배양되고 창출되는 개방형, 개혁성 풍토에서만 가능한 일이다."[40] 여기서 눈여겨볼 점은 첫째는 '교정학은 사회과학이다'라는 주장이고, 둘째는 '교정학은 실천적 사회과학이면서도 문학 등 인문학과 더불어 예술 및 종교의 연계가 가능한 담론으로 정착되어야 한다'라는 주장이다. 이러한 주장이 지니고 있는 함의는 다음과 같이 구체적으로 해석될 수 있다. 첫째는 교정학이 사회과학이지만, 연구에 있어서는 전술한 계량적인 자연과학적 방법에서 벗어난 '질적이고 비형식적인' 방법론을 도입해야 하고, 둘째는 그러한 연구의 범주는 인문학과 예술 및 종교 등을 접목한 담론으로 확장되고 심화되어야 한다는 것이다.

그 외 다른 교정학 연구자 허주욱은 교정학이란 "교정 전반에 관한 이념과 학리를 계통적으로 연구하는 학문"[41]으로 '사회학, 심리학, 정신의학 등' "관련 학문의 종합적 응용이 요청되는 분야이기는 하지만 형사정책과 결코 동일개념은 아니"[42]라고 정의한다. 그런데 교정학은 "교정제도의 사회적 배경과 그 방향을 탐구함으로써 사회학적 법칙을 발견함을 또 하나의 목적으로 한다"[43]라고 그는 규정한다. 교정학은 하나의 사회과학이라는 점이 분명하게 부각되는 대목이다.

대체로 다른 교정 연구자들 역시 '교정학은 사회과학이다'라고 명시적으로 제시하지는 않았지만, 대체로 교정학의 성격을 '사회과학의 특징을 지닌 모습'으로 설명하고 있다. 이윤호는 교정학이 "교정의 종합

과학성"을 특성으로 하고, 교정이 '형벌을 집행'하는 혹은 '범죄자를 처벌하기 위한 관행'이 아닌 "단순히 구치소나 교도소를 운용하는 이상의 의미"[44]가 있다고 규정한다. 그럼에도 "교정의 역할, 범죄통제와 관련된 교정의 관행 그리고 교정인들의 업무수행 절차와 방법 등 다양한 분야의 물음에 답해야 할 의무"[45]가 교정학에 있다는 점에서 암묵적으로 교정학의 정체성을 사회과학의 특징 안에서 찾고 있는 듯하다.

윤옥경은 한국 교정학의 학문적 정체성에 대한 검토를 비교적 자세하게 논의하고 있다. 2004년 발표된 연구논문 「〈교정 연구〉 게재논문 분석을 통해 본 교정학의 연구 영역과 연구 동향」은 비록 특정 연구지에 기고된 논문들에 대한 분석만을 시도했지만, 그 연구는 여타 다른 연구보다 교정학의 정체성 문제에 대해 구체적이고도 심도 있는 접근으로 평가할 수 있다.

윤옥경은 일단 "교정학이 실무와 이론의 연계가 강한 실용학문이라는 것, 그리고 이러한 학문의 성격상 학제 간 접근(interdisciplinary approach)이 필요하다는 것 등에 대부분이 동의"하지만, "인접 유사학문 영역과의 모호한 경계로 인해 학문적 정체성의 혼란이 존재"하는 이유는 연구자들 간의 "교정학의 내용과 접근방식에 대해서는 이견"[46]이 있기 때문이라고 언급한다.

'한국사회에서 교정학이라는 학문의 정체성에 대한 논의가 필요한 이유'를 "교정학이라는 학문이 정립되어가는 과정에 있으므로 그 연구 주제와 방법론 적용에 있어서의 발전 가능성이 열려 있다는 생각"[47]을 전제로 윤옥경은 다음과 같이 주장한다. "교정 관련 현상은 사회과학적, 경험과학적으로 접근해야 하는 '사회적 현상'이라는 것이다. 따라서 규범적 논의와는 다르게 현상의 이해(what is)와 과학적 설명이 필요하다. 문제는 규범적 해석(normative argument)의 측면과 경험과학적 설명의 측면이 균형 있게 보완적으로 병치 되어야 함에도 우리나라의 교정학계에서는 법학적(규범학적) 규정이 지배적이었던 반면 사회과학적 특성은 부차적인 것으로 간주해 왔다는 사실이다."[48] 그러한 이유로 윤옥경은 "교정학이 행형과 관련된 협소한 연구 영역"을 탈피해야 하며, "방법론적 면에서 사회과학적 기초"[49]를 통해 교정학의 사회과학적 성격을 형사정책 및 행형법학에 대비해서 중요 비중을 지닌 정체성의 한 축이 되어야 함을 주장하는 듯하다.

그런데 윤옥경의 주장 중에서 '규범적 해석과 경험과학적 설명이 균형 있게 보완적으로 병치' 되어야 한다는 말은 무엇일까? 이것은 외형적으로 볼 때, 교정이 형법 및 행형학과 사회과학 간의 갈등의 문제로만 비칠 수 있다. 그러나 구체적으로 그 문제를 들여다본다면, 그 문제는 정신과학과 자연과학 사이에 놓여 있는 커다란 화두인 '가치의 논쟁'을 둘러싼 문제인 것이다. 가치의 문제는 사회과학의 연구 방법론에 있어서 중요한 논쟁적 주제였으며, 아직도 그 학문적 논의에 있어서는 끝나지 않고 열려 있는 부분이라고 할 수 있다. 그런데도 한국 교정학이 사회과학이라는 정체성을 지니기 위해서라면 사회과학적 측면의 교정학 연구에서는 이러한 문제의식을 좀 더 심층적으로 파고들어 갈 필요가 있다.

그러한 의미에서 한국 교정학이 명실공히 사회과학으로서의 면모를 지니게 되기 위해서는 사회과학이 지니고 있는 과학성을 교정학 연구에 반영하고, 혹은 활용하고 있는가를 검토하는 일이 중요하다. 또한 연구 과정 안에서 사회과학의 과학성에 상응하는 연구 방법론의 다양성이 확보되었는가에 대한 논의가 필요하다. 그리고 마지막으로 다양한 과학론에 기초한 사회과학의 방법론의 가능성과 한계를 제시하는 일이 필요하다.

말하자면 여기서 '사회과학과 더불어 교정학의 정체성'을 주제로 하는 논의는 '무엇무엇이다'라는 현 상태에 대한 진단보다는 '무엇무엇이어야 한다'라는 규제적 당위성에 초점을 맞추어 논의해야 될 것이다. 즉 '사회과학으로서의 한국의 교정학'은 '아직 그곳에' 도달하지 않았으며, 그렇기 때문에 명실공히 '사회과학으로서의 교정학'이라는 목표에 도달시키기 위한 방법적 전략이 무엇보다 먼저 제시되어야 할 것이다. 필자는 그러한 전략을 다음과 같이 제시한다.

첫째는 다른 인접 학문과의 원활한 소통이 필요하다. 교정학 자체가 원래부터 다학제적 구조를 지니고 있는 학문이지만, 실제에 있어서는 활발한 교류가 부재하다. 사회과학의 규격을 갖추기 위해서 철학 및 여러 인문학과의 교류가 필요한 이유는 다학제적 연구를 수행하기 위해서이기도 하지만, 이른바 교정학의 '질적 연구'를 질적으로 수행하기 위해서도 필요하다. 이러한 필요성은 "인접 학문 분야의 지적 자산을 제대로 수용"하는 작업이라고 할 수 있고, 특히 '인문학적 영역에서 개발된 질적 연구의 전통', 즉 "현상학, 해석학, (문화) 인류학, 언어학, 문(예)학의 영역"[50]의 성과를 적극 활용해야 한다는 사실을 함축한다.

둘째는 사회과학의 과학성에 대한 면밀한 이해가 필요하다. 즉 사회과학의 변모 양상은 자연과학의 과학성의 변화 구조와 상응되거나, 혹은 유비적인 관계로도 이해가 가능하다. 즉 사회과학의 다양한 과학성의 현주소 안에서 연구자는 자신이 가지고 있는 과학관에 따라 스스로의 연구 방법을 선택해야 할 것이다. '연구의 과정은 과학적 성격의 적용이어야 한다'라는 막연한 생각은 결국 인접 학문과의 단절로 이어지고, 결과적으로 "자연과학과 인문학의 상호보완 작업의 흐름에서도 비껴가 있"[51]을 수밖에 없을 터이다. 이러한 연구의 태도는 "인접 학문 간의 경계 넘기를 통해 활발한 담론을 만들어내는 요즘의 추세에 맞지 않"[52]을뿐더러, 자신 스스로 질적인 연구를 수행한다고 전제했다고 하더라도 결과적으로는 질적인 수준에 훨씬 못 미치는 피상적인 양적인 연구 방법의 수준 정도를 구사하는 결과에 머물 수밖에 없는 것이다.

셋째는 교정학 연구 영역 안에서 각각의 연구자에 의해 선택된 연구 방법에 대한 치열한 논쟁이 필요하다. 하나의 사회과학 이론은 자신의 과학론을 배경으로 성립한다. 그러한 이론적 틀을 지니고 연구를 한다면, 상이한 학파나 학자들 사이에는 차이나 거리가 존재하지 않을 수밖에 없다. 학문의 연구에서의 상호비판이나 논쟁은 그런 점에서 상존할 수밖에 없다. 꼭 서양에서 일어났던 학문적 논쟁들이 유일한 패러다임이 될 수는 없지만, 그곳에서 있었던 논쟁들을 학문사적 반성으로 필히 참고해야 할 이유가 있다.[53] 한국 교정학 연구 안에서 방법론적 논쟁이 아직 없었다는 점은 선언적으로 주장된 '사회과학을 아직 자기 학문의 정체성으로 내세울 수 없다'라는 한계를 보여주고 있다고 하겠다. 물론 이러한 현상은 교정학이나, 사회과학에서만 있는 것은 아니지만, 이론적 논쟁을 두려워하는 것은 학자로서의 책임을 회피하는 직무유기일 뿐만 아니라 학문의 발전을 저해하는 행위임에는 틀림이 없다.

이러한 전제를 바탕으로 다음 절에서는 먼저 '사회과학 이론의 역사적 전개'를 일람하고, 이어서 사회과학 이론의 과학성을 중심으로 그 이론적 정당성의 문제를 논의한다. 또한 그것을 바탕으로 사회과학으로서의 교정학이 성립할 수 있는 근거를 검토하기로 한다. 이러한 논의는 교정학이 사회과학이라면, 사회과학적 근거를 갖추어야 하고, 그러한 근거는 결국 인문학적 연계의 필요가 요청된다는 점을 함축한다. 그러므로 전개되는 다음 절은 본서 제3장에서 다루어질 교정학 안에서 인문학 적용의 문제와 제4장에서 다루게 될 인문 교정 탐구이론의 구상 가능성에 대한 본격적인 논의를 가능하게 만드는 전제 조건이 될 것이다.

제3절

사회과학적 탐구의 문제

(1) 사회과학 이론의 역사적 전개

인간이 사는 공동체, 즉 사회를 보는 이론적 시각은 고대 사회로까지 소급될 수 있다. 이미 아리스토텔레스는 인간을 '정치적 동물(zoon politikon)'로 정의했다는 사실은 인간을 자연적 환경이 아닌 사회라는 배경을 전제하면서 해명하려고 했음을 알 수 있다. 지면 관계상 고대 사회 이후 현대에 이르기까지의 사회이론 변화의 전부를 기술할 수는 없지만, 그러한 변천은 대체로 목적론적 시각에서 인과론적인 시각으로의 관점 변화[54]를 통해 살펴볼 수 있다. 즉 이리한 변화는 아리스토텔레스적 전통으로부터 갈릴레오적 전통으로의 변화상으로 정리해 볼 수 있다. 다른 용어를 빌려 본다면 또한 그러한 변화는 유기체적 세계상으로부터 기계론적 세계상으로의 전환 모습으로 그려질 수 있을 것이다. 물론 그러한 변화의 동인(動因)이 되었던 것은 다름 아닌 자연과학과 테크놀로지의 발달이라는 사실에 놓여 있다.

이러한 변화의 시작은 데카르트(R. Descartes)의 '정신과 물질 모두를 실체로 규정'한 이후 가속화되었다고 볼 수 있다. '물질은 정신보다 더 하위의 개념이 아니다'라는 데카르트의 이원론적 주장으로부터 정신을 물질 자체로 환원시키려는 일원론적 경향은 19세기까지 실증주의와 유물론 혹은 실재론이라는 이름으로 확산하고 심화하였다. 물론 실증주의라고 일컫는 과학주의 이론 역시 많은 변화를 거듭했지만, 19세기 말부터 20세기 초에 이르러 초기 실증주의의 과학성을 넘어서서 과학은 새로운 모습으로 등장하였다. 즉 그러한 변화 안에서 살펴볼 때 이른바 '자연과학적 이론'이라는 것이 성립되기 위해서는 사실에 대한 관찰과 실험의 결과보다는 인간의 의식과 인간의 주관적 가치관이 오히려 더 큰 영향을 준다는 점이다.

이러한 변화에 상응하여 20세기 중반 이후 사회과학자들도 사회과학의 방법론적 관점 내지 탐구의 범주 및 대상에 대한 논의를 거듭하면서 새로운 사회과학의 정체성 찾기에 주력하고 있음을 확인할 수 있다. 그러한 모습이 집중적으로 나타난 계기는 독일의 막스 베버(M. Weber) 이후 1960년대 독일과 영미권을 중심으로 등장했던 이른바 '실증주의 논쟁(Positivismusstreit)'이다.

'실증주의 논쟁(Positivismusstreit)'은 근세 이후 사회과학의 문제, 즉 가치와 방법 등을 주제로 삼아서 그것과 유사했던 논쟁의 역사 안에서 볼 때 당연히 "제3의 방법론적 논쟁(der dritte Methodenstreit)"[55]이라고 명명될 수 있다. 첫 번째 논쟁은 19세기 말 역사학파의 입장에 선 쉬몰러(G. Schmoller)와 이론적 분석의 관점에 선 멩거(K. Menger) 등을 중심으로 일어났던 경제학 영역에서 방법론적 논쟁(Methodenstreit)이다. 이 논쟁은 광의적 관점에서 보자면, 발전 일로에 있었던 자본주의의 역기능에 대한 이론적 반향이었다. 그 구체적 전개 내용은 경제 행위가 그때까지 상식적으로 전제되었던 단지 '경제 메커니즘의 문제'일 뿐만 아니라, 가치의 문제, 즉 '윤리의 문제'를 수반한다는 사실을 제기한 것이었다.[56] 두 번째 논쟁은 쉬몰러와 멩거의 경제학의 방법론에 대한 논쟁에 대응해서, 막스 베버(M. Weber)가 제기하고 역사학파와 이론분석학파 양(兩) 진영과의 사이에서 치열하게 전개된 '가치판단에 대한 논쟁(Werturteilsdebatte)'이다.

19세기 말부터 시작된 이러한 논쟁들의 연속선 상에서 '실증주의 논쟁'은 아도르노(Th.-W. Adorno) 대(對) 포퍼(K. Popper), 그리고 하버마스(J. Habermas) 대(對) 알베르트(H. Albert) 간의 치열한 논쟁으로 서구의 대륙철학과 영미 철학의 대결 구도 안에서 살펴볼 수 있다. 그러나 구체적으로 살펴본다면 이 논쟁의 성격은 변증법적 논리의 철학과 경험과학적 분석에 기초한 철학에 세워진 방법론의 대결이었다고 평가할 수 있다. 물론 근세기의 데카르트(R. Descartes) 중심의 합리론적 대륙철학과 영국 경험론적 입장의 로크(J. Locke)의 대결이 아직 끝나지 않은 것과 같이 이러한 논쟁의 결말은 아직도 진행 중이라고 할 수 있을 것이다.

여기서 중요한 점은 아도르노를 비롯한 비판이론의 변증법적 사회과학에 대항해 포퍼 등은 사회과학의 방법론적 관점이 실험과 관찰을 기초로 한 '자연과학의 프레임이 합리성을 보장해 줄 수 있는 유일한 기준이 되어야 한다'라고 주장한다. 물론 '소박 실재론'적 입장의 실증주의는 배격되어야 하지만, 포퍼는 자신이 근거를 지워 표방하는 '비판적 합리주의(der Kritische Rationalismus)'의 '반증의 원리(Falsifikationsverfahren)'를 통해 사회과학 방법에 대한 해명을 다음과 같이 시도한다:[57] "학문 혹은 지식은 모름지기 지각, 관찰, 혹은 데이터의 집합, 사실에서 시작되는 것이 아니라, 문제들(Problemen)로부터 시작한다. (…) 하나의 문제에 대한 해결시도가 비판에 의해 부정된다면, 다른 방법의 시도가 있을 뿐이다. (…) 그래서 학문의 방법은 (…) 가장 예리한 비판에 의해 규제되어야 한다. 그것이 바로 시행착오의 방법(Methode des Versuchs und Irrtums)에 기초해서 세워진 비판적 학문 탐구이자 계속해서 육성되어야 할 부분이다."[58] 사회과학 논리 안에서 포퍼에 의하면 여전히 '경험 분석적 방법론이 예언과 추측이라는 비합리주의보다 우월하다'라는 점 이외에도 현실적인 측면에서 그러한 방법론에 의존하고 있는 '과학과 테크놀로지의 발전은 인간 삶의 질을 높이는 데에 매우 유용하게 쓰인다'라는 점을 높이 평가하고 있는 듯하다.[59]

알베르트는 한 걸음 더 나아가 변증법적 사회과학적 탐구 방법은 하나의 비합리주의적 방향으로 나아가면서 마침내 '신화화(Mythologisierung)'로의 길로 빠지지 않을 수밖에 없다고 주장한다. 알베르트는 하버마스의 '경험과학의 방법론적 폐쇄성에 대한 비판'[60]에 대응해 다음과 같이 그 재비판을 시도한다: "총체적 이성에 대한 변증법적 헌신(Kult)은 특정한 것에 대한 문제 해결로는 만족하기에 어려운 너무나 많은 요구 조건을 내세우고 있다. 그렇지만 변증법적 방법 안에서는 이러한 요구 조건을 충족시킬 수 있는 해결 방식이 없기 때문에 암시와 지시 혹은 은유만으로 자기만족을 찾지 않을 수밖에 없을 것이다."[61]

대체로 이러한 경험 분석적 방법을 옹호하는 포퍼와 알베르트 등의 '비판적 합리주의' 측의 비판에 반해 아도르노는 사회과학의 '경험적 분석의 한계'를 지적한다. 즉 아도르노는 경험·분석적 방법에 기초한 사회과학적 탐구는 결국 '경험세계의 허구성'을 빌미로 삼아 "사실을 조작하여 이데올로기를 재생산해 내는 결과"[62]로 빠지게 된다는 점을 환기시킨다. 하버마스는 이러한 아도르노의 주장을 더욱더 정교하게 과학론의 문제에 결부시켜 실증주의가 근본적으로 지니고 있었고, 포퍼 등에 의해 완화된 기준을 지니고 있음에도 불구하고 '학문의 가치중립성(Wertfreiheit)'이라는 전제에 대해 언급한다. 즉 포퍼 등의 경험·분석적 사회과학의 방법론은 - "사실(Tatsachen)과 결단(Entscheidungen)의 이원론으로 정형화될 수 있는 명제를 토대"[63]로 한다는 주장 - "삶의 실제적 문제들을 과학의 지평선에서 사라지도록"[64]했다는 것이다. 이러한 하버마스의 주장은 '사회를 총체적 전체로 파악해야 한다'라는 아도르노의 변증법적 명제를 충실히 따른 것이었다.[65] 알베르트는 하버마스가 옹호하는 이러한 방향의 변증법은 마치 '언제 어디서든지 모든 문제를 해결할 수 있는 듯이 보이는', 즉 현실에서는 결코 가능하지 않은 "만능 신(deus ex machina)"[66]이라고 야유한다.

　　이러한 20세기의 방법론적 논쟁은 사회학 및 사회철학의 지적 전통에서 큰 궤적을 남겼다고 평가할 수 있다. 그렇지만 이러한 논쟁을 통해 경험·분석적 사회과학과 비판이론이 중심된 변증법적 사회과학의 양분화라는 결과에 직면하게 되었다. 그러한 결과로부터 얻은 소득은 자연과학의 연구 절차가 과연 '인간과 사회 모두를 아우르는 인문사회과학의 탐구 방법론에 모두 적용될 수 있는가'라고 하는 회의와 더불어 '적용 가능하다면 어떤 방법을 통해서 가능한가'에 대한 논의를 촉발하게 되었다. 이른바 '해석적 과학론'에 의존하여 '해석적 사회과학'을 둘러싼 논의는 앞서 살펴본 방법론적 논쟁에서 비켜 나와 또 다른 사회과학적 방법을 제시하였던 것이다.

'이해 사회학(Vershenssoziologie)'이라고 흔히 명명되는 알프레드 슈츠(A. Schutz)는 막스 베버가 견지했던 '해석적 과학론(die hermeneutische Wissenschaftstheorie)'을 비판적으로 수용하면서, "객관적인 방식으로 주관적인 영역을 연구"[67]하고자 했다. 슈츠는 인간의 행위가 '의미'를 통해 규정된다는 베버의 명제를 답습하고, 자신의 사회과학적 방법론을 계발시키는 것의 첫걸음은 무엇보다 먼저 의미의 개념을 구성하는 일에 있다고 천명했다. 또한 그는 후설(Husserl)의 현상학적 분석을 그의 작업에 직접 적용하면서, 베버가 남긴 '주관적 의미'라는 범주를 자명한 전제가 아니라, 오히려 해결해야 할 문제 그 자체라고 규정하였다.[68] 이러한 슈츠의 사회과학적 방법론의 함의는 일견 '반실증주의적 경향'으로 간주할 수 있지만, 막스 베버에 대한 평가처럼 사회과학 방법론에 있어서 "실증주의와 반실증주의 사이의 가교역할을 하는 중간 단계적 입장"[69]이라고 정의할 수 있을 것이다.

이러한 사회과학의 방법론적 구도는 현재 사회학 내지 사회과학의 분류를 그들이 지니는 과학관 혹은 과학성(Wissenschaftlichkeit)을 기준 삼아서 첫째는 '경험 분석적 사회 과학론', 둘째는 '해석적 사회과학론', 그리고 셋째는 '비판적 사회과학론'으로 계열화할 수 있을 것이다.[70]

현대 사회과학의 흐름은 20세기 들어서 백가쟁명(百家爭鳴)의 모습으로 묘사할 수 있지만, 그럼에도 불구하고 제시된 상이한 과학론에 기초한 3가지 유형의 방법론을 통해 그 향방을 가늠해 볼 수 있다.

　그러한 방향을 볼 수 있는 정황은 다음과 같이 정리될 수 있다: 과학성과 실증성을 위주로 하는 사회과학적 탐구는 즉 "(…) 이러한 접근 방식들은(경제학이 사회과학을 장악하는 것이 임박했다고 할 정도로) 경제학과 여타 사회과학 간의 연계를 강화하고 있으며 (…), 합리주의적 과학철학과들과 강력한 동맹을 형성하고 있다. (…) 하지만 자의식적인 '과학적' 또는 연역적 접근방식들과 함께 '질적' 또는 '비형식적' 연구 방법들도 점차 정당성을 증대시켜 가고 있다. 민속지적 현지조사와 참여관찰 같은 오래된 관행들이 이제 구술사(oral history)나 전기연구(biographical research)에 의해 보완되고 있다. (…) 다른 영역에서와 마찬가지로 여기서도 사회과학의 혁신적 접근방식들과 문화 및 문화연구 간에 중요한 수렴이 일어나고 있다."[71]

　20세기 중반까지만 해도 사회과학의 연구는 자연과학의 과학론을 담보로 한 경험 · 분석적 방법론이 대세를 이루었다. 즉 사회가 학문 탐구의 연구 대상이 된다면, 확립된 자연과학의 탐구 방법을 기준 삼아서 수행되어야 하는데, 그 이유는 자연과 마찬가지로 인간이 삶을 영위하는 사회 역시 '법칙 정립적(nomothetic) 과학'에 의해 설명될 수 있다고 믿었기 때문이다. 그러나 자연과학자들이 이론이나 법칙에 도달하는 방식은 관찰과 실험을 통한 결과로서 정당화되는 것이 아니라, 오히려 역사학이나 심리학, 혹은 사회학의 탐구영역에 속하는 '발견의 맥락'[72]일 뿐이라는 것이다. 말하자면 법칙 정립적 과학 역시 '개성 기술적(idiographic) 과학', 즉 "인문 · 사회과학에서의 역사적 · 텍스트적 · 민속지적 연구들"[73]과의 연계 없이는 성립 불가능하다는 것이다. 사회과학의 탐구 안에서 '정성적 연구 방법', 즉 '질적 연구 방법(Method of the Qualitative Research)'이 반영되어야 한다는 강력한 주장의 배경에는 이러한 경험·분석적 방법과 인문학이 연결된 구조이기 때문에 등장한 것이었다.

경험 분석적 방법론에 기초한 자연과학은 "세상에 대한 지식을 모아서 그 지식을 시험 가능한 법칙과 원리로 응축하는 체계적이고 조직화된 탐구"[74]이지만, 그것은 결코 자연과 사회 그리고 인간 전체에 대한 일원론적 보편성을 담지할 수 있는 것은 결코 아니다. 그것이 여러 이론들 가운데 "가장 경쟁력 있는 설명"의 모델이 되기 위해서라면 "다양한 현상들에 대한 여러 설명들을 서로 연결하고 일치시킬 수 있을 때"[75]일 뿐이다.

위의 논의를 살펴보면 결국 사회과학적 탐구가 '과학적 방법'을 사용했다면, 그러한 과학적 방법의 성격이 무엇인가에 대한 물음의 답은 자연과학에서의 어떤 유형의 과학론을 차용했는가를 고찰하는 것에 달려있다. 결론적으로 본다면 사회과학 탐구 방법에 있어서 그 이론의 정당성은 오로지 자연과학이 현재 지니고 있는 각각의 과학론에 대한 해명을 '어떻게 수용하는가'에 달려있고, 또한 '어떤 과학론을 선택했는가'에서 찾아질 수 있을 것이다. 사회과학의 탐구에서 인문학적 사유가 요청되는 소이(所以)가 여기에 있다고 하겠다.

(2) 사회과학 이론의 인문학적 특성

총체적 과학 탐구의 다양한 연구 영역은 크게 보아서 경험과학과 순수 이론과학이라는 범주로 구분된다. 경험과학이란 자연과 인간의 여러 현상들을 분석하고 기술하며 설명하는 기능을 수행한다. 그것은 자연과학적 탐구의 방법에 의해 구체적으로 수행된다. 그 탐구의 대상은 현상으로 드러나 있는 사실(facts)이며, 자연과학자들은 그 사실들에 대한 관찰과 실험을 통해 귀납 논리를 사용해서 결론을 끌어낸다. 이러한 맥락에서 "자연과학은 사실 위에 세워진 구조물이다."[76]라는 데이비스 (J. J. Davies)의 주장은 자연과학의 정의이자, 자연과학관을 한 마디로 축약해서 표현한 말이라 해도 과언이 아니다. 즉 경험과학이란 오로지 경험적 사실에 근거해서만 검증될 수 있고, 그러한 검증이 또 다른 검증에 의해 오류로 판단되기 전까지만 유효한 것으로 수용된다.

이러한 자연과학적 탐구의 방법은 이미 고대철학에서 그 원형을 발견할 수 있지만, 17세기에 이르러 갈릴레이(G. Galilei, 1564-1642)나 뉴턴 (I. Newton, 1642-1727)과 같은 근세의 과학자들에 의해 드디어 과학적 탐구의 방법적 모델로서의 보편성을 획득하기 시작하였다. 주지하다시피 갈릴레이는 코페르니쿠스의 지동설을 관찰과 실험의 방법을 통해 증명했으며, 뉴턴은 1687년 『자연철학의 수학적 원리』의 출간을 통해 만유인력의 원리를 처음으로 밝히고 인류로 하여금 이른바 '기계론적 세계관'을 통용시키는 데에 첫발을 내딛게 하였다. 세계를 기계론적으로 파악하는 것은 그때까지의 아리스토텔레스적 우주론과 역학에 대한 도전이자, 유기체적 세계관과의 고별을 뜻하는 것이었다.

베이컨(F. Bacon)의 경험론을 기점으로 홉스(Th. Hobbes)의 자연주의를 거쳐 로크(J. Locke)의 경험론적 인식론은 유기체적 세계 파악 및 인간 이해와는 정반대로 기계론적 세계관에 상응하는 모습을 드러내고 있다. 그러한 모습은 학문 탐구의 방법이 아리스토텔레스적 연역법 대신 귀납법의 원리로 이행되었음을 선포하는 것이었다. 물론 자연과학적 탐구의 귀납법이 종래의 연역법을 완전 배제하였다는 것은 아니고, 탐구의 과정 안에서 귀납의 전제가 연역의 대전제를 가설로 상정하고 귀납의 결과를 연역하는 방법으로 대체되었다는 사실을 의미한다. 그러한 탐구과정의 구조는 다음과 같이 제시될 수 있다:

① 가설의 제시
② 관찰을 통해 얻은 누적된 사실(데이터)의 집산
③ 귀납적 추론을 통한 실험의 수행
④ 법칙과 이론을 결과로 추출
⑤ 결과로부터의 연역적 추론
⑥ 결과의 응용 및 활용을 통해 사실에 대한 설명과 미래에 대한 예측

이러한 귀납주의에 기초해서 형성된 지식은 다른 지식의 형태, 즉 미신, 직관적 주장, 전통에 의해 전수된 관습 등에 기인하는 지식에 비해서 신뢰를 줄 수 있는 객관성을 지닌다. 그리고 귀납의 추론 과정 안에서 그 근거가 될 수 있는 관찰 사례의 경우가 많을수록, 관찰조건의 변화가 많으면 많을수록, 그 도출된 결과의 객관적 신뢰도는 높다고 평가된다. 그러나 연역적 과정에서처럼 추론의 결과가 전적으로 참(眞)인 것으로, 즉 일반적이나 보편적인 것으로 확인될 수는 없고 다만 개연적인 참에 머물고 있을 뿐이다. 단적으로 말해서 귀납의 원리는 정당화될 수 없다. 대체로 그러한 귀납 원리의 문제점에 대한 대응적 태도는 3가

지로 요약될 수 있다.[77]

첫째는 귀납의 전체 원리에 대한 회의적인 태도이다. 이미 잘 알려진 대로 흄(D. Hume)은 귀납은 논리적이나 경험적으로 정당화될 수 없으며, 그러한 근거로 과학 자체는 합리적으로 정당화될 수 없다는 견해를 고수했다. 그래서 흄은 과학적 법칙이나 이론들은 하나의 믿음이며 반복된 관찰에 의거한 심리적 습관이라고 주장한다.

둘째는 총체적인 경험적 지식은 경험에서 나온다는 전통적인 귀납주의적 주장을 전제하지 말고, 경험이 아닌 근거에서 귀납 원리의 합리성을 찾는 일이다. 과학사에서 엿볼 수 있는 과학의 발전 과정 안에서 보여주는 - 예를 들면 뉴턴의 물리학 체계로부터 아인슈타인의 상대성 이론에 이르기까지 - 이론과 법칙의 흥망성쇠는 귀납 추론의 전제나 논증의 방법이 더욱더 정교해져야 한다는 주장에 기초하고 있다.

셋째는 과학 자체가 귀납의 원리로 성립되는 것이 아니라는 사실을 입증하는 것에 초점을 맞추는 일이다. 포퍼(C. Popper) 등이 주장하는 반증의 원리(principle of the falsification)는 이러한 귀납주의 문제에 대한 구체적 대응 태도라고 할 수 있다.

라카토스(I. Lakatos)는 과학의 발전 과정이 사실에서 도출된 원칙이 단지 관찰로부터 귀납 추론을 통하여 나오거나, 혹은 과학이라는 것을 포퍼처럼 단지 추측과 반증을 통해 해명할 수 있는 것을 넘어선 '복잡한 구조'라고 주장한다. 그는 '반증을 통해 배제되지 않는 것이 이론'이라는 포퍼의 주장은 총체적인 과학의 발전 과정을 피상적으로만 파악한 것이라고 비판하고, 이론은 "구조적 전체로 파악되어야 한다"[78]라고 주장한다. 쿤(Th. Kuhn)은 이러한 과학 발전의 변화 계기를 '혁명', 즉 '패러다임의 변환'으로 설명하면서, 과학 발전의 연속성은 '지금까지 정상 과학이라고 간주되었던 이론구조의 포기와 그 자리를 양립 불가능한 다른 이론으로 대체하는 것에 지나지 않는다'라는 사실을 주장하였다.

특별히 주목해야 할 부분은 그러한 과학 발전을 이끄는 '과학자들이 모인 학문 공동체의 사회학적 성격'이 과학이론의 혁명에 중요한 역할을 담지하고 있다는 사실이다.[79] 말하자면 연구 대상에 대한 과학자들의 주관적 선택이 보통 사람들이 수용하는 객관성의 최종적 근거가 된다는 사실이며, 이것은 일정한 기간이 지나면 또 다른 형태의 패러다임으로 대체되곤 했었다는 것이다.

페이어벤드(P. Feyerabend)는 한 걸음 더 나아가 "과학의 방법을 과학자들의 선택과 결단을 지도한 길잡이"[80]로 이해하면서, "과학자에게 길잡이 구실을 하는 규칙을 제시하는 것이 방법론의 역할이라는 입장"[81]을 맹렬히 비판한다. 그는 연구 과정 안에서 이론 탐구의 '표준'과 '규칙'을 구별하면서 "연구 프로그램의 방법론은 과학자가 결정을 내리는 역사적 상황을 평가하는 데 도움을 줄 수 있는 표준을 제시하기는 하지만, 과학자가 해야 할 바를 말해 주는 규칙을 포함하지는 않는다."[82]라고 주장한다.

이른바 '아나키즘적 인식론'이라고 명명되는 페이어벤드의 도발적 과학론은 '과학 탐구의 방법적 상대주의를 넘어서 현대의 상대주의적 세계관의 한 단면을 보여준다'라고도 할 수 있을 것이다. 그는 '반(反)방법론(Against Method)'에서 이렇게 주장하고 있다.: "과학이 고정적이고 보편적인 규칙에 따라 진행될 수 있고 또 진행되어야 한다는 생각은 현실적이지 못할 뿐만 아니라 바람직하지도 않다. 그것이 현실적이지 못한 이유는 인간의 재능과 그 재능의 발전을 진작시키고 야기하는 환경에 대해서 지나치게 단순한 견해를 가지기 때문이다. 그리고 또 그것이 바람직하지 않은 이유는 그 규칙을 강화하려는 시도가 인간성의 상실이라는 대가를 치르면서 우리의 전문적인 자질을 증대시키려 하기 때문이다. (…) 모든 방법론은 그 나름의 한계를 가지고 있으며 지속적으로 지지될 수 있는 '규칙'은 '어떻게 해도 좋다(anything goes!)'라는 것이다."[83]

현대 과학과 인문학의 프레임을 완전히 뒤엎은 '과학 인문학'의 창시자이며 모든 학문의 경계를 허무는 하이브리드 사상가로 명명되는 브뤼노 라투르(B. Latour)는 마치 페이어벤드의 '어떻게 해도 좋다(anything goes!)'를 구체적으로 설명하듯 과학의 비표준적 가치관의 모습을 다음과 같이 묘사하고 있다: "(…) 한쪽에는 과학 Science이 있고 다른 한쪽에는 이성의 결여가 있는 게 아니라, 여러 다른 과학들 중에서 하나의 과학 une science을 선택하고 그 과학 안에서도 과학을 하는 방식, 패러다임이나 연구양식, 나아가 연구 성과에 좀 더 신뢰를 얻을 수 있는 특정 연구소를 선택해야 하는 것이지요. (…) 이건 단순히 그들이 서로 다른 '가치관'이나 '세계관'을 지녔다는 얘기가 아니라, 새로운 사건이 발생하면 그들이 믿고 지지하는 것의 완전한 연결망을 우군 혹은 적군과의 열띤 토론 속에서 그들 스스로 추적해가야 한다는 얘깁니다."[84]

이런 면에서 살펴볼 때 현 단계의 과학 수준에서는 소위 완벽한 '과학적 객관성'이란 하나의 허구에 불과하다고 볼 수 있다. 헴펠(C. G. Hempel)은 이러한 측면에서 "귀납추리의 규칙은 존재하지 않으며", "자료로부터 이론으로 이행해 가는 데는 창조적 상상력이 필요할 뿐이다"[85]라고 주장한다. 다시 말해서 연구자는 "과학적 가설과 이론을 관찰된 사실로부터 추론하는 것이 아니라, 관찰된 사실을 설명하기 위해서 발명"[86]하는 것이라고 헴펠은 부언한다.

그러나 '소박한 귀납주의의 호소력' 또한 무시할 수는 없다. 과학에 대한 신뢰성은 사실을 대상으로 관찰과 귀납 추론을 통해 이론을 만들고, 사실들의 제일성(齊一性/uniformity)을 추출할 수 있다는 소박한 믿음에서 나온다. 그러나 극단적인, 혹은 무지한 귀납주의자를 제외하고는 그러한 정당성은 실제에 있어서 부분적인 근거 안에서만 확실하다는 사실에 자연과학자나 과학철학자들은 대체로 동의한다.

이렇게 완화된 확실한 객관성에의 믿음은 "일반화(generalization)가 전적으로 참인 것으로 확인될 수는 없지만 개연적인 참은 될 수 있다"라고 요약될 수 있고, 결국 "과학적 지식은 증명된 지식이 아니라 확률적으로 참인 지식으로 나타난다"[87]라는 주장으로 압축 정리될 수 있다.

이러한 자연과학의 발전에 따른 그 정체성의 다양한 변화에 상응하여 현대에 이르러서는 자연과학을 그 자체가 지니고 있는 '과학성'에 대한 해석을 기준으로 '실증주의(positivism)', '실재론(realism)', '관례 답습주의(conventionalism)'의 형태로 구분한다.[88] 자연과학 이론 개념의 방법론적인 이러한 성격들은 그 각각의 측면들이 교정학 연구에 적용되었고, 경험 분석적 방법(Method of the Empirical Analysis), 혹은 위의 3가지 갈래의 구체적 과학적 성격을 무시하고 뭉뚱그려 '실증주의(positivism)적 방법'이라는 이름으로 활용되고 있다. 물론 실증주의의 방법론이 탐구 과정 안에서 '가치중립성(Wertfreiheit)'을 견지한다는 점을 비판하면서 그것을 극복하려는 시도들 또한 적지 않다는 것은 주지의 사실이다.

그러한 시도들은 무엇보다 먼저 사회과학 탐구 안에서 계량적 연구 대신 질적인 연구에 대한 관심으로 대변된다.[89] 사회과학적 탐구 안에서 질적 접근은 '가설검증'보다는 자료의 '의미파악'을, 또한 '가치중립'이 아니라 연구자가 개입하는 '가치서술'을 더 중시한다는 것은 이미 주지의 사실이다.[90] 그리고 그렇게 심화된 구체적 시도는 '인문학적 사유'를 통한 사회과학 방법론의 다양화를 꾀하는 것이라고 말할 수 있다.[91]

그러한 전제로 살펴볼 때 사회과학의 탐구에서 실증주의적 방법은 결코 사회의 본질과 그것과 인간 간의 관계를 궁극적으로 해명할 수 없다. 오히려 과학적 관찰 및 설명의 메커니즘은 인간을 역설적으로 자연과 사회로부터 분리시키는, "거리두기"[92] 역할을 담당한다는 것이다. 왜냐하면 실증주의적 관점은 세계 안의 다양한 실재들을 '동일한 잣대'로 재면서 실재의 관계를 몰개성적인 동일성의 성격으로 파악하기 때문이다. 한 마디로 그러한 시도는 모든 것을 표준화한다는 미명 하에 세워진 소위 보편주의적 관점의 횡포일 수도 있다. 이러한 '거리두기' 대신에 '거리 좁히기'는 관찰을 넘어서 '성찰'을 강조하면서, "가치의 관여를 인정하면서 자신과 대상 그리고 양자의 관계"[93]를 가깝게 만드는 것이다. '인문학적 사유'가 적극적으로 사회과학적 방법의 한 측면으로 고려되어야 한다는 당위성은 바로 여기에 있다고 할 수 있을 것이다. 학문적 정체성의 구축 시도의 하나로 주장되는 '사회과학으로서의 교정학' 역시 이러한 사회과학 내 '인문학적 사유를 수용하자'라는 동향에 귀를 기울여야 한다고 필자는 생각한다. 아마도 정체성 수립을 위해 사회과학 측면을 강조하려는 교정학에서의 탐구 안에서도 인문학을 통한 과감한 '방법론적 접합'을 시도해야 하고, 바로 그러한 근거에서 '교정학에 대한 인문학적 접근'이라는 존재 이유가 성립할 수 있을 것으로 필자는 생각한다.

그러한 논의 과정 안에서 무엇보다 먼저 필자는 '교정학에 대한 인문학적 접근'이라는 본 저서의 핵심 주제를 제2장 제3절에서 '과학론(Wissenschaftstheorie)'에 연결하여 논의한다. 현대 과학론이 수용하는 과학의 관점을 압축 정리해 본다면 '이론적 객관성에 대한 회의(懷疑) 및 구성주의적 지식론의 회귀(回歸)'라고 할 수 있다. 물론 이러한 구도를 전제해서 여러 다양한 관점들이 있지만, 본서 안에서 필자는 이러한 관점들 중 특히 하버마스(J. Habermas)가 제기한 인식(Erkennen)에 대항한 '관심(Interesse)'의 주제와 관련하여 '교정학에 대한 인문학적 접근'의 당위성과 그 정당화를 시도한다. 그러한 의미에서 과학론에 대한 이해를 전제로 하버마스의 '인식과 관심에 기초한 과학론'을 구체적으로 조명한다. 이어서 제3장 제1절에서는 그것과 연계되어 전개될 '교정학에 대한 인문학적 접근'을 3가지의 영역으로 구분하면서 본 저서 안에서 다루어질 내용의 구체적 윤곽을 다음과 같이 제시한다:

(가) '경험적 · 분석적 과학'의 측면에서 본 연구 영역
(나) '역사적 · 해석학적 과학'의 측면에서 본 연구 영역
(다) '비판적 · 변증법적 과학'의 측면에서 본 연구 영역

이러한 전제를 바탕으로 다음 장은 인문학이 교정학의 탐구 안에서

구체적으로 '왜 필요한지' 더 나아가 '그러한 필요는 어떠한 근거에 놓여 있는지'를 살펴보는 과정으로 진행된다. 이러한 논의는 현재와 변화되어야 할 미래의 정체성의 사이에 놓여 있는 '사회과학으로서의 교정학'에 '인문학의 접합이 반드시 필요하다는 사실'을 적극적으로 논의하려는 예비적 고찰이라는 점을 밝힌다.

제2장

교정학과
인문학

제1절

인문학이란 무엇인가

앞서 제1장 제1절에서 보았듯이 교정학의 많은 탐구영역 및 대상은 다양한 인문학의 결합 안에서 파악될 수 있다. 특히 철학, 역사학, 사회학, 교육학, 심리학 등의 연구 영역은 교정학의 탐구 안에 들어있는 인문학적 성격을 극명하게 드러낼 수 있는 측면이다. 예를 들면 교정학의 탐구영역 안에서 '교정심사론'은 심리학의 개입 없이는 완전한 연구가 될 수 없으며, '교정 처우론' 역시 수용자의 인권과 수용자의 교화 및 교육을 문제 삼을 수밖에 없는 한 인문학, 특히 철학이나 교육학의 도움 없이는 연구의 지속적인 수행이 불가능하다. 결론적으로 교정학의 정체성은 기존 행형학의 특징에 터 하여 적극적으로 다양한 인문학적 결합 안에서 바라보아야 할 것이다. 물론 이러한 지적은 현재의 교정학자들에 의해 교정학은 다학제적 형태를 지니면서 통섭, 혹은 융·복합적 학문적 성격을 지녔다는 주장과 다르지 않다. 본서에서는 이러한 주장의 구체적 근거를 논증하면서 인문학 측면에서의 교정학 탐구의 미래적 향방을 진단해 보려고 한다. 먼저 교정학에 접근될 '인문학이라는 것은 과연 무엇인가'라는 물음에 답을 찾는 것으로부터 시작해 보기로 하자.

인문학(Humanwissenschaft/Humanities)은 인간성, 인류성, 또는 인간미라는 뜻을 지닌 라틴어의 '후마니스타(humanista)'에서 유래한 휴머니즘이라는 말과 깊은 연관이 있다. 잘 알려졌다시피 휴머니즘이라는 말은 인간성의 존중 또는 인본주의, 인간주의, 인도주의라는 뜻으로 사용되었다. 협의의 의미에서 살펴볼 때 인문학의 정신은 권력 이데올로기로서 봉건제도 및 권력에 의한 개인의 예속화에 대한 대항으로부터 발생한 것이다. 결국 개념의 역사적 변천을 통해 본 후마니스타라는 말은 '인간적이라는 총체적 의미'를 포괄하는 휴머니즘(humanism)이라는 용어로 정착되었다고 볼 수 있을 것이다.[1] 즉 점차로 의미가 확대된 후마니스타라는 용어의 뜻은 인간으로서 당연히 갖추어야 할 모습 또는 인간을 인간답게 하려는 본성의 존중과 옹호 및 그 실현의 입장을 표상하면서 인문학의 궁극적 근거를 정당화하는 규범성으로 자리 잡게 되었던 것이다. 그러므로 인문학적 텍스트는 어떤 객관적 조건 때문에 "방법의 강제 및 보편성"[2]을 지향하는 자연과학의 일원론적 방법론과는 전혀 다르다고 전제할 수 있다. 그리고 인문학적 담론성의 특징은 어떤 기준에 구속되지 않는 "이야기의 자유 및 자의성의 중간에 위치한 개념"[3]이라고 할 수 있다. 따라서 인문학은 이런 의미 선상에서 예술과 비교될 수 있다. 즉 "인문학은 과학과 이탈적 상상력 사이의 줄타기"라고 할 수 있고, "인문학의 자리는 과학의 객관성 내지 보편성 요구와 이를테면 예술의 '특수한 경험' 사이의 중간 영역"[4]이라고도 할 수 있을 것이다.

그런 의미에서 인문학적 실천이란 어떤 이슈를 무엇보다 먼저 과학과 예술과 다른 담론의 체계 안에 담아야 하는데, 그 전제가 무엇인가에 대해 알아보아야 한다. 단적으로 그것은 "이론적 조작의 접속 가능성과 소통 가능성"[5]이라고 규정될 수 있다. '이론적 조작의 접속 가능성'이 있어야 한다는 주장이 함축하는 바는 무엇보다 먼저 기존의 텍스트 해석체계와의 연계될 수 있는, 그래서 또 다른 이론적 틀을 창출할 수 있는 능력이다. 아무리 창조적 이론 틀을 창안했더라도 앞뒤 전후의 문맥이 이론적으로 맥락화될 수 있어야 한다. 그러한 조건이 겸비되지 않으면 그것은 담론이 될 수 없을 것이다. 두 번째로 '소통 가능성'을 지녀야 한다는 주장은 담론의 실용적 의미 차원을 지시한다. 이론적 맥락화의 조건이 꼭 소통 가능성의 조건은 아니지만, 담론의 규칙은 타자와의 대화를 전제한다는 점에서 결코 유아론적 독백이어서는 성립될 수 없다. 플루서(V. Flusser)는 "텍스트는 담론들이다"[6]라고 전제하고, "텍스트들은 타자들에게 지향"되어 있고, "글쓰기 중에 타자를 망각하는 것은 자기 망각의 결과"[7]라고 말하면서, 텍스트는 "독자에게 자신을 완성시켜 주기를 희망"하는 "반제품"[8]이라고 주장한다.

논리성(ratio)과 수사성(oratio)의 뜻을 동시에 지니는 그리스어 '로고스'(logos) 개념은 이러한 의미에서 우리가 인문학적 담론이라고 일컫는 일견 복잡해 보이는 표상의 내용을 잘 채워주고 있다고 볼 수 있다. 즉 담론의 조건인 '이론적 조작의 접속 가능성'은 '로고스'에 있어 논리적 성격을, 그리고 '소통 가능성'은 수사적 성격을 보여주고 있다고 할 수 있다. 로고스가 함축하는 이 두 가지 의미를 다루는 방법적 기술은 고대 그리스 이후 전통적으로 변증술(dialektike)이라는 이름 안에서 개발되었다.[9] 이것은 간단히 말하자면 하나의 주제에 대한 두 사람의 논쟁에서 서로 이기기 위한 전략을 개발하면서 만들어진 논박의 기술이다. 형식 논리학은 물론 이러한 변증술로부터 출현했으나, "화용론적 맥락까지도 사상해 버리고 오직 추론적 타당성만을 문제 삼는 점"[10]에서 로고스의 수사적 측면보다는 논리적 측면에 연관된다고 볼 수 있다.

이러한 측면에서 본다면, 오늘날 인문학적 본령은 로고스의 수사적인 차원으로 좁혀 생각할 수 있다. 자연과학과 기술공학은 형식 논리학의 전제 없이는 성립되지 않는 것과 마찬가지로 인문학에 있어 수사학적 서사(narrative) 없이는 그 존재의 의의가 부여될 수 없다.

이러한 문맥에서 "인문학적 진리"를 "우리의 총체적인 삶의 맥락에 직접 관련된 것"으로 정의하고, 인문학적 성취를 "사실적인 사정만을 전달하는 진리의 명제로 구성된 체계는 아니다"[11]라는 주장은 매우 설득력이 있는 단언적 명제라고 할 수 있다. 그러한 의미로 볼 때 인문학적 진리는 "어느 특정한 전문가의 영역이라고 구획된 장소의 맥락에서 문제 되는 진리가 아"[12]닌 것이다. "지구가 태양을 돈다는 자연 과학적 명제의 진위를 문제 삼기보다는 그 진리가 우리의 삶 전체에 대해지닌 의미가 문제가 되는 맥락이 바로 인문학적 진리가 위치한 장소인 것이다"[13]라고 설명될 수 있다. 그러한 의미에서 진정한 "인문학적 성취"의 구현은 "진리를 중요 구성 인자로 해서 꾸며진 한 편의 수사(oratio)"[14]라고 전제하면서, 이미 앞에서 언급했듯이 그것은 생래적으로

"설득이라는 실천적 목표"[15]에 놓여 있다고 설명할 수 있다. 즉 "수사술의 관심"은 "삶의 밖에서 삶을 관찰 또는 관조하는 것이 아니라, 삶 그자체의 일부이고자 하는 것"[16]에 세워져 있는 것이다.

인문학의 이러한 성격을 전제로 두고 20세기 후반 이후 등장한 '인문학 위기'라는 표어 하에 '인문학의 해체'라는 주장이 도처에 횡행하는 도전적인 주제의 극복을 또한 우리는 생각해 볼 수 있다. 필자가 볼때 인문학 위기에 대한 논의는 '인문학적 담론' 그 자체의 '해체'가 궁극적으로 문제가 된다고 본다. 그러나 인문학이 자기 정체성을 문제시한다는 점에서 살펴볼 때 인문학적 담론이 해체된다는 진단은 결국 담론 전체의 해체를 논하게 되면서 그 논의는 또 다른 새로운 담론을 낳는 모순에 처하게 된다.

의사소통 맥락과 상황을 고려하는 '텍스트 언어학'[17]을 넘어서 '저자의 죽음'[18]을 선언하는 해체주의의 비평 등은 문장을 하나의 단위로 보는 전통적인 '체계 언어학'을 거부하는 시도에서 그 모습의 좋은 예를 발견할 수 있을 것이다. 그 핵심을 가로지르는 내용은 "언어가 언어 외부에 있는 어떤 사물 혹은 관념과 확고한 대응 관계를 맺는다는 전제"를 배제하고, "언어가 독서과정을 거치면서 의미를 생성시키는 효과를 일으킬 잠재성"[19]이 있다는 주장에 들어있다. 어쨌든 결과적으로 텍스트 그 자체의 존재는 부정될 수 없다는 데에 핵심이 놓여 있다. 그리고 '저자'가 텍스트의 주체나 객체이든지, 혹은 죽음이든지 텍스트의 존재가 인정된다면 그 부정 혹은 긍정 여부에 대한 토론을 다시 만들면서 담론은 담론으로 여전히 건재할 수 있을 것이다. 그런 의미에서 본다면 '텍스트 언어학'과 '해체 비평' 등을 포함한 총체적 '탈현대 논쟁' 안에서 드러났던 여타의 여러 가지 증후군 구조들 역시 여기서 크게 벗어 나지 않다고 여겨진다.

그렇다면 '모던'(modern)에 대한 '포스트모던'(post-modern)의 포괄적 비판 작업을 염두에 두든지 두지 않든지 간에 현 인문학의 위기가 과연 위기라고 진단될 수 있는지? 오늘날 위기라고 판단되는 계기와 이미 지나온 각 세기, 시대 사조마다의 역사적 변환 계기와의 차별성은 확실한 것인지? 이러한 의문들이 계속해서 제기될 수 있다.

예를 들면 소크라테스의 소피스트들에 대한 반격, 칸트의 '코페르니쿠스적 전회', 그리고 니체의 서구 중심주의적 이성개념에 대한 비판 시도 모두가 동시대에서는 획기적 변혁이었지만 그런 계기가 과연 위기 극복의 산물이었는지에 대해서는 좀 더 심화된 논의가 필요할 듯이 보인다.

그런 의미 선상에서 '인문학 위기'가 내포해야 하는 함의는 다음과 같이 설명될 수 있다.

첫째, 역사적 변환 계기의 조건은 유사하거나 동일할지라도 변화 정도를 감지하고 반응했던 강도는 다르다.

둘째, 한 패러다임에서 다른 패러다임으로 변화를 위기라고 판단하는 일은 주관적 평가의 문제이다.

셋째, 그러한 '위기 텍스트'에 대한 해석 작업은 텍스트의 존재를 전제한 것이기 때문에 어쨌든 또 다른 담론의 형태를 드러낼 것이 틀림없다.[20]

그러므로 현 인문학의 위기라는 진단은 '인문학적 담론의 해체'라는 토포스(Topos)를 해명함에 있어 필요 충분의 조건을 충족시키지 못했다는 전제로 결국 '해체에 대한 인문학적 담론'으로 합류될 수밖에 없다. 결과적으로 해체에 대한 인문학적 텍스트 역시 종국에는 '해체에 대한 인문학적 담론'이라는 공간 안에 실리게 될 것이다. 어차피 인문학적 텍스트가 담론에 담기지 못한다면 그것은 한낱 허공의 빈말이고 무의미한 말의 나열일 뿐이라면, 우리는 '해체'보다는 좀 더 '인문학 자체의 담론'에 대해 깊이 논의할 필요가 있다. 그러한 의미에서 본다면 "인문학의 미래는 밝지만은 않지만 인문 정신이 좌절할 근거는 없다"[21]라고 말할 수 있을 것이다. 부연해 말하자면 위기와 해체라는 구호와 주장은 오히려 현존하는 인문학의 현실에 대한 다양한 해석 가능성을 부여할 수 있을 것이다. 또한 그것은 인본주의적 정신의 토대를 새롭게 설정할 수 있는 도전 정신을 지닐 수 있게 해 주었다고 평가할 수도 있을 것이다.

교정학과 인문학의 관계설정 시도 안에서도 이러한 문제들은 새롭게 다시 숙고해 볼 주제가 될 것이다. 또한 지속적으로 계발되어야 할 '교정학에 대한 인문학의 접근'이라는 구체적 작업 안에서 풀어야 할 하나의 큰 과제라고 할 수 있다. 이러한 인문학의 근본적 성격 및 그 변화의 경향[22]에 대해 살펴보는 바로 이 지점에서 필자는 '교정학에 대한 인문학의 접근'의 탐구영역을 한정하고, 탐구 대상을 세워 보고, 그러한 영역 안의 대상을 다루는 방법이 무엇인지를 구체적으로 제시해 보려고 한다.

제2절

인문학과 교정학의 연계:
'교정 인문 탐구'

'교정학에 대한 인문학적 접근', 혹은 '인문학을 통한 교정학에의 접근'이라는 본 저서의 큰 주제는 교정학의 탐구 안에서 인문학을 어떻게 접속, 혹은 어떠한 방법을 통해 접합하는가의 문제이다.

이러한 문제 제기에 무엇보다 필요한 작업은 '교정학에 대한 인문학적 접근'이라는 표어에 상응하는 교정학의 탐구와 연계된 연구 영역에 대한 용어들을 정확한 규정하는 일이다. 이러한 필요성은 무엇보다 먼저 '교정학에 대한 인문학적 접근'이라는 큰 주제의 연구 동향 안에서 그러한 움직임을 담론으로 정착시키거나 학(學)으로 정초시키기 위한 요청으로 수용되어야 한다고 필자는 생각한다. 그러한 전제로 그러한 과정을 원활하게 수행하기 위해서는 근본적으로 '그 관련 학술용어의 통일' 역시 필요하다고 필자는 본다. 그래서 "산재 되고 혼용되어 사용"되고 있는 개념의 용례는 교정학을 축으로 "인문 교정학(인문주의적 교정학), 평화 교정학, 철학적 교정학, 한국 교정학에서 인문교정학, 철학적 교정학과 같이 중첩 내지 포섭 관계에 있는 용어들을 정리하여 통일적으로 사용할 필요"[23]가 있음은 자명한 사실이다. 다시 말해 "혼재된 용어 사용은 혼란을 초래하고 교정학의 발전에도 도움이 되지 않는다"[24]라는 전제로 '교정학에 대한 인문학적 접근'이라는 토픽 안에서 그러한 연구 동향을 거시적 관점에서 규정할 수 있는 용어가 절실히 필요하다.

무엇보다 가장 시급한 문제는 '교정 인문(학)'이냐 혹은 '인문 교정(학)'이냐를 구별하는 일이 제일 큰 과제가 될 것이라고 필자는 생각한다. 지금까지 '교정학에 대한 인문학적 접근'을 주제로 한 연구들 안에서는 두 용어들의 혼용이 비일비재했다. 그러한 혼용은 여타의 여러 이유가 있었겠지만 필자는 무엇보다 연구에 있어서 먼저 방법과 대상의 구분이 엄격하게 잘 지켜지지 않았기 때문이라고 생각한다. 예를 들어 설명하자면 물리학과 화학 그리고 생물학 등과 같은 연구의 방법은 기본적으로 실험과 관찰이 되며, 거시적 관점에서 총체적 자연을 그 탐구의 대상으로 삼는다고 말할 수 있다. 말하자면 물리학과 화학 그리고 생물학 등을 포괄하는 '자연과학은 자연을 대상으로 한 탐구영역을 지시하고 그 연구의 방법은 경험에 근거한 실험과 관찰이다'라고 말해야 한다.

이러한 근거에서 살펴볼 때 필자는 '교정학에 대한 인문학적 접근'이라는 연구의 수행을 지시하는 실천적 차원의 용어를 '인문 교정'이라고 명명할 수 있다고 생각한다. 그러한 이유는 '인문학이 주체가 되고 교정학 쪽으로 인문학이 응용적으로 접근'을 한다는 의미에서 살펴볼 때 '인문교정적 탐구'로 표현하는 것이 적절하다고 생각하기 때문이다. 그러나 '인문 교정'에 '학(學)'이라는 말을 붙이기가 어려운 이유는 '인문 교정'이라는 개념은 잠정적으로 '교정학 탐구영역'의 한 부분을 다루는 단지 '방법적 실천개념'에 머물고 있다고 필자는 판단하기 때문이다.[25]

그에 대비하여 살펴볼 때 '교정 인문'이라는 개념은 인문 교정이라는 용어와는 조금 다른 의미를 지닌 차원에서 사용하는 것이 좋을 듯하다. 교정학은 앞에서(제1장 제1절 '교정학이란 무엇인가') 보았듯이 교정학 자체는 자연과학에 기초한 사회과학을 표방하지만 그것을 넘어서 '다학제적이며, 혹은 융·복합적 그리고 통섭'의 형태를 띠고 있다. 교정학의 이러한 '종합 학문적 성격'은 교정학 자체 안에 철학을 비롯한 인문과학의 탐구 분야가 밑바탕에 이미 소여(所與)되어 있다는 사실을 함축한다. 바로 이렇게 교정학 자체에 이미 주어져 있는 인문학적 요소들, 즉 '교정윤리', '교정심리', '교정역사', '교정사회학', '교정 상담교육' 등에 접근하여 연구를 수행한다면 그런 방향의 연구를 '교정 인문의 연구'라는 용어로 명명할 수 있을 것이다. 다시 말해서 교정 인문의 연구는 윤리와 심리, 혹은 역사 및 교육 등의 탐구 개념을 포괄하는 큰 틀이 되고, 그 틀은 '교정학의 탐구'라는 큰 영역에 포섭되는 연구 영역이 되지 않을까 하고 필자는 생각한다.

정리해 보자면 '교정 인문'과 '인문 교정'은 서로 상호 연계가 가능하다는 전제로 다음과 같이 구체적으로 설명이 가능하다: 교정 인문 연구는 '교정학 탐구 안에 이미 내재하는 인문학적 요소들'(표출되어 있는 요소들 + 잠재되어 있는 요소들)을 연구 대상으로 삼는다. 즉 교정 인문 연구는 교정학의 인문학적 측면을 연구 대상으로 혹은 연구 영역을 표상하는 '총괄개념(Sammelbegriff/general concept)'이라고 할 수 있고, 반면에 인문 교정은 위의 '표출되어 있는 요소들'을 수정 보충하고, '잠재되어 있는 요소들'을 연구 대상으로 삼아서 적극적인 계발을 시도하는 방법론적 차원의 '수행개념(performance concept)'이라고 할 수 있을 것이다. 이러한 근거 위에서 '교정학에 대한 인문학적 접근'의 과정 안에서 정초 되어야 할 탐구 대상은 '교정 인문의 연구'를 통해 수행되며, 그것에의 구체적 실천 작업은 '인문 교정'이라는 방법적 차원에서 수행된다고 정리할 수 있을 것이다.

물론 이러한 필자의 해명 시도는 아직 개인적 구상 차원에 머물 수밖에 없지만, 차제에 연구자들의 논의와 후속 연구를 통해 인문 교정이라는 방법과 교정 인문 연구의 문제 이외 앞서 제기된 교정 관련 다양한 용어들에 대한 '정리 및 통일'을 점차로 시도되어야 할 것이다.

이렇게 세워진 방법론으로서의 인문 교정을 통해 교정 인문 연구의 정초 작업은 필자가 생각할 때 인문학의 '이론적 접속'만을 의미하지는 않는다. 어쩌면 이러한 시도는 교정학 연구 안에서 인문학적 텍스트를 단순한 연계시키는 것이 아니라 '인문학적 감성의 충전'을 감행하는 탐구의 실천이라고 할 수 있을 것이다. 그러한 전제를 바탕으로 인문 교정을 통한 교정 인문 연구의 정초 시도에는 이중적 의미가 부여될 수 있을 것이다. 하나의 의미는 - 이론적 측면에서 - 제(諸) 학문이 교유할 수 있는 통섭적인 만남에서, 또 다른 하나의 의미는 - 실제적 측면에서 - 교도소 '안과 밖'의 사람들이 교류할 수 있는 장(場)을 형성하는 실천적 만남에서 찾아질 수 있다는 것이다.

이러한 의미를 현실적으로 구현할 수 있는 현시점의 '교정인문학 구축(構築)'을 지향하는 인문 교정의 운동'은 교정 인문 연구를 통한 학문적 정초를 그 목표로 둔다. 그러한 과정의 일환으로 무엇보다 먼저 '교정학에 대한 인문학적 접근'이라는 주장은 그에 상응하는 학문계 안에서의 '담론화'가 필요하다.

담론(談論)이라는 말을 뜻하는 영어 'discourse', 프랑스어 'discours', 독일어 'Diskurs'라는 용어는 원래 '여기저기를 뛰다(running about)'라는 의미를 담고 있으며, 라틴어 'discurere'라는 동사에서 나왔다. 이 말은 '벗어나다' 혹은 '이탈하다'라는 접두사 'dis'에 '뛰다'라는 'curere'가 접합된 형태이다.[26] 담론을 '일반적 수준'에서 정의해 보자면, "담화나 말하기, 혹은 하나의 텍스트를 구성하는 문장들"[27]로 생각될 수 있다. '언어학적 관점'에서 더 정확하게 말한다면 "문장 및 텍스트가 구조화된 의미 관계 속에 놓여 있는 텍스트의 조합으로 간주"[28]할 수 있을 것이다.

이러한 언어학적 정의를 바탕으로 현대에 들어서서 인문학과 관련되어 출현한 담론의 형태는 다양 다기한 모습으로 등장하였다. 그러한 모습들 중에서 하나의 큰 특징은 "텍스트의 전체 혹은 상호 관련성을 가진 일군의 텍스트들"은 "언술 행위 및 의사소통의 체계로 확대"[29]되어 발전되었다는 점이다. 이러한 형태를 지닌 20세기 중반 이후 주류 담론들은 '이성 대(對) 탈이성', '역사 대(對) 탈역사', 혹은 '권력의 내적 메커니즘 대(對) 권력의 외적 메커니즘'[30] 등의 큰 주제 안에서 나누어 살펴볼 수 있다.

이러한 주류 담론에 대비해서 교정 인문 연구를 주제로 한 담론의 성격은 일단 교정학 연구가 실증주의적 탐구 방법론에 집중되어 있다는 것에 의문을 표한다. 그러면서 교정학 연구 안에서 인문학적 주제들이 제대로 재현되지 못했거나 충분히 의미를 발현하지 못했던 변방의 자리에서 교정 인문 연구의 미래를 찾는다. 이러한 의미의 연장선상에서 살펴볼 때 교정 인문 연구는 주요 담론들에 비해 본다면 아직은 '소외의 담론'으로 남겨져 있는 듯이 보인다. 다시 말해서 하나의 주제가 담론이 되기 위한 관점에서 살펴볼 때 교정학에 대한 인문학적 접근이라는 주제의 연구는 주류의 담론 안에 속하지 않는 학문 탐구의 변방(locality)에 놓여 있는 "소수성 담론"[31]이라고 지칭할 수 있을 것이다. 이와 같은 위치에 자리 잡은 담론의 약점은 다수와 소수, 중앙과 주변, 전통과 탈전통, 서양과 동양 등의 위계적 대립에서 나오는 부정성의 도식에 빠져들 수밖에 없다는 것이다. 이때의 담론 성격은 추상화되고 고착되어 소수성에 함축된 구체적 의미가 희석되고 상실된다. 물론 소수성의 담론이 지니는 강점 역시 없는 것은 아니다. 약점에 대비되어 두드러진 강점은 "중심적, 추상적, 보편적 가치 지향 논리"가 소홀하게 다루어 온 "로컬이 지닌 일상성, 현장성, 장소성"[32]으로서의 "인간 삶의 터"[33]를 명료하게 보여줄 수 있다는 것이다. 이러한 맥락은 정확하게 교정학에 대한 인문학적 접근, 즉 교정 인문의 연구가 지향하는 주제에 상응하여 적용될 수 있으리라고 필자는 생각한다. 그러므로 아직 이르지만 일단 교정학에의 인문학적 접근은 학적 체계 이전 담론화의 전략 개발에 주력해야 하며, 바로 이러한 기획이 본 저서 목표의 하나라고 할 수 있다.

그러한 근거에서 교정 인문 연구라는 대상이 담론의 원뜻에서 지시하듯이 '여기저기를 뛸 수 있는 다양성을 고취하는 것'은 좋지만, 왜곡시키거나 잘못 이해된 담론 개념을 핑계로 하여 결코 이론적 범주를 벗어나게 만들면 결코 안 된다. 그러한 전제에서 담론은 최소 이론을 구성할 가능성 혹은 이론과 접속될 수 있는 틀을 지니고 있어야 할 것이다. 더불어 담론의 성격은 객관성을 보지(保持)해야 한다는 학문 규범적 의미에서 어떤 특정한 가치를 이데올로기적으로 옹호해서도 결코안 될 것이다. 무엇보다 먼저 그것은 화자들 논의의 관점이 상이하고지향하는 목적이 다른 입론들과 더불어 제한 없이 자발적 자기주장을펼 수 있는 조건을 구비해야 한다는 것이다.

이러한 인문학의 본질 및 그 위상[34]에 기초해서 담론화 혹은 학문 구축의 가능성에 대해 살펴보는 계기 속에서 필자는 교정 인문 연구의근거를 세워 볼 수 있고, 그러한 구체적 내용을 정치하게 논의해 볼 수있다고 생각한다. 그러한 과정 안에서 인문학적 위기라는 주제를 통한교정학에 대한 인문학의 접근 과정은 오히려 '현재의 인문학을 또 다른 장벽이 아닌 새로운 통로' 역시 만들 수 있을 것이다. 그러한 근거로인문학은 다음과 같은 '중첩적인 계기'의 진행을 통해 '교정학의 탐구안에서 자연스럽게 수용'이 될 수 있을 것으로 사료된다.

첫째로 인문학적 사유 및 이론들이 다양하게 교정학적 의미에서 해석되고 변환되는 계기를 지니게 될 것이다.

둘째로 원래 교정학적 견해 안에는 낯설었지만 결국 인문학적 사유및 이론들은 교정학적 탐구 안에서 점차로 동화된 개념으로 수용되는 계기를 맞게 될 것이다.

　　그러한 모든 작업에 앞서 본 논의가 객관성을 보장받는 방법은 최소 과학으로서의 자격을 지니는가, 혹은 지니지 못하는가의 여부를 검토하는 일이다. 이러한 맥락에서 '교정 인문 연구와 과학론과의 관계'의 해명 시도는 '교정학의 인문학적 기초'를 규명하는 작업 안에서 당연한 과제가 될 것이다. 즉 교정 인문의 연구가 과학론이라고 하는 커다란 체계 안에 어디쯤 자리 잡고 있는가를 가늠해 보는 것이 필요하다는 의미에서 그렇다는 것이다. 그러한 바탕에 더하여 다음 절은 '과학론 안에서의 교정 인문 연구의 위상'에 대한 논의를 진행하기로 한다.

제3절

'과학론(Wissenschaftstheorie)'과 '교정 인문 탐구'

학문 계열의 분화는 현대에 이르러 갑자기 형성되어 등장한 현상은 아니다. 오늘날 대학에서 학생들이 자신의 전공을 공부하기 전 고등학교에서부터 이미 문과와 이과 계열을 구분하는 일은 대체로 19세기 이후 생긴 현상이다.[35] 그러한 근거는 대체로 학문의 발전에 기인한 탐구 영역의 분화로부터 유래한다. 학문 혹은 과학을 일컫는 영어 *science*와 프랑스어 *science*, 혹은 독일어 *Wissenschaft*는 오늘날 그 용어가 현재 지니고 있는 뜻을 담게 되기까지는 꽤 오랜 세월이 필요했다는 사실은 이미 잘 알려져 있다. 대체로 이러한 학문의 역사는 지구상 인류의 문화 발전사에 상응되어 살펴볼 수도 있을 것이다.

학문 계열의 분화는 맨 처음 학문을 총체적 지식 탐구의 체계, 즉 철학(philosophia)의 형태로 규정한 채로 그 내용을 구분했던 사실로 소급된다. 그 사실에 부합되는 최초의 철학자는 플라톤(427-347 B.C.)을 들 수 있다. 그는 잘 알려졌듯이 '인간 영혼의 3분설'에 의거 해 '머리에 위치하는 사고능력으로서의 이성'과 '가슴에 자리 잡고 있는 감정 또는 정서 능력' 그리고 '배에 자리 잡고 있는 욕구 능력'으로 인간을 파악했다.[36] 그러한 전제를 바탕으로 플라톤은 수많은 저술들을 -〈소크라테스의 변명〉으로부터 〈국가〉에 이르기까지 - '변증술(Dialektik)'과 '물리학(Physik)' 그리고 '윤리학(Ethik)'이라는 지식 범주 안에서 기술했다. 플라톤의 이러한 지식의 원초적 구분은 그 이후 스토아학파가 직접 계승했고 근세를 거쳐 칸트에까지 이어졌다.[37]

플라톤의 제자인 아리스토텔레스(384-322 B. C.)는 스승의 지식 구분을 좀 더 정밀하게 세분했는데, 그는 '이론적인가, 혹은 실제적인가'라는 새로운 기준을 적용하여 소박한 지식의 범주를 학문적 시스템의 위용을 지니게 만들었다. 그러한 구조는 다음과 같은 도해를 통해 정리될 수 있다.[38]

(표 3)

이러한 원초적인 분류에 기반을 둬서 중세 유럽 대학은 대체로 '법학, 의학, 신학'으로 학문을 계열화했고, 이러한 전공을 공부하기 전 '오

늘날 문과에 해당하는 세 과목 - 문법, 논리학, 수사학 - 과 이과에 해당하는 - 산술, 기하학, 천문학, 음악 - 네 과목을 이수하였다.[39]

현대의 과학론(Wissenschaftstheorie)[40]과 직접 연계되는 학문 내지 지식 체계의 구조에 대한 연구는 피히테(J. Ficjte 1762-1814)에 의한 '학문론(Wissenschaftslehre)'으로 소급될 수 있다. 피히테는 "학문 일반에 대한 학문(Wissenschaft von einer Wissenschaft überhaupt)"을 언급하면서, "철학은 자연과학 안에서 도출되는 경험적 인식을 근거 지을 수 있다"[41]라는 주장을 피력하였다. 이러한 피히테의 주장은 하나의 학문 체계를 통해, 즉 철학을 통해 다른 학문, 즉 자연과학을 평가하는 메타이론적 시도라고 할 수 있다. 피히테의 이러한 선구적 아이디어는 "가능한 모든 학문의 근본 원리는 철학으로부터의 연역"[42]을 통해 정립할 수 있다는 것을 드러내는 것이었다. 이러한 주장은 오늘날 철학이나 과학 탐구 내 '인식론(Erkenntnistheorie)'과 '과학론(Wissenschaftstheorie)'이 명확히 구별되는 시점에서는 당연한 것이지만, 그 당시의 연구 풍토에서 피히테의 주장은 아직 일반적인 관점은 아니었다. 대체로 그 이후 지식의 체계를 문제 삼는 '학문론(Wissenschaftslehre)'이라는 용어는 자연과학과 정신과학(Natue- und Geisteswissenschft) 모두를 아우르는 과학 일반을 메타이론적 관점에서 다루는 '공통적인 상위 개념의 틀'로 사용되어 왔다.[43]

1920년 이후 카르납(R. Carnap) 등이 주도한 논리 경험주의(der logische Emmpirismus), 혹은 논리실증주의(dre logischer Positivismus)와 포퍼(C. Popper)에 의해 이끌어지고 정립된 '비판적 합리주의(kritischer Rationalismus)'는 그때까지의 '학문론(Wissenschaftslehre)'을 '과학론(Wissenschaftstheorie)'이라는 용어로 대체시켰다.[44] 그러한 결과에 힘입어 '과학론(Wissenschaftstheorie)'

은 마침내 과학사(history of the science)의 영역까지를 연계시켜 명실공히 철학 내 과학철학(philosophy of the science)이라는 독립된 연구 분과를 등 장시키게 되었던 것이다.

현대 철학 안에서 과학철학 및 과학사 연구들이 끼친 영향은 인문학을 포함한 총체적 과학 안에서 무엇보다 먼저 과학성(Wissenschaftlichkeit)이라는 특성의 지평을 확대하고 심화시켰다는 데에 지대한 공헌을 했다는 점을 꼽을 수 있다. 다시 말해 현대의 과학철학은 '완고한 의미에서의 과학주의'를 타파했던 것이다. 즉 과학적 주장만이 의미가 있으며, 자연과학의 방법들은 어떤 대상이나 주제에도 적용될 수 있고 되어야 한다는 일련의 주장들은 자가당착적이며, 무의미하다는 점을 지적하였던 것이다.[45] 오늘날 과학은 하나의 변화 가능한 패러다임일 뿐이며, 대다수의 과학자들은 "패러다임 간의 우열을 가려 줄 규범적 방법론이 존재한다고 믿고 있으며, 따라서 이들 패러다임 간의 선택은 극히 합리적이라고 생각"[46]한다. 부연하자면 "패러다임 선택을 위한 방법론이 존재하느냐 않느냐는 어느 시기에 방법론을 기준으로 말하느냐에 따라 그 해답이 달라진다"[47]라고 말할 수 있을 것이다.

이러한 관점에서 바인가르트너(P. Weingartner)는 현대 학문의 자기 정체성이라는 것은 최종적으로 '이해된다(erklären)'라는 것이 아니라 바로 '근거 짓다(begründen)'라는 특징에 놓여 있다고 주장한다.[48] 따라서 학문 분류의 유일한 기준은 학문 탐구의 방법이라고 그는 주장한다. 이러한 전제의 바탕에서 바인가르트너는 현대의 제(諸) 학문을 '기술적 학문(Deskriptive Wissenschaft)', '규범적 학문(Normative Wissenschaft)', '기술·규범적 학문(Deskriptiv-normative Wissenschaft)'으로 구분하면서, 정신과 물질,

영혼과 육체, 역사와 문명 등의 이원론적 구분의 기준이 아닌 다른 기준을 제시한다. 그는 수학을 기술적 학문의 전형으로 보고, 자연과학은 물론이고 사회과학 및 언어학과 심리학 등 일부의 인문과학 역시 여기에 포함시킨다. 또한 규범적 학문의 전형은 법학이며, 기술적이며 동시에 규범적인 학문으로는 철학, 문학, 정치학, 경제학, 신학 등을 든다. 흥미로운 점은 바인가르트너는 이렇게 구분한 여러 학문의 영역들은 서로 다른 영역으로의 호환이 가능하다는 것이다. 즉 법학은 규범 과학이지만, 동시에 기술·규범적 학문 영역에 귀속될 수 있고, 논리학 역시 기술적 학문이 아니라 심리적인 요소가 개입된다는 전제로 기술적 학문 영역이자 규범적인 학문으로 분류한다.

바인가르트너는 지나치게 경험·분석적 과학의 방법론을 염두에 두고 학문 분류를 시도했다고 여겨진다. 그러나 그러한 통찰은 전통적인 자연과학과 인문과학이라는 이분법적 구별 방식을 넘어선 새로운 관점을 제시한 것으로 평가할 수 있다. 이러한 방법론에 기초한 학문 분류 관점은 계몽주의 시대 이래 학문 탐구의 기치인 '통일과학'으로의 비전이 반영된 것으로 평가할 수 있다.

에드워드 윌슨(E. Wilson)은 현대 과학상을 밝히는 자리에서 "(…) 과학과 사이비 과학을 가르는 (…) 기준은 통섭이다. 즉 다양한 현상들에 대한 여러 설명들을 서로 연결하고 일치시킬 수 있을 때 가장 경쟁력 있는 설명이 된다"[49]라고 전제한다. 다시 말해 관찰 시도 및 실험 수행, 통계 분석, 예측된 원인과 결과의 상관관계 해명 등을 통해서 과학이론은 "반례들에 직면하면 폐기하도록 특별히 설계되어 있다."[50]라고 그는 단언한다. 그리고 윌슨은 다음과 같이 부언한다: "그것이 이왕 틀린 것이라면 빨리 폐기되면 될수록 좋다. '실수는 빨리할수록 좋다.'라는 격언은 과학적 실천에서도 하나의 규칙이다."[51] 그리고 한 걸음 더 나아가 윌슨은 "과학자의 연구 스타일은 그가 어떤 학문에 종사하느냐에 따라 달라지며 소질과 취향에 의해 굳어진다."[52]라고 주장한다.

결국 현대의 과학철학 및 과학사의 영향을 직간접으로 반영한 과학론이 무엇보다 먼저 함의하는 바는 "사회의 현재적 시점 안에서 학문은 어떤 역할을 할 수 있고 해야만 하는가?"[53]라는 물음이다. 다시 말해 오늘날 과학론이 해야 할 첫 번째 과제는 학문 자체의 정체성을 인식하는 일이 아니라, 학문의 기능이 무엇인가에 대한 해답을 찾는 일이다. 특히 막스 베버에 의해 대변되는, '사회는 주관적으로 인식된 것으로 이해되어야 한다'라는 주장을 기치로 삼는 '이해사회학'의 등장은 그러한 해답 찾기에 주도적 역할을 담당하게 되었다. 즉 사회과학처럼 "인간 세계를 문제 삼는 데서 구체적인 관계"를 해명하는 영역에서의 그 해답 찾기는 실증주의의 "방법론적이고 인식 이론적인 논증을 통해서 얻어 낼 수 없다"라는 것이며, 가능한 해답은 오히려 법칙성을 탐구하는 것이 아니라 "과학적 인식의 '의미'에 대한 반성이 문제의 중심"[54]으로 자리 잡아야 한다는 것이다.

그 이후 이러한 논의는 베버의 이해사회학에서뿐만 아니라 법학과 심리학 및 정신분석학 그리고 교육학 등에서 '인식(Erkenntnis)과 관심(Interesse)'의 관계 규명을 시도하는 과정을 해명하면서 뚜렷하게 연계되어 등장하였다.[55] 다시 말해 순수한 인식은 존재할 수 없고, 그렇게 존재한다면 무의미하다는 것이며, 관심과 연계되었을 때 비로소 인식은 인식다우면서 그 자체의 의미를 획득할 수 있다는 것이다. 과학론과 사회철학에 연계하여 본격적인 인식과 관심에 대한 주제에 천착했던 현대 철학자로는 독일의 하버마스(J. Habermas)를 제일 먼저 꼽을 수 있다. 하버마스는 인식과 관심의 관계를 다시금 규명하는 자라에서 '자기반성'이라는 근거를 지닌 '비판적 해석학'을 주창하면서 기존의 과학론에 새로운 의미를 부가한다.

본서 앞의 서문에서 이미 언급했듯이 하버마스의 인식과 관심에 대한 이해는 본서에서 다룰 교정 인문의 탐구 작업을 통한 담론화로서의 가능성, 혹은 교정인문학이라는 학(學)으로서의 가능성 유무를 연관 짓는 이론적 정당화의 근거로 사용될 것이다. 이런 전제를 바탕으로 다음 장의 첫 번째 절은 교정 인문 탐구의 연구 영역을 한정 짓는 작업으로서 하버마스의 관점에서 인식과 관심의 문제를 구체적으로 논의해 보기로 한다. 이어서 그러한 교정 인문 탐구의 연구 영역에 적용될 탐구의 방법, 그리고 탐구영역에 상응될 탐구의 대상은 본서 제3장의 2절과 3절에서 각각 자세하게 논의하기로 한다.

제3장

교정 인문
탐구의 정초

제1절

교정 인문 탐구의 연구 영역:
하버마스(J. Habermas)의 담론을 중심으로

이미 도래한 후기산업사회의 존립은 자연에 대한 기술지배의 끊임없는 확대와 더불어 인간관계의 부단한 관리 및 조종의 강화를 통해 보장된다. 이러한 기치 하에 정치는 탈이데올로기적 이념을 표방하면서 기존의 질서 유지 및 보수적 가치를 보존하려는 정치 공학에 골몰하면서, 학문으로 하여금 정치 공학에 상응하는 지식만을 재생산하도록 독려한다. 여기서 바로 '과학과 기술'은 자연과 인간을 지배하는 새로운 이데올로기로 등장한다. 특히 인문과학은 경험과학의 근거가 되는 실증적 성격에 맞추어 합목적적인 기술응용에 동원된다. 일찍이 철학이 '신학의 시녀' 시대에서처럼 인문학은 '기술의 시녀'로 봉사하면서 자연과학과 기술지배의 생산력 증대에 조력하는 역할로 강등될 위기에 처했다. 말하자면 인문과학의 인문적 성격은 자유로운 사유를 통한 "정신적 행위"가 아니라, "수학적이고 논리적인 기호"를 통한 "사유경제(Denkökonomie)"[1]의 단편적인 기능 여부의 기준으로 평가된다. 이에 상응하여 이성개념은 그 사용의 범위가 "사실적 자료들을 임시로 기술적으로 요약하는 것 이상"을 내포하지 못하며, 그 이상(以上)을 사용하는 것은 "미신의 마지막 흔적으로 제거"[2]된다. 이른바 '도구적 이성'의 횡포는 자연과학의 실증주의를 통해 전래된 로고스(logos) 개념에 들어있던 다양한 의미를 '이성의 수단적 사용의 연관성'으로 축소하였다. 즉 이성의 도구적 관점은 로고스 개념을 이성의 사용 여부에만 연관시키고 그 범주를 실험이나 관찰, 객관적인 이론이나 법칙의 진술을 수행하는 기능으로 한정시킨다. 다양하고 풍부한 의미를 지녔던 로고스 개념은 "조작적 가치만이 유일한 기준"으로만 간주되면서, 개념이라는 뜻은 "많은 견본들이 공통으로 가지고 있는 특성의 요약으로 축소"[3]되었다. 그런 결과로 철학 등의 인문과학은 자연과 역사 전체를 조망하고 해석하면서, 사회 안의 인간적 삶을 규정할 수 있었던 확고한 틀을 이성 개념 안에서 더 이상 찾을 수 없게 되었다. 이러한 문제 제기는 철학을 비롯한 인문과학을 통해서는 '존재', 혹은 '존재 가치' 등에 대한 '근거 짓기(Begründung)'가 더 이상 가능하지 않다는 사실을 함축한다.

학문 존립 근거의 정당성의 문제는 특별히 실증과학이 내세우는 '가치중립성(Wertfreiheit)' 개념에 대항한 이른바 '지식 구성적 관심(knowledge-constitutive interest)'[4]에 대한 논의 안에서 극명하게 드러난다. 하버마스는 제1세대 비판이론, 특히 호르크하이머와 아도르노의 '도구적 이성 비판' 그리고 '계몽주의 비판'에 또 다른 비판을 통해 그들이 보여주고 있는 '이성 개념에 대한 비판이 너무 포괄적이었다'라는 점을 지적한다. 즉 그들의 비판적 관점은 "자제력 없는 이성에 대한 회의"였으며, 그러한 "회의 대신 그것에 대한 근본적인 원인을 논구했어야 했다"[5]라고 하버마스는 평가한다. 그는 '관심(das Interesse)'의 개념에 주목하면서, 제 학문의 규범적 근거의 정당화를 시도한다. 하버마스는 그러한 시도를 인식론 안으로 끌어들이면서, 각각의 학문적 기초에 놓여 있는 제 학문의 과학성의 성격을 새롭게 규명하였다.[6] 인간의 삶 안에 있는 관심이라는 용어를 통해 말 그대로 인간 자체는 관계를 맺고 살아야만 하는 "사이에 있는 존재(being-in between)"[7]라는 의미를 재역설한 하버마스의 주장은 실증주의적 학문론으로부터 새롭게 재편되어야 했던 현대의 과학론 논의에서 커다란 논쟁을 촉발하였다.

이미 마르크스(K. Marx) 역시 순수이론에 기반을 둔 맹목적 이념 그리고 관심을 중립적 관계에서만 보는 관점을 비판하면서 "이념이라는 것은 관심이라는 것과 구분되는 한에 있어 점점 더 웃음거리가 된다."[8]라고 주장한다. 인식과 관심이라는 주제는 마르크스 훨씬 이전 칸트로 거슬러 올라갈 수도 있다. 칸트는 실천 이성이 사변(이론) 이성의 우위를 점한다는 사실을 인간의 마음(Gemütskräft)에서 자연스럽게 나오는 관심(das Interesse)이라는 것으로 해명한다. 『실천이성비판』에서 칸트는 이 점을 다음과 같이 설명한다: "실천적 의미에서 우위란(다른 어떤 것의 뒤에 놓일 수 없는) 하나의 관심에 다른 것들의 관심이 종속하는 한에서, 그 하나의 관심의 우선성을 의미한다. 마음의 각 능력에는 각기 하나의 관심을, 다시 말해 그 아래에서만 그 능력의 실행이 촉진되는 조건을 함유하는 원리를 부여할 수 있다. 원리들의 능력으로서 이성은 마음 능력들의 관심을 규정하고, 그러나 그 자신의 관심은 스스로 규정한다."[9]

이러한 전제를 바탕으로 하버마스(J. Habermas)는 "인식이란 그것이 단순한 자기보존을 초월하는 정도로 (간주될 수 있을 만큼의) 자기보존의 도구"[10]라는 점을 전제하고, 이 두 영역의 연관구조는 "인식을 이끄는 관심"[11]이라고 정의한다. 다시 말해 순수한 인식은 없으며, 관심이 선행된, 즉 관심이 지배하는 인식만이 존재하기 때문에 "인식을 유도하는 관심(das erkenntnisleitende Interesse)"은 "노동(Arbeit)과 언어(Sprache) 그리고 지배(Herschaft)"[12]라는 '매개'를 통해 집약된다고 주장한다. 하버마스는 인간의 관심이 "전(pre) 과학적 생활양식과 과학 그리고 과학적 인식의 적용 간의 간극을 연결해 준다"[13]라는 전제를 제시한다.

그는 '자기반성(Selbstreflexion)'이라는 근거를 통해 자연과학 및 실용주의의 측면에서 퍼스(C. S. Peirce)와 인문과학 측면의 딜타이(W. Dilthey)의 역사주의를 비판하면서 '관심(Interesse)'이라는 개념을 통하여 구체적 학문의 유형으로서의 재편을 시도한다. 그래서 그것들에 각각 상응하여 '경험적 · 분석적 과학(empirisch-analytische Wissenschaft)'과 '역사적 · 해석학적 과학(historisch-hermeneutische Wissenschaft)', 그리고 '비판적 · 변증법적 과학(kritisch-dialektische Wissenschaft)'이라는 탐구영역의 구분이 가능할 수 있다는 것이다.[14] 하버마스는 위에서 제시한 '가능한 세 가지의 지식 범주'의 구체적 기능을 첫째, "기술적인 처리 능력을 확대하는 정보"를 다루는 것, 둘째, "보편적인 전통을 전제로 행위의 방향 설정을 가능하게 할 수 있는 해석"을 시도하는 것, 셋째, "실체로 드러난 권력의 예속으로부터 해방되려는 의식을 분석"하는 것이라고 해명한다.[15]

하버마스는 '역사적 · 해석학적 과학'이 잘못된 가치판단으로 일탈하게 되면 형이상학적 '역사철학'을 지닌 "맹목적 결정론의 암흑

(Kehrseite)"으로 빠지게 되며, 반면에 '경험적·분석적 학문'이 "관조적이라고 오해"된 '가치중립성(Wertneutralität)'을 고수하게 되면 "관료주의적 조직으로 짜인 당파성(Parteilichkeit)과의 화해"[16]만을 이루게 된다고 비판한다. 이러한 비판적 관점에 터 하여 그는 분열되어있는 '인식'과 '관심'은 "자기반성의 역량 안에서 통일"할 수 있으며, "인식과 관심의 통일은 억압된 대화의 역사적 흔적에서 억압된 것을 재건하는 변증법 안에서만 참이라는 것으로 증명"[17]된다고 주장한다. 그래서 하버마스는 자신이 제시한 세 번째의 '비판적·변증법적 학문'의 정립을 강력히 요청하는 것이다. 하버마스의 새로운 학문 계열의 구분 시도는 비판적 규범의 정당화에서뿐만 아니라, 다양한 분과학문에서의 자기 정체성에 대한 논쟁을 촉발하였다는 점에서 매우 큰 의미를 지닌다.[18]

이러한 하버마스의 3가지로 대별된 '인식과 관심의 과학론 구조'는 '분석'과 '해석' 그리고 '비판, 혹은 규범 정립'이라는 키워드로 압축 정리되어 본 저술에 있어서 서술 관점의 중요한 준거가 될 것이다. 그러한 근거의 바탕에서 필자는 하버마스의 과학론의 관점을 교정 인문 연구의 이론적 작업이 수행할 '교정과학', '교정철학', '교정실천'이라는 3가지의 영역의 구체적 내용을 담는 틀로 본 저서 안에서 명시적으로 활용할 것이다. 이러한 맥락에서 '인식과 관심'의 담론을 기초로 교정 인문학의 탐구영역에 대한 구체적 한정 작업이 가능하다.

하버마스의 '과학론'에 따른 교정 인문 탐구영역의 범주화[19]가 필요한 이유는 '교정인문학의 학적 정초 가능성', 혹은 '교정 인문 담론화의 가능성'을 논의하려는 것이 본 저술의 근본 의도이기 때문이다. 그렇다면 무엇보다 먼저 그러한 학적 체계가 다루어야 할 탐구 대상을 수용할 수 있는 탐구영역을 한정할 필요가 있다. 또한 여기에는 분명히 그 대상을 탐구하는 다양한 관점의 문제가 개입된다. 그래서 교정 인문의 탐구 대상을 부각하면서 그 대상을 '어디에' 두어야 하며, 그러한 대상을 방법적으로 '어떻게' 다룰 것인가에 대한 해명이 필요하다.

교정인문학은 말 그대로 인문학과 교정학의 융·복합적인 다학제적 구조를 지니고 있다. 그런데 인문학은 그 탐구의 작업 과정에 나름대로 인문학적 탐구의 방법이 있다는 밑그림이 그려지는 반면에 교정학에 있어서는 그 모습이 조금 모호할 수밖에 없다. 왜냐하면 교정학의 실제와 이론 탐구는 법학적, 행형학적, 사회과학적, 자연과학적, 그리고 정신과학적, 더 나아가 예술과 종교적 특징들을 그 체계 안에 골고루 지니고 있기 때문이다. 이러한 각각의 특징들은 지금까지 교정학의 탐구 안에서 다루었던 논의들 안에서 찾아볼 수 있고, 더 나아가 아직 드러나지 않은 또 다른 잠재적 성격들을 찾아야 할 것이다. 본서에서 의도하는 연구의 목적 또한 그것과 멀지 않다. 본격적인 그러한 논의들은 제3장에서 제시될 인문 교정 탐구의 방법과 대상을 다루는 곳에서 이루어지게 된다. 일단 여기에서는 전제한 교정 인문의 탐구영역을 하버마스가 제시한 과학론(Wissenschaftstheorie)의 관점에서 살펴보면서 '경험적·분석적 과학'과 '역사적·해석학적 과학', 그리고 '비판적·변증법적 과학'으로 대별한다. 그러한 학문이론의 개별적 입장들에 접근해서 필자는 교정 인문의 탐구영역은 다음과 같이 한정하여 사용한다:

(1) '경험적·분석적 과학'과 교정 인문 탐구의 연구 영역

모름지기 학문의 탐구 모두가 분석적 방법이라고 할 수 있지만, 여기서 분석이란 실험과 관찰을 통해 경험을 대상 삼아서 분석하는 계량적 기법을 뜻한다. 그러한 연구의 탐구 방법은 근본적으로 '분석적 사유'에 근거를 두고 있다. 그러한 전제로부터 이러한 탐구의 방법을 '경험적·분석적 연구 방법(Methode der empirisch-analytischen Forschung)'이자, 좁은 의미에서 본다면 자연과학적 연구 방법으로 명명할 수 있다. 물론 실증주의에 세워진 계량적 방법은 '비계량적이고 질적인 방법론' 또한 포함한다. 그러한 방법의 영역 확장은 현대에 이르러 과학사와 과학철학의 비판적 연구를 통해 원래 지니고 있었던 실증주의적 성격에 폭넓은 이해를 획득한 결과라고 할 수 있을 것이다.

이러한 '분석' 개념 측면에서의 영역을 필자는 지금까지의 교정학 연구의 중요한 방법적 차원으로 이해하면서, 경험과학적 분석 탐구를 통한 교정학 연구의 결과들에 대해 철학적 반성, 즉 적극적인 메타이론적 관점의 적용을 시도한다. 즉 교정학의 탐구를 경험과학적 분석을 통해 접근하는 방법을 인문 교정에서는 그 방법 자체를 탐구의 대상으로 삼으면서, 그 가능성과 한계를 논의할 것이다.

본서 4장 1절에서는 경험과학적 탐구의 세밀한 분류와 더불어, 그 안에 내재한 실증주의의 활용 가능성과 그 한계를 중요한 쟁점으로 다룬다. 경험과학적 분석 탐구를 통한 교정학 연구 모델은 인문과학 혹은 사회과학에 기반을 둔 해석학적 탐구에 대비해서 자신의 경계를 뚜렷하게 드러낼 수 있는 강점을 지닌다. 그러나 이러한 탐구의 모델은 그 자신의 연구 안에서 규범적 범주, 즉 실천적 이념, 역사적 반성, 비판적 규제성 등을 구체적으로 명시할 수 없다는 약점을 노정한다. 그러한 근본적 이유는 헴펠(C. G. Hempel)이 말했듯이 "모든 과학의 법칙들은 확률적 법칙의 단계"에 머물고 있으며 "과학적 법칙들을 지지하는 관찰 결과는 항상 유한한 것이며, 즉 높은 확률만을 부여할 수 있는 논리적으로 불충분한 결과들의 집산(集散)"[20]이기 때문이다. 그런 맥락에서 여기서 필자는 전통적 실증주의에 대비시켜 앞서 이미 소개했던 '비판적 합리주의' 및 '아나키즘 인식론' 등 - 폭넓은 의미의 현대의 과학주의 - 의 입장에 기초하여 이러한 약점을 보완할 수 있는 대안적 전략을 제시한다. 그리고 경험과학적 분석 탐구 모델을 교정학 연구에 적용할 경우 - 범죄 의학적 진단 및 처방, 범죄 심리조사, 면접조사, 표본조사, 설문조사, 심층 면담, 사례연구, 범죄통계 등 - 에 나타날 수 있는 결과가 얼마나 적합 가능한가를 논의한다. 결론적으로 본서 안에서는 '경험적·분석적 과학'의 방법은 교정이라는 경험적 사실을 어떻게 설명하며, 그것이 우리에게 어떤 종류의 이해를 줄 수 있는가를 고찰하는 데에 궁극적인 목표를 둔다. 이러한 논의는 본격적으로 본 저서 제4장 제1절에서 필자가 선별한 연구 사례들 안에서 제시된 제 이론들을 적용하여 분석 평가하는 과정을 통해 구체적으로 진행된다.

(2) '역사적·해석학적 과학'과 교정 인문 탐구의 연구 영역

교정학 탐구의 중요한 대상은 사회라는 추상적 차원으로부터 시작하여 법, 범죄, 처벌 등의 실재적 사실들로 이루어져 있다. 그러한 의미로 과학론에 따라 살펴볼 때 교정학의 연구 영역은 사회과학적 탐구의 대상에 대체로 속한다. 그러한 의미에서 사회과학적 탐구 방법은 교정학 탐구의 외연을 이루면서 현재 교정학의 학적 성격을 극명하게 잘 보여주는 측면이라고 할 수 있다. 물론 이 영역 안에서는 자연과학적 방법을 적용한 탐구, 즉 실증주의적 방법이 사회과학적 탐구 방법 안에서 주로 응용되고 있음은 주지의 사실이다.

실증주의의 경험 분석적 이론들은 많은 부침 속에서 변화를 거듭했지만, 19세기 말부터 20세기 초에 이르러 과학성의 기준을 새로이 찾는 과학철학 및 과학사의 논의는 과학의 확장된 모습을 드러내게 만들었다. 20세기 이후 뚜렷이 나타난 전통적인 실증주의(der klassische Positivismus)로부터 발원하여 신실증주의(der Neopositivismus)로의 변화는 이러한 사실을 입증하고 있다. 즉 자연과학적 탐구는 더 이상 단순한 사실(fact)의 인과성의 규명이나, 그 결과를 나열하는 사실들의 단순 정위(simple location)의 수행이 결코 아니라는 것이다. 그러한 전제를 바탕으로 자연과학에 기초한 사회과학적 이론 구성은 객관적 사실에 대한 관찰과 실험 외에 인간의 의식 및 주관적 의도의 역할 연구에 커다란 비중이 주어지고 있다는 점이다. 그러므로 연구자의 인식이 아닌 관심이 결국 그 결과를 성취하게 한다는 점에서 사회과학적 탐구의 방법을 큰 틀 안에서 보아 '해석학적 사유'라고 명명할 수 있을 것이다.

그 전제를 바탕으로 필자는 사회과학 및 법학적 해석에 기초한 교정학 연구 결과들에 대한 철학적 반성을 시도하려고 한다. 본서 안에서는 사회과학이 많이 차용하는 경험적 탐구 방법의 객관성 여부에 대한 논의를 전개할 것이다. 그러한 논의를 필자는 탐구과정 안에서 경험적 연구는 '가치 판단적 목적을 지니고 있지만, 가치 중립적 성격을 가지고 있지 않다'라는 전제로부터 출발시킨다. 그런 전제를 바탕으로 본 절에서는 사회과학적 측면의 교정학 연구가 너무나 계량적 입장에 서 있기 때문에 사실 파악의 '질적인 접근(qualititative approach)'에 이르지 못한다는 사실을 밝히고, 그 탐구의 결과가 해석에 머물 수밖에 없다는 점을 해명한다. 그러나 그러한 해석의 주관성이 인문학적 해석이나 종교나 예술의 해석과 다른 차별성이 있다는 점 또한 해명한다. 본서 안에서는 이러한 해석적 차별성의 강점과 약점이 어떻게 교정학 탐구에 활용 가능한가에 대한 논의를 전개한다. 더불어 교정 인문 연구의 역할과 기능이 '사회과학적 탐구에 기초한 교정학의 연구 영역'에 어떻게 적용되고 어떠한 지점에서 귀착될 수 있는가를 구체적으로 밝힌다. 그러한 구체적 시도는 본 저서 안 제4장 제2절에서 필자에 의해 선별된 연구 사례들에 제시된 제 이론들을 적용해서 분석 평가하는 과정으로 진행될 것이다.

(3) '비판적 · 변증법적 과학'과 교정 인문 탐구의 연구 영역

본 저서 안에서 이 영역은 교정학 연구 안에서 실천 – 이념적 차원이라고 지칭된다. 여기서는 도덕과 윤리, 사고, 정서, 종교, 예술 등의 인간과 역사 등을 둘러싼 연구 결과들이 그 연구의 대상이 된다. 그리고 그 대상들의 탐구는 일반 논리학적 방법을 전제로 하지만 초경험적인 대상을 연구 대상으로 포괄한다는 의미로 변증법적 논리를 포함한다. 특히 철학의 존재론적, 혹은 형이상학적 탐구영역은 실재 개념의 궁극적 근거에 대한 탐구로 활용될 수 있으며, 그 안에 전제된 기초주의 혹은 근본주의(foundationalism)와 급진적 해체적 사유(포스트모던적 사유)를 비교·분석하는 작업 역시 가능할 것이다.

필자는 교정학 연구의 규범과 그 규범의 실제적 적용에 대한 비판을 통해 교정학의 새로운 정체성을 정초하려는 철학적 반성 작업을 시도한다. 본서 안에서는 특히 철학을 위시한 인문학이 전통적인 환원주의적 기계론에 반대하고 인간의 자유의지의 중요성을 강조하는 담론들을 소개하고, 교정 인문 연구에서 이러한 측면이 어떻게 계발되어야 하는 점을 부각한다. 그러한 전략은 인문학 안에서 가장 근본적 탐구영역인 전통적인 철학의 재흥이 한 축을 이룰 수 있고, 또 다른 한 축은 종교와 예술적 단초와 계기를 포함한 포괄적인 인문적 가치를 철학적 탐구에 관련시키는 시도이다. 이른바 '심미적 이성'의 계발을 통해 전통적 이성 개념을 확장하고 심화하자는 시도가 바로 그것이다. 사실상 19세기 후반 이후 자연과학 탐구영역에서 이루어진 괄목할 만한 개별과학적 성과들과 대비해서 철학 자체의 정체성 위기가 언급되어야 할 것이다. 그러나 철학은 인간 삶의 보존과 향상을 위해 자신의 문제 상황을 구성하는 총체적이고도 보편적인 시각의 답변을 여전히 구할 수 있는 능력을 지니고 있는 것으로 사료된다. 이러한 논변을 전제로 필자는 교정 인문 탐구의 규범 정립적 가능성과 한계에 담아서 해명하고, 그 전망을 제시한다. 본 내용의 전개는 본격적으로 제4장 제3절에서 다루어지면서 집중적으로 기술될 것이다.

제2절

교정 인문 탐구의 연구 방법:
'메타(meta)이론'을 중심으로

(1) 연구 방법의 이론적 토대

인문학 탐구의 본령은 무엇인가? 이러한 물음 자체가 일단 어려워 보이는 것은 인문학이 추상적 성격을 띠고 있기 때문이기도 하지만, 앞 절에서 이미 보았듯이 현대의 많은 사람들이 인문학적 위기를 말하기 때문이다. 그래서 교정학에의 인문학적 접근이라는 주제는 상당히 부담스러운 시도일 수도 있다. 그런데도 인문학의 본질적 성격으로 미루어 보건데 인문학의 위기를 즉각 '인문학의 해체'로 이해하는 것은 너무나 경솔하게 보인다. 왜냐하면 앞에서 이미 언급했듯이 그 위기의 인식은 오히려 '그러한 해체에 대한 인문학적 담론'으로 이어져야 하기 때문이다. 필자의 관점에서 보자면 그러한 위기는 학문의 역사적 과정에서 항상 있었던 사실이고, 결코 현대의 이 시점에서 처음으로 일어난 것은 아니었다. 그러므로 인문학의 위기라는 진단은 다시금 도래할 '인문학의 호경기'[21]를 점치는 증후라고도 볼 수 있다. 그러한 위기 진단은 어쩌면 학문의 현대화가 너무 자연과학과 테크놀로지의 방법론에 치우쳐 있기 때문에 인문학 그 자체가 자신의 정체성을 너무 수세적으로 생각하는 콤플렉스에서 기인했다고 할 수도 있을 것이다.

기실 따지고 보면 인문학이라는 용어는 말 그대로 '인간에 대한 학문'이다. 그래서 인문학의 목적과 방법 그리고 과제는 '인간의, 인간에 의한, 인간을 위한' 학문적 탐구의 범주 안에서 규정된다. 물론 자연과학과 테크놀로지가 '인간을 위한 학문적 탐구가 아니다'라는 주장을 펴는 것은 아니지만, 인문학 혹은 정신과학 탐구의 목적과 방법 그리고 그 과제는 사뭇 다르다는 점을 분명히 할 필요는 있다. 이러한 필요성은 인문학에 기초한 교정 인문을 구체화해서 논의하는 자리에서도 동일하게 적용된다는 사실은 더 말할 나위가 없을 것 같다.

독일의 대표주간지 〈슈피겔〉지의 전문편집인 중 한 사람인 요한 그롤레(J. Grolle)가 쓴, "보이지 않는 것을 발견하는 일"[22]이라는 글의 한 대목으로부터 이야기를 시작해 보자. 이 글은 바로 위기에 선 인문학적 성찰이 단지 논리적 비약이 아닌 '일탈적 상상력'의 차원으로 도약시키는 계기를 잘 보이고 있다. 그는 보이지 않는 것이 발견되는 과정을 다음과 같이 설명하고 있다: "우주 전체를 신발 상자 안에 담을 수 있다고 믿는 사람은 없을 것이다. 그러나 상자 안에 우주를 담으려고 노력하지 않아도 우주는 이미 상자 속에 숨어 있다. 이 말을 믿고 신발 상자를 열어 본 사람은 실망을 감추지 못하고 '뭐야, 아무것도 없잖아'라고 말할 것이다. 그래도 경솔하게 아무것도 없다고 단정 짓지 말고 자세히 들여다볼 필요가 있다."[23] 연이어 그롤레는 자연과학적 탐구의 시선을 갖는다면, 우리는 신발 상자 속의 공기를 관찰하고 우주와 관련시킨 '연구를 개진할 수 있다'라고 설명한다. 즉 신발 상자 안의 공기를 과학적 기계를 통해 계측하고, 반복된 실험을 하고 우주와 얼마나 유사성이 있는지 혹은 상이성이 있는지를 조사하는 시도를 감행하리라는 것이다. 그러나 그롤레는 반문한다. 그렇다면 "신발 상자 안에 공기가 없다면 상자 안에 아무것도 없는 것일까?" 그는 "그렇지 않다"라고 단언하면서, 그것을 '증명하기 위해' 우리는 "신발 상자 안에 외부세계의 모습을 담을 수 있는 마음속의 카메라를 설치해야 한다."[24]라고 주장한다.

그가 말한 '마음속의 카메라'는 결국 인간의 상상력을 불러오는 수단이자, 그 상상력을 구체화할 수 있는 도구이다. 그러나 그 구체화된 모습이 결코 '법칙의 연관'으로 나타나는 것은 아니다. 즉 그것은 정밀한 과학성에 의해 보장되는 법칙이 아니라, 마음속의 카메라로 찍은, 혹은 찍힌 모습들이다. 오히려 그 모습은 수리적 공식 혹은 확률적 통계의 모습이 아니라 여러 다양한 이야기들이 느슨하게 묶인 '담론의 연관'으로 보아야 한다. 그러한 담론의 존재 증명은 우리가 생각하는 것을 다시 생각하는 것의 전략으로 바꾸어 논의해 볼 수도 있다.

그러한 전략은 생각이 또 다른 생각으로 전환되어야 한다는 첫 번째 명제에 부응한다. 여기에 아주 좋은 예는 생리학자인 로버트 루트번스타인과 역사학자인 그의 부인 미셸 루트번스타인이 저술한 『생각의 탄생』에서 제시한 '창조적 사고를 통한 지식 대통합'으로의 윤곽이다. 두 사람은 자연과학과 인문과학 각각의 특징을 상실하지 않으면서 두 영역의 장점만을 연결하여 우리 미래의 생각이 어떻게 나아가야 할 길을 잘 보여주고 있다.

그 두 사람이 제시하고 있는 상상력 학습의 전략 모델은 인문학이 경험적·분석적 과학과 본질적으로 다르다는 것을 보이면서도, 어떠한 방법을 통하여 그것에 도달할 수 있는가를 제시하고 있다.[25] 특히 두 저자들은 생각의 전환을 부엌 안의 요리와 비유하고 있다는 점은 매우 흥미롭다: "누구나 생각한다. 그렇지만 누구나 똑같이 '잘' 생각하는 것은 아니다. 여기 요리의 대가에 견줄 수 있는 사고의 달인이 있다. 그는 여러 가지 정신적 재료들을 가지고 맛을 내고 섞고 조합하는 것에 도통한 사람이다. 우리가 어떤 '지적' 만찬을 준비한다면 그에게 부탁할 수밖에 없을 것이다. 이 말은 '생각의 부엌'에서 그가 하는 일과 우리가 하는 일이 다르다는 뜻이 아니라 그가 더 잘한다는 뜻이다. 대가가 되려면 아주 재능 있는 사람이라 하더라도 상당히 오랫동안 수련해야 한다는 사실을 우리는 잘 알고 있다. 우리 역시 대가가 되고자 한다면 필요한 도구의 용법을 익히고, 정신적 요리법을 배우며 실력을 키워나가야 한다. 그러나 이 과정은 우리에게 '정신적 요리'가 의미하는 바가 무엇인지 다시 생각해볼 것을 요구한다. 그리고 이 '다시 생각하기'를 통해 정신적 요리법은 '무엇을 생각(요리)하는가'에서 '어떻게 생각(요리)하는가'로 초점이 옮겨진다."[26]

물론 여기서 요리에 비유된 생각 전환의 담론은 한담이나 잡담 식의 이야기는 물론 아니다. 그러나 그것은 최소 "자연과학적 과학성을 추구하지 않으면서도, 학의 경계를 뛰어넘지 않고자 하는"[27] 성격을 지니고 있다고 할 수 있을 것이다. 그러므로 담론 안에 있는 상상력의 구현과 과학성으로 무장된 법칙의 세계와는 확연한 차별성을 내보인다고 할 수 있을 것이다. 즉 그러한 차이를 우리는 경성(硬性)의 과학적 사유와 연성(軟性)의 인문학적 상상력이라는 개념으로 분리해서 명시적인 대비를 시켜 볼 수도 있다. 다시 말해서 "사유가 이미 있는 것을 재현(reprentation)하려 할 때는 '대상과 일치'라는 인식론적 구속을 받지만, 아직 없는 것을 있게 하는(presentation) 상상력은 그런 구속을 원하지 않는다"[28]라고 규정할 수도 있다. 여기서 대상과의 일치되는 '인식론적 구속'은 말할 것도 없이 자연과학을 선두로 한 과학성을 지칭한다고 볼 수 있고, 앞 절에서 언급한 로고스(logos)의 한 측면인 라치오(ratio)의 유산이라고 볼 수 있을 것이다. 이처럼 로고스 개념으로부터 분열된 두 측면의 비교는 극명한 대비로 비추어지고 있다. 그러나 로고스적 인간상의 내포된 내용은 '논리적으로 따져 논증할 수 있는 능력', 즉 라치오와 더불어 '이야기를 잘 풀어서 설득할 수 있는 능력', 즉 오라치오(oratio)를 동시에 보유해야 한다는 것을 함축하고 있다. 즉 현재 극단적으로 분열된 라치오와 오라치오의 두 개념은 로고스 개념이 지니고 있는 조화로운 인간상의 모습으로 다시금 통합되어야 한다는 것이다. 이러한 함의는 오늘날 인문학적 위기와 그 극복의 시도에 많은 시사를 준다고 하겠다.

교정 인문 탐구의 구체적 연구 작업 역시 이런 인문학적 배경으로부터 조망할 수 있고, 그러한 배경을 바탕으로 교정학의 방법적 기초의 구체적 내용 또한 도출할 수 있을 것이다.

(2) 연구 방법으로서의 '메타(meta)이론'

앞에서 보았듯이 '교정학에 대한 인문학적 접근'이라는 탐구의 영역 안에 다루어질 대상은 '교정 인문'이라는 연구 주제로 압축 정리되고, 그러한 근본적 기초는 관찰과 실험에 대비한 상상력에 있다는 점이 밝혀졌다. 그렇지만 그러한 상상력은 탐구의 주제가 되기 위해서는 최소 '이론적 접속을 통한 소통이 가능'해야 한다. 즉 상상력이라는 직관적 통찰은 객관적으로 납득될 수 있도록 표현되어야 한다. 교정 인문 연구의 방법에 대한 논의가 바로 그것이다. 모름지기 모든 학문적 연구가 그러하듯이 '교정학에 대한 인문학적 접근', 즉 교정 인문 탐구 작업은 엄격한 방법론의 정초를 전제로 연구될 때에 비로소 자신의 과제를 올바로 수행할 수 있을 것이다. 그러한 교정 인문 탐구의 연구 방법론은 일단 앞서 논의한 '과학론' 체계 안에서 정위 되어야 할 것이다. 그러한 연구 방법의 관점은 '이성' 개념에 기초한 정초주의적 관점과 '관심' 개념에 기초한 비정초주의적 관점이 있다. 앞서 이미 보았듯이 교정 인문 탐구에 있어서 후자는 특별한 의미를 지니고 있는데, 여기서 바로 사회과학으로서의 교정학과 탈실증주의적 인문학과의 연관에 '올바른 조망'을 가질 수 있기 때문이다. 바로 그러한 계기 속에서 교정학에 대한 인문학적 접근이라는 주제를 다룰 수 있는 체계적인 사고를 획득할 수 있고, 비로소 교정학 연구 안에서 인문학적 정초를 시도할 수 있다고 필자는 생각한다.

위에서 언급된 '올바른 조망'이란 메타이론(metatheory)의 관점을 의미하며, 그것은 어떤 대상 영역이 아니라 다른 이론을 연구 대상으로 삼는 이론에 대한 총체적 명칭을 지시한다. 메타(meta)라는 접두어가 맨 처음 사용된 것은 '언어의 유형을 기술'하기 위하여 '메타언어 (metalanguage)'라는 용어로 러시아의 형식주의자들에 의해 고안되었다고 한다. 그 이후 메타라는 접두어는 메타언어, 혹은 메타이론 그리고 메타 사상 등의 언어로 응용되어 사용되었고, 로만 야콥슨(R. Jakobson), 자크 데리다(J. Derrida), 롤랑 바르트(R. Barthes), 장 프랑스와 리오타르(J. F. Lyotard) 등 후기 포스트구조주의 철학자 혹은 문학비평가 등에 의해 집중적으로 논의되고 연구되었다고 한다.[29]

이러한 개념의 변천 과정을 거쳐 메타이론은 이론에 대한 이론이며, 1차 대상에서 얻은 분석 결과를 대상으로 또 다른 분석을 가하는 소위 "분석의 분석(analysis of analysis)"[30]이라는 의미로 정착되었다. 이러한 연구의 방법은 현대에 이르러 학문의 분야별로 흔히 다른 용어로도 표현된다. 자연과학, 즉 전형적인 경험적·분석적 방법의 측면에서는 'overview', 'pooling of result', 'research synthesis', 'research review', 그리고 실증주의 관점에 기초한 사회과학에서는 흔히 'meta-anlysis', 'quantitative research'라는 용어들을 사용한다.[31] 이러한 용어 사용의 실례로 미루어 볼 때 메타이론은 연구 대상으로 다루어지는 다른 이론들을 기술하는 이론 모델이며, 대상화된 이론의 탐구영역과 구조 및 구성요소를 이해하는 데에 목표를 둔다는 것으로 이해될 수 있다.

이러한 방법론으로서의 메타이론의 전제는 인문학의 영역 중 특히 철학이라는 과목 안에서도 극명하게 드러낼 수 있다. 여기서 '철학'이라는 용어가 굳이 등장하게 된 것은 철학은 철학 자체로의 분과학문일 뿐만 아니라, 학문 전체를 조망하는 방법적 기능을 지니고 있기 때문이다. 그러한 근거를 해명하기 위해서는 현시점에서 철학이란 무엇인가를 묻는 물음이 필요하고 철학과 메타이론이 어떻게 연계를 맺고 있는 가를 살펴보아야 할 것이다.

일단 '철학이란 무엇인가'라는 물음을 철학의 기능적인 역할이 무엇 인가를 묻는 물음으로 파악한다면, 그 물음은 '철학은 무엇을 하는 학 문인가'라는 물음으로 되물어질 수 있다. 이러한 철학의 기능적 역할은 여러 가지의 관점에서 제시될 수 있을 것이다. 필자는 현재의 학문적 구도 안에서 철학의 위치를 다음과 같이 정위(定位) 시킬 수 있다고 생 각한다.[32]

가) '인문과학의 독립 분과학문으로서 철학': 여기서 철학을 연구한 다는 의미는 논리학과 형이상학 및 존재론, 혹은 인식론과 윤리 학 및 미학 등 전통적 철학의 제 영역에서 개별 작업을 개진하 는 것이다. 더불어 이 관점에서의 중요한 철학적 작업은 방대한 철학사에 대한 새로운 해제 작업을 수행하는 일이 될 것이다.

나) '인문 교양의 한 과목으로서의 철학': 여기서의 철학적 작업은 교양의 여러 과목들과 같은 눈높이를 지니면서 순수한 철학의 입문을 수행하는 일이다. 다시 말해 철학을 어떻게 가르칠 것인 가에 초점을 맞추는, 즉 철학교육에 대한 연구가 큰 축을 이룬다 고 말할 수 있다. 더불어 이 관점에서의 철학함은 철학 인근의 인문과학 및 사회과학을 연구하는 데에 있어서 기초과학으로서 의 접속을 부단히 시도하는 작업이라고 할 수 있을 것이다.

다) '인문과학의 전형적 방법론으로서의 철학': 철학의 탐구영역이 여러 가지인 것으로 미루어 보아 철학은 그것에 상응하는 여러

가지의 기능이 있다는 것을 가)와 나) 항에서 살펴볼 수 있다. 그런데 여기서의 철학은 내용에 대한 해제나 해명의 작업이 아니라, 방법을 지시한다. 이러한 철학의 관점은 인문사회과학뿐만 아니라 자연과학과 공학[33]까지를 아우르며 협업적 작업이 가능하다는 것을 내포한다.

분류된 철학의 영역을 전제로 교정학과 철학의 접근 및 접합은 가)와 나)를 전제로 하지만 특별히 다) 항에 들어있는 내용을 실천 수행하는 작업이라고 할 수 있을 것이다. 이러한 시도를 필자는 '제 과학에 대한 의미를 부여하는 작업이다'라고 제시한다. 이렇게 의미를 부여하는 작업을 전제로 철학적 기능을 '과학비판', 혹은 '과학의 과학'이라고 말할 수 있을 것이다. 그렇지만 철학을 하나의 인문학의 방법론으로 보자는 이러한 맥락은 명백한 오해 때문에 잘못 이해되어왔다. 원초적인 과학의 형태는 철학이었음은 주지의 사실이다. 신화적 사유로부터 합리적 사유로의 지양은 지식을 매개로 전개되었지만, 그때의 철학적 지식은 체계가 갖추어진 지식의 형태가 아니었다. 오늘날의 철학적 지식은 과학적 지식을 넓은 의미로 포괄하지만 철학과 과학은 분명히 분화되었다. 그러므로 철학적 지식과 과학적 지식은 다르다. 그러나 분화를 통한 그 분리는 진화 형태의 변모가 아니라, 말 그대로 '분화(分化)'이며 '종가(宗家)로부터 분가(分家)'[34]하는 모습에 훨씬 더 가깝다고 볼 수 있다. 종가로의 분가는 진화가 아니라 다양한 확산이라고 할 수 있다. 그런데도 사람들은 방대한 과학적 지식의 발달의 관점에서 철학적 지식을 단지 '과학적 지식의 원시적 형태의 지식'으로 오해하곤 한다.[35] 철학적 지식과 과학적 지식은 '각각 다른 차원의 지식'[36]일 뿐이다. 말하자면 위에서 제시한 가)와 나)와 같이 종가가 하는 일이 따로 있고, 분가한 사람들이 하는 일이 따로 있다.

이러한 의미에서 특별히 주목해야 할 점은 철학 자체 안에서도 여전히 미시적인 범주 안에서의 '확산'이 이루어지고 있다는 사실이다. 특히 철학의 탐구 안에서 20세기 이후 '과학철학'이라는 분야는 눈부신 성장 일로에 있는 자연과학과 테크놀로지 이론들에 대한 정립 근거와 그 역사적 고찰을 통해 철학의 기능에 새로운 의미 부여를 가능하게 하였다. 말하자면 철학은 제 과학들이 가정하고 있는 근본 전제들을 탐구하고 조명하는 기능적 역할을 지닌다. 주지하다시피 자연과학적 탐구는 가설(hypothesis)의 전제로부터 출발한다. 즉 자연과학은 경험을 존중하는 실증적 태도를 그 탐구의 제1 원리로 상정하고 있다. 그러나 자연과학은 경험 그 자체가 무엇인가에 대해서는 탐구하지 않는다. 또한 자연과학은 탐구원리의 결과로 법칙을 세우려고 한다. 이러한 방법적 시각은 벌써 자연의 원리가 합법칙적으로 되어 있으리라고 가정하고 있는 셈이다. 즉 자연현상에는 원인과 결과 사이에 맺어져 있는 필연적 연관을 전제로 한 인과성이라는 것을 가정하고 있다. 그러나 자연과학의 탐구과정 안에서는 인과성 그 자체를 문제 삼지 않는다. 자연과학이 가정하고 있는 이러한 근본 전제들을 탐구하는 작업이 다름 아닌 철학의 기능적 역할인 셈이다. 여기서 벌써 철학적 논의는 자연과학 탐구의 관점이 전제한 차원과는 또 다른 탐구의 차원을 조명하고 있는 것이다.[37]

이러한 철학적 탐구의 관점은 아리스토텔레스 이래 전통적으로 전래된 '규범윤리학(normative ethics)'에 대항해서 20세기 이후 활발히 진행되어 온 '메타윤리학(meta-ethics)'이라는 이름 아래에서도 명확하게 확인할 수 있다. 즉 전통의 윤리학적 탐구가 다양한 규범적 체계 중에서 어떤 체계가 도덕적 선을 판단하는 최상의 기준인가를 묻고 그 표준과 규칙을 찾으려고 한 시도였다면 현대의 '메타윤리학'은 그동안의 윤리 원리와 체계가 전제했던 그 이성적 근거와 정당성에 대한 분석을 시도한다. 따라서 메타윤리학은 선(善), 자유의지, 의무와 권리, 정의(正義) 등과 같은 도덕 개념의 근본 의미를 파악하면서 그를 표상하는 윤리적 언어들의 분석에 그 초점을 맞춘다.[38] 그런 연장선상에서 메타윤리학은 도덕에 대한 논의 안에서 "의미론적, 인식론적, 논리적 구조를 분명하게 이해"한다는 의미에서 메타이론적 관점을 지닌 "도덕 자체에 관한 철학"[39]이라고도 명명된다.

또한 현대논리학에서는 언어를 두 층위로 구별하면서 대상에 관해서 단순하게 언급하는 '대상언어(objective language)'와 그 언어 자체에 대해서 다시금 언급하는 '메타언어(meta language)'의 두 차원의 언어를 구분한다.[40] 이러한 메타적 관점은 문예의 비평적 탐구 안에서도 '메타비평(metacritism)'이라는 형태의 시도로도 이미 나타났다. 시와 소설 등의 예술적 작업 안에서 그 자신의 내러티브(narrative) 과정들을 언급하는 또 다른 내러티브를 볼 수 있는데 그것을 메타비평에서는 '자기 참조성(self-referentiality)'이라고 명명한다.[41] 원래의 텍스트와 또 다른 차원의 텍스트를 지시하는 그러한 '자기 참조성'이라는 개념은 메타이론적 관점을 설명할 수 있는 좋은 예증으로 제시될 수 있을 것이다. 그러나 메타언어적, 혹은 메타이론적 관점은 논리학이나 윤리학 혹은 문예비평에서만 꼭 필요한 과학적 탐구의 도구는 결코 아니다. 메타적 관점, 혹은 메타이론적 관점은 우리 일상생활에서도 알게 모르게 중요한 기능으로 이미 사용되고 있다.

우리가 별다른 숙고 없이 사용하고 있는 일상 언어를 한번 살펴보자. 일상적 언어의 구조는 복잡한 형태를 지니고 있는 듯이 보이지만 4가지의 유형으로 압축 정리될 수 있다. 그 유형들은 사실을 단순하게 표현하는 '서술 문형', 논리나 수학적 공리로 짜인 '형식 문형', 정서, 혹은 감성에서 나온 문학적 표현인 '평가 문형', 그리고 윤리와 도덕 등의 가치를 표현한 '규범 문형'으로 제시될 수 있다. 그러한 각각의 유형들은 각기 다른 고유한 기능을 지니고 있다. 서술 문형과 형식 문형은 참과 거짓(truth and false)을 가릴 수 있는 기능을 지닌다. 평가 문형은 좋은 것과 미숙한 것, 혹은 나쁜 것(good and bad)을 구별한다. 그리고 규범 문형은 명확한 긍정적 수용과 거절 혹은 거부(yes and no) 등의 구분을 포함한 가치 평가의 작업을 수행한다. 만약에 이러한 언어 사용의 규약을 깨뜨린다면 우리는 소통 안에서 항상 '범주오류(categorical mistake)'의 불통에 빠지게 된다. 범주오류의 결과는 당연히 실제적 삶 안에서 불필요한 갈등을 양산한다. 범주오류라는 것은 차원에 대한 이해의 문제이다. 이러한 의미에서 본다면 모든 불필요한 논쟁과 분쟁은 상황의 차원을 잘못 이해하는 판단으로부터 나오며, 이러한 구조는 언어의 측면을 어떻게 분별하는가의 문제와 깊은 연관이 있다고 할 수 있을 것이다. 즉 일상 언어의 각 문형 형식들을 하나의 언어 차원으로 본다면, 메타이론적 관점이 학문상에서만의 논의 대상이 아니라, 일상 언어의 사용 안에서도 이미 깊숙이 개입되어 있다는 사실을 인지할 수 있다. 그러므로 누군가 '그 사람은 참 센스가 없다. 차원을 알아야 할 텐데'라고 말했다면 이 말의 의미는 말의 대상 차원과 '그 말의 대상의 대상' 즉 유비적 차원을 구별하지 못하고 있다는 점을 지적한다고 볼 수 있다. 이러한 실례는 종교 안에서 예수의 가르침이나, 부처의 설법에서 사용된 알레고리즘(allegorism) 형식 안에서도 흔히 사용되고 있었음을 확인할 수 있다.

이러한 전제로부터 방법으로서의 철학적 탐구를 메타이론의 적용으로 간주한다면, 즉 철학이 다른 학문 탐구를 그 탐구의 대상으로 삼는다는 점에서 구체적으로 뚜렷하게 부각된다고 할 수 있을 것이다. 다시 말해서 본 저술 안에서 메타이론적 관점의 본질은 방법으로서 교정 인문 연구의 기능적 역할을 자리매김하는 것이며, 그 탐구의 방향은 지금까지의 교정학 탐구의 지평을 확장하고 탐구의 내용을 심화시키는 것에 맞추어진다.

(3) '메타(meta)이론'의 적용에서 사용될 매개(meditation) 개념들

매개(meditation/Vermittelung/médiation) 개념의 실례는 형식 논리학(formal logic) 안에 있어서 매개 개념(middle concept/Mittelbegriff)에서 살펴볼 수 있다. 즉 매개 개념은 삼단논법(syllogism)의 추론 과정에서 대전제와 소전제 모두에 포함되어 양(兩)』 전제를 관계 짓고 결론을 성립시키는 매개 개념으로서의 역할을 수행한다. 그러나 매개 개념을 변증법적 논리(Logik der Dialektik)에 적용한다면, 매개 개념은 추상적 생각의 도구가 아닌 현상을 본질로 환원시켜 다루는 사유의 수단으로 사용된다. 여기서 추상성은 구체성으로 분석되고 현상의 관계, 조건, 원인, 근거를 밝히는 과정을 지니게 된다. 이러한 전제로 헤겔(Hegel)은 매개 개념을 진정한 실제(Wirklichkeit)를 규명할 수 있는 변증법적 사유의 원리인 동시에 부정(否定) 원리의 원초적 시발점이라고 규정한다.[42]

이러한 전제로부터 필자가 제시하려는 매개 개념들은 기능적 측면에서 볼 때 두 가지의 차원에서 설명이 가능하다. 그 하나의 차원은 매개 개념을 교정 인문 연구를 수행하는 데에 있어서 '연구 대상을 구성하는 제(諸) 요소들'로 간주하는 것이며, 또 다른 하나의 차원은 '그 대상을 주제로 하여 연구된 결과를 평가하는 조건 항(項)'으로 수용될 수 있다는 것이다. 정리해서 말하면서 필자가 보여주고 있는 매개 개념들은 교정 인문 연구를 주제로 한 텍스트를 서술하는 데 있어 다양한 관점을 제공하는 역할을 담당할 수 있으며, 또한 지금까지 축적된, 혹은 앞으로 수행될 교정 인문 연구 성과물들을 평가하는 비평의 기준점으로 활용할 수 있다는 것이다.

이러한 필자의 매개 개념에 대한 논점은 거시적 관점에서 이성과 탈이성의 사유적 측면으로 나누어 볼 수 있고, 그 안에서 다음과 같이 3가지의 요소들로 제시되면서 각각 구체적으로 설명된다:

가) 이성 개념에 근거한 탐구 방법 안의 매개 개념 – 분석(analysis) 및
   해석(interpretation)
나) 탈이성 개념에 근거한 탐구 방법 안의 매개 개념 – 해체(destruction)

① 분석(analysis)
탐구 방법으로서의 교정 인문 탐구 안에서 메타이론적 관점을 실행

하는 데에 있어서 무엇보다 제일의 상위 개념은 '텍스트'라는 요소로 상정할 수 있다. '교정의 실재'라는 현실 안에서 발생하는 물리적 사실들(fact)은 원초적 자료로서 결국 텍스트로 나타나게 된다.[43] 왜냐하면 원래 사실(事實), 이른바 '팩트(fact)'라는 것은 객관적으로 존재하는 것이 아니라, 이미 '해석된 사실'이고, 궁극적으로는 관찰하는 많은 사람들의 견해 없이는 존립할 수 없기 때문이다. 오늘날 과학론, 혹은 과학철학의 관점에서 보자면 고전적 의미 안에서 사실이라는 것을 그저 다수의 사람들이, 혹은 특정한 연구 집단들에 의해 한시적으로 동의된 패러다임으로 보고 있다. 말하자면 사실의 개념은 소멸하고, 다수의 견해들만 사실을 표상하고 있다고 볼 수 있다. 이런 주장을 '교정의 실재(reality)'라는 대상에 적용해 보자.

범죄로 인해 판사를 통해 형이 선고되었다면, 그 과정은 체포 영장, 경·검찰의 심문, 변호사의 개입, 재판을 통한 판결 선고 등등의 절차를 통해 이루어지고, 최종적으로 수용자의 신분으로 구금된다. '교정의 실재'라는 개념은 재소자와 관련된 총체적 과정을 모두 아우르는 '사실' – 수용자 분류, 교정 상담, 수용자의 처우, 교도관의 직무 관련 문제점, 교도소 건축구조의 문제 등등 – 을 지시한다. 그렇지만 교정의 실재라는 사실은 '사회적 사건'에 대한 '정확한 이해'라기보다는 간접적 경험을 통한, 즉 여타의 다른 사건들과 마찬가지로 매스미디어 등의 여과를 통한 '불명확한 인식'일 경우가 대부분이다. 우리의 일상적 삶의 과정 안에 있는 하나의 사실은 결국 "이해가 없는 설명(explanation without understanding)"[44]에 놓이는 경우가 많다. 학술적인 차원의 정확한 이해에 도달하기 위해서라면 교정의 실재라는 사실을 텍스트라는 메타이론적 차원에 올려놓고 일차적으로 '분석(analysis)'하고 그 결과를 '의미화'하는 다음의 단계가 필요하다.

앞에서 전제된 텍스트로 상정된 교정의 실재는 무엇보다 먼저 교정인문의 분석적 연구 대상이 된다. 그러한 과정은 첫째로 '분류'의 단계를 거쳐 '범주화'되어야 하고 매개 개념을 통해 '인과관계'를 규명해야하고 마지막 단계로 '비교' 과정을 통해 수행되어야 할 것이다.

대체로 분석의 연구 방법이 활용되는 대상은 하버마스의 과학론에 따르면 경험 · 분석적 과학들이다. 이른바 19세기 말 이후 20세기 초에 걸쳐 나타났던 실증주의 이론들이 그 주류를 이루고 있다. 이러한 경향을 지닌 학문의 특징은 무엇보다 먼저 '반형이상학적 원칙(Prinzip der Antimetaphysik)'[45]을 내세운다는 점이다. 그러한 지식 유형은 이른바 '자연과학적 방법'을 전제하고, '경험적 현상의 설명을 목표'로 '추상적인 일반적 원리 발견을 전제'하면서 '가치와 사실 분리'를 명시적으로, 혹은 암묵적으로 인정한다.[46] 앞서의 전제로 살펴볼 때 사실(fact)이라는 대상은 이미 다양한 관점을 배태하고 있다. 그러므로 그것을 텍스트로 환원시킨 관점에서 바라보더라도, 당연히 "텍스트는 엄격히 내부적인 작용만 하는 일종의 기계"[47]처럼 치부될 수는 결코 없다. 말하자면 분석된 결과는 의미화되어야 한다. 이러한 필요에 따른 요청으로 특히 사회과학에서는 '정성적 연구 방법', 즉 '질적 연구 방법(Method of the Qualitative Research)'[48]이 활용되고 있다. 이러한 질적 연구의 방법은 '교정 활동'에 있어서 중요한 요소로 다루어져야 할 '교정 상담이나 분류', '교정교화'와 '교정복지', '기존 교정프로그램의 효과분석' 등의 경험 · 분석적 연구 방식[49]에 적용하여 그 역할을 수행하고 있다. 그러나 질적 연구 방법이라 할지라도 다양한 관점에서 조금 더 연구 대상을 확장하면서 심화할 필요가 있다. 물론 교정학 연구 전반에서도 이미 경험·분석적 연구를 질적인 연구 방법의 대상으로 적극적으로 수용하고는 있지만 그 대상에 적용될 각각의 주제들을 더욱더 세분화하고 심화할 필요가 있다고 사료된다. 앞에서 언급한 로버트 루트번스타인과 미셸 루트번스타인이 말하는 '상상력을 학습하는 13가지의 생각 도구' 중에서 '관찰 → 형상화 → 추상화 → 패턴인식 → 패턴형성 → 유추'의 방법적 과정이 적극적으로 활용될 수 있는 측면이라고 할 수 있다. 결과적으로 분석을 통한 의미화 과정은 바로 메타이론적 관점이 적극적으로 간여하여 활용될 교정 인문 탐구의 구체적인 방법이라고 할 수 있다. 다시 말해 분석이라는 메타이론의 방법적 요소는 교정 텍스트를 분류하고, 인과관계를 추적하며, 다른 결과와의 비교를 통해 최종 결과를 도출하는 역할을 수행한다. 그러한 전제로 그 결과의 의미를 명료하게 규정할 수 있는 교정 인문 탐구의 중요한 한 연구 과정이라고 할 수 있을 것이다.

② 해석(interpretation)

사실(fact)의 내용을 텍스트성(textuality)으로 보았을 때 그것으로부터 객관적 의미를 도출시킨다는 것은 완전하지도 않거니와 불안정하기조차 하다. 텍스트의 의미가 맥락화되어야 하는 이유에서 이다. 의미들이 모여서 담론화된 특정한 텍스트를 이해하거나, 혹은 텍스트의 의미들을 모아서 담론화하려는 시도는 '텍스트, 즉 사실의 맥락(conrext)을 통해서 이해해야 한다'라는 전제를 망각해서는 안 된다. 사실의 내용을 내포한 텍스트는 그것이 위치했던 역사의 한 시대 공간에서 다른 역사적 시대 공간으로, 즉 그 텍스트를 읽은 어떤 독자에게서 다른 독자에게로 전이되는 다양한 과정과 문맥이 포함된다. 당연히 삶의 축적물인 세계 경험을 하나의 텍스트로 보는 과정 안에서는 자칫하면 어떤 특정 인물이나 혹은 권력 집단의 이익에 봉사하는 이데올로기로 왜곡된 텍스트에 우리가 경도될 수 있는 위험이 도사리고 있다. 다시 말해 텍스트가 생성되고 등장하는 과정을 조심스럽게 살펴보지 못한다면, 텍스트의 독해는 불량한 이데올로기의 악순환을 벗어나지 못할 것이다.

인간의 언어 행위를 담고 있는 텍스트의 온전한 의미를 획득하기 위해서 필연적으로 '해석학적 좁은 문'[50]이 요청되는 소이(所以)가 여기에 있다. 어쩌면 팔머(R. E. Palmer)의 주장대로, 철학을 위시한 인문학적 본질은 "그 자체 「해석학적」일 뿐만 아니라 해석학적"[51]이어야 할 것이다. 물론 철학의 방법론으로 이미 공고히 자리 잡고 있는 다양한 해석학적 견해들[52] 전체를 본서 안에서 다 소개하고 적용할 수는 없다. 여기서 필자는 본서 제2장과 제3장 제1절에서 이미 제시한 '해석' 개념의 기준을 따르기로 한다. 즉 해석은 관찰이나 실험을 대신하여 '의미이해'를 통하여 사실에 접근하는 것이다. 이러한 의미이해의 방법적 요소는 '인식을 주도하는 관심'을 매개로 하여 특히 역사적·해석학적 과학 탐구 안에서 극명하게 잘 드러난다.

그런 측면을 교정과 교화의 문제에 상응하여, 즉 교정 인문 연구의 방법적 관점에서 구체적으로 다음과 같이 설명할 수 있을 것이다.

'인간의 악성 공격성'이라는 하나의 텍스트가 있다. 즉 반사회적 중범죄자가 있다. 그러면 그 사람에 대한 교정교화의 접근은 무엇보다 먼저 그 범죄의 경중을 살펴보는 것으로부터 시작하는 것이 상식이다. 그러나 범죄의 경중보다 더 고려되어야 할 사안은 무엇보다 먼저 범죄가 발생하게 된 동기에 대한 해명이다. 기독교의 십계명 중 '살인하지 말 것'이라는 계명은 무엇 때문에 금제(禁制)의 법칙이 되었을까? 이러한 물음에 답을 찾기 위해서는 종교를 맹목적으로 신앙하든지 하지 않든 지 간에 살인이라는 행위를 인간의 악성 공격성으로 보고 악(惡)이라는 것으로 윤리적 판단을 내리는 최종 근거를 먼저 살펴보아야 할 것이다. 다른 사람을 살해하지 말아야 한다는 것이 악한 행위로 판단되는 것은 신이 명령했기 때문에 도덕적으로 악한 것일까, 혹은 그 주장이 도덕적으로 원래 악한 것이기 때문에 신이 명령했을까? 유사하게 에코(U. Ecco)는 가다머(H.-G. Gadamer)의 해석학을 평가하는 맥락에서 우리 인간의 일반적 언어 행위의 배후에는 '또 다른 의미'가 있다고 주장한다. 즉 에코는 "해석의 법칙을 정립하고 우리에게 그런 목소리를 문화적 전통의 유산으로 이해할 것을 가르치는 〈문화〉가 숨어 있다"[53]라는 가다머의 주장을 비판한다. 즉 에코는 '내재화된 역사 속 문화'라는 긍정적 개념보다는 '역사 속에 내재한 부정적 이데올로기'라는 측면에 더 강조점을 둔다. 한 걸음 더 나아가 개개인의 언어 행위 뿐만 아니라 과학을 추구하는 과학자들의 태도 안에서도 억압된 '해방에 대한 인식 관심'이 내재해 있고, '비판적 해석학'의 과제는 바로 그러한 은폐된 동인을 찾아 사회는 더 큰 자유의 상태로 지양되어야 한다는 것이다.[54]

　이러한 주장들을 통해 미루어 볼 때 교정 인문 연구의 과제는 단순히 악으로만 경험하는 인간 공격성을 피상적으로 수용하지 말고 그것에 은폐된 심층의 동인(動因)을 찾아야 한다는 것이다. 즉 범죄라는 텍스트는 범죄가 조성되는 배경, 즉 범죄의 특정한 콘텍스트가 먼저 설명되지 못한다면 재소자에 대한 교정과 교화 작업은 소극적 치유에 그치고 만다는 점에 주목해야 한다는 것이다. 텍스트(text)를 통한 컨텍스트(context)의 읽기가 아닌 컨텍스트(context)를 통한 텍스트(text) 읽기"[55]의 해석적 작업이 요청되는 이유가 바로 그러한 점에서 부각된다. 그러한 해석적 작업, 즉 "텍스트 일변도에서 벗어나 다양한 컨텍스트로 엮어보고 해석"하는 작업은 텍스트를 왜곡 없이 정확하게 읽자는 의미도 있지만, 크게 보아서는 교정학과 인문학을 잇는 새로운 "창조와 융합의 시작"[56]이라고 할 수도 있다.

이러한 의미에서 교정 인문 연구에서 해석이라는 방법론적 매개 범주는 선과 악, 혹은 사법 정의 등의 거시적 관점에서 일차적으로 응용되어야 한다. 또한 더 나아가 해석이라는 방법론적 요소는 교정 과정 안에 들어있는 보호처분, 즉 교육 수강, 보호관찰, 보호시설 내 감호위탁, 소년원 송치 등의 구체적 절차를 다루는 미시적 연구에서도 적극적으로 활용되어야 할 것이다.

③ 해체(destruction)

"한 시민사회가 모든 구성원의 동의하에 사회를 해체하기로 한 경우(예를 들어 어느 섬에 사는 주민들이 섬을 떠나 전 세계로 흩어지기로 결의한 경우)라 할지라도, 감옥에 남아 있는 최후의 살인자까지 남김없이 처형한 이후에 해체해야 한다."[57]

이처럼 명시적으로 칸트(I. Kant)는 『도덕 형이상학』에서 사형제도의 옹호를 명시적으로 주장한다. 칸트는 사형제도가 무제약적인 차원에서 반드시 수행되어야 하고, 그러한 이유를 일종의 '사회계약론'의 근거에 둔다. 즉 인간에게 극형을 내릴 수 있게 만드는 형사제재의 정당성은 '사형수를 포함한 모든 인간들이 스스로 이성적 존재라는 사실에 동의했다'라는 원초적 계약[58]에 근거를 두고 있었기 때문에 그런 주장이 가능하다는 것이다.

그런 원칙을 출발시킬 수 있는 이성의 정체는 과연 무엇일까? 이러한 물음은 현존하는 그리고 역사적으로 존재했던 규범들의 근거가 되었던 궁극적 도덕 가치에 대한 물음으로 바뀌어서 되물어질 수 있다. 즉 선과 악의 출현은 '어떻게', 또한 '무엇'으로부터 기원한 것일까? 대체로 서구의 도덕철학과 윤리학은 이러한 최종 근거를 세 가지의 흐름으로 유형화하고 있다.

첫 번째는 규범의 최종 근거가 계율, 혹은 계명의 모습을 띤 '신에 의해 부여된 것'이라고 생각하는 사고유형이다.

두 번째는 규범의 최종 근거가 원칙, 혹은 법칙으로 모습을 드러내는, 즉 '자연적으로 주어진 것'이라고 생각하는 사고유형이다.

세 번째는 규범의 최종 근거가 규준, 혹은 규칙 등의 모습을 띤 '인간들에 의해 인위적으로 형성'된 것으로 생각하는 사고유형이다.

첫 번째와 두 번째의 유형은 그 최종 근거가 인식의 대상이 결코 될 수 없다는 신의 존재로 소급되거나, 혹은 인간 자체가 원래 그러하다는 자연적 인간 본성으로 상정된다고 볼 수 있다. 결국 그것은 선험적이거나 초월적인 대상을 포괄하는 형이상학적 존재를 전제하고 있다는 점에서 동일하다고 판단할 수 있다. 법리학적 혹은 법철학에서는 그러한 유형에 기초한 법사상을 종교법 사상 혹은 자연법사상이라고 분류한다.

세 번째의 유형은 게임의 원리와 유사하게 인간들에 의해 고안된 시스템에서의 출발점으로 그 최종 근거를 본다는 틀이다. 대체로 그러한 사유의 틀을 실증주의적 관점으로 보고, 법철학적으로는 법실증주의 사상으로 분류하고 있다. 그러나 세 번째 유형 역시 그렇게 '고안된 최종의 가치'에 대한 최종의 근거에 대한 물음에 대한 해답은 회피되거나 절충된 형이상학적 단초에 의존할 수밖에 없다.[59] 왜냐하면 규준 혹은 규칙은 항상 상위 개념으로부터 도출되어야 하는데 최상위 개념의 정체는 결국 '자기원인'이라든지, '제일원인' 및 '신의 의지' 등의 형이상학적 전제로부터 전혀 자유롭지 못하기 때문이다.

전통적으로 법철학사 혹은 법사상사는 이미 위에서 언급된 것처럼 자연법론과 법실증주의의 대결로 이해되고 있었다. 그런데 오늘날 자연법론과 법실증주의는 더 이상 과거와 같이 모순적 대립으로 세워지지 않는다. 결론적으로 "오늘날 자연법론과 법실증주의의 구분이 극복되어 이미 그 의미를 상실하게 되었다는 주장"은 너무 성급한 판단이라고 할 수 있지만 자연법론과 법실증주의가 "서로 접근하고 수렴하는 것은 거부할 수 없는 대세"[60]가 되었다고 할 수 있다. 앞서 보았듯이 자연법론과 법실증주의가 기초하는 규범의 최종 근거는 연역의 대전제처럼 인식의 대상의 아니라 믿음의 대상으로 드러나기 때문이다.[61] 이러한 현상을 최종적인 법적 근거에 대한 논증 작업의 위기라고 본다면, 그것은 반정초주의(antifoundationalism) 철학의 비판에 대한 정초주의(foundationalism) 철학의 위기 현상과 유비성이 있는 것으로 논의할 수 있을 것이다.

이러한 변화의 극단에는 달라진 현대의 철학적 지형에서 그 모습을 찾아볼 수 있다. 즉 니체(F. Nietzsche) 등장 이후 '궁극적 진리가 실재한다'라는 정초주의적 관점 대신 탈이성적 탐구의 구도 안에서는 상대주의적 관점에서 역사 및 세계를 바라본다. 니체를 계승한 하이데거(M. Heidegger)는 서구 형이상학의 임종을 진단하면서, '해체(Destruktion)' 혹은 '탈구축(Abbau)'의 시도를 통하여 전통적인 이성 중심주의(logocentrism)에 천착된 개념들의 재생 혹은 복권을 기대했었다고 볼 수 있다.[62] 그러나 하이데거의 이러한 존재론적 차원의 철학적 변환 시도에 대응하여 데리다(J. Derrida)는 해체나 탈구축의 문제를 '텍스트 독해'의 문제로 바꾸어 바라본다.[63] 즉 데리다는 일상에서 사람들끼리 정상적으로 소통한다고 믿는 말의 행위에서보다는 글(arche writing) 안에 고착되어 은폐된 언어의 텍스트성(textuality)에 주목한다. 그리고 하이데거가 주장하는 다시 수복해야 할 '부재하는 현존'은 원래 없었던 것이며, 단지 '흔적(trace)'으로만 남아 있는 '시뮬라크르(simulacrum)'라고 데리다는 주장한다. 여기서는 텍스트를 표상하는 글, 혹은 글쓰기는 그저 텍스트를 구성하는 하나의 피상적 요소일 뿐이고, 텍스트 자체가 총체적 의미를 담고 있다고 말할 수 없다는 것이다. 그래서 데리다는 텍스트를 이해하기 위해서는 텍스트를 해석할 것이 아니라 오히려 텍스트를 해체하는 방법이 요청된다는 것이다.

이러한 바탕 위에서 정초주의에 대한 반정초주의적 비판 작업, 바꾸어 말한다면 모더니즘에 대한 포스트모더니즘의 비판 작업은 법의 해체적 논의 안에서 그 영향을 뚜렷이 읽을 수 있다. 그러한 논의들의 결과는 법철학의 탐구영역 안에서 '포스트모던 법이론 혹은 포스트모던 법학'이라는 새로운 담론의 지평을 열게 하였다. 이 지점에서 분명한 사실은 포스트모더니즘에 기초한 법이론 담론은 기존의 법이론에 대한 '안티테제'로서 등장했지만 정초주의에 대항한 반정초주의로서의 정확한 자리매김을 했다고는 할 수 없다. 그런데도 포스트모던 법학은 포스트모더니즘의 세 가지 주요 흐름 안에서 그 성격을 파악할 수 있다. 즉 포스트모더니티 법학은 대체로 구조주의(데리다/푸코)와 신실용주의(로티/피시), 그리고 후기 프로이트 심리분석주의(라캉)에 기초하여 기존의 법이론을 분석한다. 그러나 포스트모더니즘의 다양하고 복잡한 구조와 마찬가지로 포스트모던 법이론 역시 총체적으로 그 성격을 규정하기는 쉽지 않다. 그런데도 포스트모더니즘 법학의 목표를 잠정적으로 다음과 같이 정리할 수 있다.[64]

가) 기존의 '법체계, 법개념, 법 추론의 자율성, 안정성, 정합성, 객관성, 확정성을 논박'하는 작업

나) 기존의 '법의 권위가 이데올로기적인 허구나 지배 또는 사회적 관행 등으로 환원'될 수 있는가에 대한 가능성 탐구

다) 전래된 '법을 신비화를 통한 권력 관계의 재생산, 심층적인 심리적 욕구가 집단으로 제도화된 억압 등'의 메커니즘으로 볼 수 있는 근거에 대한 탐구

라) '모든 위계질서에 대해 의문을 제기하는 해체작업이 갖는 실천적 유용성을 법적 논의에 활용'하는 데에 있어 그 가능성 유무에 대한 탐구

위에서 제시된 목표를 염두에 두고 '포스트모던 법이론 혹은 법학'이라는 새로운 담론의 지평은 기존의 형사사법 체제의 마지막 단계라

고 할 수 있는 교정학의 제(諸) 이론을 향해 유비적으로 다음과 같은 질문을 던질 수 있다. '지금까지의 교정이론의 최종적인 근거를 의심 없이 객관적인 것으로 수용할 수 있는지?' 이러한 질문에 연계하여 해체라는 이론 틀은 결국 교정학 탐구에서 포스트모던(탈현대)에 의존한 새로운 교정 패러다임 창출이 불가피하다는 점을 내포한다. 그러므로 해체라는 시각은 후기 현대의 이 시점에서 간과할 수 없는 교정 인문 연구의 중요한 방법론적 관점으로 자리매김 되어야 할 것이다.

'해체'라는 연구 관점은 하버마스의 인식에 우선한 '관심'을 기초로 제시한 과학론 안에서 특히 '비판적 · 변증법적 과학'의 측면 안에 놓여 있는 교정학 탐구를 그 대상으로 삼았을 때 자주 활용이 가능한 교정 인문 탐구의 연구 방법론이 될 것이다.

지금까지 우리는 교정 인문 탐구의 연구 영역과 방법에 대한 논의를 시도하였는데 그 내용은 다음과 같이 정리하면서 요약할 수 있다.

만약에 백지에 원을 그리는 것을 한 특정한 '개념'에 대한 설명에 비유하자면, 예를 들어 '교정 인문의 연구'란 무엇인가를 정의하기 위해서는 먼저 원을 그려 원의 안과 밖을 구분해야 할 것이다. 이 원 안에 들어갈 수 있는 특수 조건 혹은 고유한 특성을 내포(內包/connotation)라고 할 수 있다. 내포는 바로 교정 인문 연구가 지니고 있는 특수한 조건 혹은 고유한 특성, 즉 교정 인문 연구가 어떤 특정한 성격을 지닌 요소들로 구성되어 있는지를 지시한다. 이에 대비해서 원의 밖에 존재하는 것은 교정 인문의 연구에 속하지 않는 것들이다. 원의 안과 밖에 있는 것을 교정학 탐구 전체라고 가정한다면 원의 밖에 있는 것은 교정 인문 연구를 배제한 교정학 탐구의 나머지 영역을 가리킨다. 교정 인문 연구라는 개념에 내포된 모든 개체의 범위를 우리는 외연(外延/denotation)이라고 명명할 수 있다. 다시 말해서 외연은 하나의 종류 또는 구성물로 짜여 있는 영역의 범주를 표시하는 경계선이라고 할 수 있다.

정리해 보자면, 교정 인문 연구는 교정학 탐구 안에서 인문학을 매개로 한 외연을 이루면서, 교정 인문 연구의 내포는 구체적으로 '경험적 · 분석적 과학'과 '역사적 · 해석학적 과학', 그리고 '비판적 · 변증법적 과학'이라는 요소들로 채워지게 된다. 이 계기 안에서 메타이론은 메타적 관점을 통해 그러한 요소들을 대상으로 삼아 각각의 영역 안에 들어있는 이론의 논리 구조, 개념의 체계, 가설의 타당성 여부 및 증명 절차, 이론 발전 가능성 및 한계 등을 탐구한다. 여기서 교정 인문 탐구 안에 들어있는 메타이론은 어떤 대상 영역이 아니라 다른 이론을 연구 대상으로 삼는 방법적 이론임이 유감없이 명시적으로 드러난다고 할 수 있을 것이다.

다음 절은 앞에서 제시된 방법을 통해 다루어지게 될 교정 인문 연구의 실제적 탐구 대상에 대한 구체적 한정 작업을 시도하기로 한다.

제3절

교정 인문 탐구의 연구 대상:
계열화 및 세분화

　현재의 학문 구도 안에서 전체 학문을 자세하게 분류하는 것은 매우 어렵다. 더군다나 현대의 학문 분화의 추세로 미루어 보건데 학문의 형태를 3가지의 유형 - 인문과학, 사회과학, 자연과학 및 공학 - 으로만 분류하는 것은 너무 피상적인 시도인 것으로 보인다. 학문 연구 방법의 기준에서 보면 하나의 학문이 상이한 2가지 이상의 방법을 동시에 차용해야만 하는 경우가 자주 있다. 예를 들면 심리학의 경우 경험적 · 분석적 학문일 수도 있지만, 상당 부분 역사적 · 해석적 방법에 의존해야 된다. 말하자면 심리학은 전통적 철학으로 출발한 인문학적 영역에서 뿐만 아니라, 사회과학적 영역, 더 나아가 자연과학 및 공학적 연구 방법에 의존해야만 한다. 이러한 경우 심리학은 어떤 분류 안에 과연 귀속되어야 하는지에 혼란을 느끼게 된다. 서구의 큰 대학들에서는 문과 계열의 심리학을 두고, 의학 등에 접근시켜 이과 계열 안에 심리학을 따로 두어서 그런 혼란을 해결한다. 대체로 한국 대학들 안에서는 심리학을 인문과학 계열 안에 두는 경우가 많다. 심리학뿐만 아니라 경제학 같은 경우도 사회과학과 인문과학 사이에서 자신의 학문적 정체성을 고민해야 하는 경우가 왕왕 있을 수 있다. 한국의 경우 학문 태생의 원래 기원에서 비롯된 구별 및 특정한 각 탐구의 방법 등을 무시하고 이러한 학문 계열화의 혼란을 '실용적인 기준'을 통하여 해소하고 있는 듯하다. 그런데 오늘날 다학제적, 융ㆍ복합적, 혹은 통섭을 부르짖는 시대에서 학문을 분류하고 계열화하는 일은 어쩌면 지금의 혼란을 더욱 가중시키고 있는 듯이 보인다.

스노우(C. P. Snow)가 1959년에 발표한 '두 문화(the Two Cultures)' 이후 아직도 대체로 학자들은 흔히 "두 문화, 즉 과학적 문화와 인문학적 문화로 쪼개져 있는 것을 고정된 이미지로 받아들"[65]이고 있다고 윌슨(E. Wilson)은 주장한다. 이러한 맥락에서 포퍼는 '정당화 작업의 철학적 관점을 법정에 비유해 설명'[66]하고 있다. 즉 "과학적 지식은 배심원의 평결에 비유하고 철학적 정당화는 판사의 판결에 비유"하고 있는 이 대목에서 데이비스 J. 헤스는 "평결은 단순히 존재하는 것이지만, 판결의 정당화는 일반적 원리체계와 관계된 것으로서 올바르게 연결될 수도 잘못 연결될 수도 있다"[67]라는 포퍼의 논점에 주목해야 한다고 주장한다. 여전히 자연과학적 혹은 공학적 대상이 되지 않는 것은 합리적이라는 기준의 반경을 벗어날 수 있다는 점이다. 다르게 말하면 경험분석 대상을 탐구하는 방법과 해석학적 혹은 비판적 탐구의 방법 사이에는 여전히 심연의 간극이 존재할 수밖에 없다는 것이다. 그러나 오늘날 자연과학 내에서는 통섭의 원리가 어느 정도 "보편적이고 합리적인" 것으로 전제되고 "모든 자연과학을 관통하고 있음을 정당화"[68]할 수 있을 정도로 수용되고는 있다. 그런데도 모든 연구자들에 있어서 "과학 문화와 인문학 문화 간의 경계를 국경으로 보지 않고 양쪽의 협동 작업을 애타게 기다리고 있는 미개척지"[69]로 볼 수 있는 관점으로의 전환이 필요하다고 윌슨은 제의한다.

이러한 학문 분야의 미시적 분류의 문제를 염두에 두고 본서 안에서 주요하게 활용될 학문 계열의 분류는 현재 대학 등 연구 시설 및 제도 안에서 표준화한 기준을 잠정적으로 따르기로 한다.[70]

(표 4)

인문과학	철학, 역사, 문학, 언어학, 종교학, 교육학, 미학,
사회과학	정치외교학, 사회학, 법학, 경제학, 경영학, 인류학,
자연과학	물리학, 화학, 수학, 생물학, 천문학, 지구환경과학
공학	건축학, 기계공학, 재료공학, 생명 화학공학, 전기 · 전자 · 컴퓨터공학, 토목학, 도시공학
의학	의학, 치의학, 수의학, 한의학
생활과학	식품영양학, 의류학, 가정관리 · 소비자학
예술	음악학, 미술학, 연극 · 영화학

이상의 논의에 근거하여 교정학의 제(諸) 연구 영역(표3과 표4 참조)에 상응한 인문학적 접근을 다음과 같이 분류하여 제시한다.

(표 5)

〈교정학의 탐구영역〉	〈대분류에 따른 교정학 탐구영역에 상응된 인문학적 탐구영역〉
교정의 이념과 목적	철학, 역사학, 교육학

형벌의 이념	철학, 심리학, 교육학
범죄학 이론과 교정	심리학, 철학
교정관리(행정)론	철학
교정심사론	심리학
교정 처우론	교육학, 심리학, 철학, 문학, 종교학
특수교정론	심리학, 교육학, 철학, 문학, 언어학
교정사회문화론	심리학, 철학
교정(학)의 역사	역사학
교정학 연구의 미래 전망	인문학 전반

(표 5)의 전제에 터 하여 필자는 현 단계의 인문 교정 탐구의 관점, 즉 이미 앞서 제시했던 메타이론적 관점을 통하여 앞으로 연구되어야 할 지속 가능한 논제들이자 후속의 과제를 다음과 같이 제시할 것이다.

(표 6)

〈교정학 탐구영역 안에서 계열화된 연구 주제 및 주요 쟁점〉	〈메타이론적 관점으로 활용될 인문학적 탐구의 구체적 방향〉	〈지금까지 메타이론적 관점에서 다루어진, 혹은 지속적으로 다루어야 할 세분된 주제들〉
교정의 개념, 교정학의 연구 범주	메타이론적 관점 안에서 주로 사용 될 매개 개념: 해석 및 해체 철학(사회철학/정치철학/법철학), 교육학(교육철학), 역사학(한국사, 동양사, 서양사), 종교학	교정 개념의 변천 역사, 동서양의 비교/독립학문으로서 교정학 등장의 역사적 배경/교정의 목적 안에서 교육 기능이 차지하는 비중/휴머니즘의 등장과 교정과의 관계 해명/행형법학과 인문학적 관계 규명/인문 교정의 학적 체계 정립 시도
형벌의 정당성 여부, 처벌의 형태 및 기준, 교화 개선과의 관계, 사형제도 존폐 여부, 교정관련법에 대한 논의	메타이론적 관점 안에서 주로 사용 될 매개 개념: 해석 철학(윤리학/사회철학/정치철학/과학철학/종교철학/심리철학), 종교학, 심리학, 문학, 미학	형벌의 윤리학적 혹은 도덕 철학적 근거/포스트모더니즘 안에서 주장되는 선·악의 관점에서 본 전통적인 형벌에 대한 비판적 논의/정신분석학의 시각에서의 죄와 벌에 대한 논의

범죄 현상, 범죄 원인, 범죄 유형, 범죄통제 및 대책, 범죄피해자론	메타이론적 관점 안에서 주로 사용 될 매개 개념: 분석 및 해석 심리학(사회심리학), 철학(사회철학/정치철학/과학철학/종교철학/심리철학), 문학	범죄학의 과학론(실증주의)에 대한 철학적 검토/현대 사회과학의 과학론의 입장에서 보는 범죄학의 의미/범죄자에 대한 인문주의적 치료(로고테라피)의 가능성과 그 한계
교도소의 역할, 교정조직, 구금의 타당성 여부, 교도관의 직무만족도, 교도관 교육, 교도소 건축구조, 수용자의 처우 문제	메타이론적 관점 안에서 주로 사용될 매개 개념: 해석 철학(윤리학/사회철학/정치철학/법철학), 종교학	인간의 기본적 권리인 자유를 전제로 구금의 의미 해명/교정시설과 수형자 인권의 문제/사회적 비용과 구금을 통한 자유 박탈의 효용성 문제
수용자의 분류 문제 및 분류제도, 교정 상담	메타이론적 관점 안에서 주로 사용 될 매개 개념: 분석 심리학(사회심리학/교육상담), 교육학	재소자 심사 분류에 대한 이론적 정당성 여부
수용자의 인권, 수용자의 교화 및 교육	메타이론적 관점 안에서 주로 사용 될 매개 개념: 해석 및 해체 철학(사회철학/정치철학), 심리학(교육상담), 미학	재소자를 위한 상담의 유형에 대한 검토(차별의 여부)/인간의 기본권과 더불어 흡연권, 섹스권에 관한 문제 검토/교도소 내 종교선택의 자유에 대한 논의
여성, 청소년 범죄자, 노년 수용자, 사형수 혹은 무기수, 약물 중독자, 정신장애자, 외국인 등에 대한 교정	메타이론적 관점 안에서 주로 사용 될 매개 개념: 분석 및 해석 철학(사회철학/정치철학)	여성, 청소년, 외국인, 노인층, 임산부 수용자에 대한 분류와 처우와 관련된 쟁점/성범죄자 및 동성애자이면서 수형자가 된 사람들에 대한 교정 처우 및 관리의 문제
교도관/재소자의 의식과 태도, 교도관/재소자의 부(하위)문화, 남성/여성교도소 문화 및 부(하위) 문화	메타이론적 관점 안에서 주로 사용 될 매개 개념: 분석 및 해석 철학(사회철학/정치철학), 심리학(사회심리학)	교도소의 문화와 부(하위)문화 비교/교도관과 수용자 간의 심리적 갈등에 대한 논의/수용자의 부(하위) 문화에 대한 조명
한국 교정(교정학 혹은 교정행정)의 역사, 세계 각 나라의 교정(교정학 혹은 교정행정)의 역사, 한국 교정제도와 다른 나라 교정제도와의 비교연구	메타이론적 관점 안에서 주로 사용 될 매개 개념: 해석 철학(역사철학/문화철학), 역사학(한국사/동양사/서양사)	한국사 및 동·서양사에서 나타난 감옥의 변천 과정에 대한 역사적 이해/ 각 문화권 안에 나타난 교도소 형태 및 구조의 변천사
확장되고 심화되어야 할 교정 연구의 영역 및 방법, 새로운 실천이념의 정립	메타이론적 관점 안에서 주로 사용 될 매개 개념: 해석 및 해체 철학(윤리학/사회철학/정치철학/과학철학), 교육학, 문학, 미학	교정과 관련해서 세분된 인문학 주제의 발굴 및 계발, 인문 교정의 담론화 작업

이 저술의 핵심 내용 중 하나는 인문학의 교정학에의 접근을 통해 교정 인문의 주제를 담론화하거나 학(學)적 체계로의 정립 가능성을 모색하는 것이다. (표 6)으로 압축 정리된 구체적 내용은 바로 지금까지 부분적으로나마 메타이론적 관점에서 이미 다루어진, 혹은 향후 지속적으로 다루어야 할 구체적 주제들이다.

앞에서 살펴보았듯이 메타이론은 연구 대상으로 다루어지는 다른 이론들을 기술하는 이론 모델이며, 대상화된 이론의 탐구영역과 구조 및 구성요소를 이해하는 데에 목표를 둔다. 이러한 목표에 근거하여 메타이론적 관점을 활용한 교정 인문 연구에서의 인문학적 탐구는 거시적 관점의 두 가지의 물음에 접근한다.

첫째는 '교정학 연구 안에서 인문 교정 방법이 연계될 수 있는 접점은 어떤 것인가'에 대한 물음과 둘째는 '그러한 접점이 존재한다면 어떠한 개발 및 계발이 필요한가'에 대한 물음에 해답 찾기를 시도하는 것이다. 그러한 작업 과정은 다음과 같이 구체화될 수 있다:

가) 교정학 연구 안에서 전제된 탐구의 목표는 교정 인문 연구를 통해 어떠한 논의가 필요한가?

나) 교정학 연구 안에서 제시된 탐구의 단초는 교정 인문 연구의 주제로 어떻게 접근시킬 수 있는가?

다) 교정학 연구 안에서 여러 인문학과의 다자적 협업의 전략은 어떻게 구사되어야 하는가?

필자는 위에서 제시된 내용을 중심으로 다음 장에서는 다루어질 세

가지 방향 - '교정학에 있어서 과학성', '교정학에 있어서 철학성', '교정학에 있어서 실천성' - 에 세워진 인문 교정이론이 어떻게 구상되어야 할 것인지에 대한 구체적 해명을 시도한다.

이러한 시도는 〈(사)아시아교정포럼〉의 정기 학술지 〈교정 담론〉에 2007-2020년 사이에 기고된 연구논문들의 평가를 중심으로 수행될 것이다. 필자는 특히 교정학에 대한 인문학적 접근 혹은 인문학을 통한 교정학에의 접근을 통해서 각각의 인문학적 입장들이 제시한 특수한 성과들을 조명하면서, 미결의 문제들이 무엇인지를 살펴보고 그것들이 어떻게 극복되어야 할 것인가 대해 논의할 것이다. 여기서 교정 인문 연구를 수행하는 데에 있어서 방법인 메타이론의 3가지의 매개(Vermittelung) 개념 - 앞서 제시된 분석(Analysis), 해석(Interpretation), 해체(Deconstruction)의 개념 - 은 그동안 연구된 결과를 평가하는 조건항(條件項)으로 차용되어서 명시적으로 활용된다.

제4장

교정 인문 탐구의 이론적 구상: 가능성과 그 한계

제1절

'교정과학'의 관점과
교정 인문 연구

(1) 과학적 탐구 측면에서 본 교정 인문 연구(I):
이론화 시도의 토대

실증주의(Positivism)의 사전적 정의는 형이상학적 사변을 배척하고 관찰과 실험으로 현상 간의 관계와 법칙을 연구하는 입장을 의미한다. 또한 실증주의란 오로지 경험적 근거만을 중시한다는 의미에서 '경험적 · 분석적 과학'이라고 명명되며 혹은 이러한 방법을 총체적으로 함축한 사상적 경향을 뜻한다. 하버마스는 '경험적 · 분석적 과학'이 지니고 있는 이론의 원초적 관심은 인간의 자연 극복에 놓여 있으며, 그것의 특성은 "자기보존(Selbsterhaltung)"의 본능으로부터 출발하여 "기술적 구사 능력의 확대를 꾀하는 정보"[1]를 체계적으로 축적하는 인식이라고 정의한다. 하버마스는 이러한 인식의 "사회화의 매개체(Medien der

Vergesellschaftung)"를 "노동(Arbeit)"[2] 개념으로 규정하면서 자연 극복에 있었던 인간의 소박한 관심이 자연 정복의 메커니즘으로 점차 변화되었다는 측면에서 경험적·분석적 과학의 성격을 파악한다. 즉 경험적·분석적 과학은 "대상적인 과정을 기술적으로 다루려는"[3] '인식 관심(Erkenntnisinteresse)'이 주도하는 형태의 지식이다.

물론 전통적인 실증주의의 정의(定義)를 뛰어넘어서 현대의 실증과학이라고 함은 "기구를 통한 감각 능력의 확장의 그 이상"[4]에 들어있는 의미를 함축한다. 그렇지만 그러한 현대 실증 과학적 성격 역시 "자료를 해석하는 이론 개발"을 전제로 오로지 "실험 도구를 통해 향상된 감각 경험을 합리적으로 처리"[5]한다는 점에서 볼 때 실증주의의 전통적 의미를 여전히 고수하고 있다고 볼 수 있다.

주지하다시피 현대 실증주의 등장의 역사적 계기는 영국을 중심으로 일어났던 산업혁명의 진행 과정과 맞물린다. 산업혁명의 역사적 전개는 근대과학 발전의 전제와 더불어 근대과학의 기능적 전문화와 합리적 조직화로 일관되었다. 산업혁명 이후에는 과학자들이 각각 특수한 전문 분야의 연구자로서 혹은 엔지니어로서 자본주의 체제를 전제한 국가조직 속에 편입되었다. 그 이후 자본주의적 사회체제의 기능적 분화와 합리적 조직화의 진행에 따라서 과학자 및 엔지니어의 활동도 세밀하게 분업화되었다. 그리하여 19세기 중엽 이후 세분된 개별과학이 각기 자립적인 발전을 하게 되었고 이에 따라서 자연과학과 기술과학의 진보가 더욱더 촉진되었다. 이와 동시에 형이상학적 탐구 방법을 배제하면서 실증 과학적 사고방법을 모든 영역에 적용하려는 경향이 나타났던 것이다.

이러한 경향은 철학을 필두로 인문 · 사회과학 부문의 제 영역 안에서도 일제히 등장하였다. 왓슨(J. Watson)의 '행동심리학(Behavioristische Psychologie)', 브룸필드(L. Bloomfield)의 '메커니즘 언어학(Mechanistische Sprachauffassung)', 켈젠(H. Kelsen)의 '순수 법학론(Reine Rechtslehre)', 베버(M. Weber)의 '객관적 사회학(Objektive Soziologie)' 등이 대표적 실증주의적 바탕에서 형성된 제(諸) 학문으로 소개될 수 있다.[6]

이러한 의미에서 후기 현대주의의 문제는 다양한 스펙트럼을 지니고 있지만, '실증주의 세계관'으로부터 도출된 가치관의 문제가 가장 중요한 화두로 떠오르게 되었다. 이미 20세기 초에 인류 제 문명의 진행 과정을 '탈마술화(탈주술화)'[7]로 규정한 막스 베버(M. Weber)의 현대에 대한 진단은 역사를 오로지 합리화 과정의 기준으로 파악한 것이었다. 세계의 전방위 범위 안에서 이미 진행되고 있는 그러한 과정은 기술화, 혹은 기계화의 양태를 거쳐서 전자화의 모습으로 확인되고 있다. 달리 말해서 인류 문명은 신화로부터 해방되고 미신을 타파하고 소위 계몽의 길을 따라 지속적으로 발전 변모하는 모습으로 드러나게 된 필연적 결과라고 할 수 있을 것이다. 그러한 맥락에서 켈리(Kevin Kelly)는 테크놀로지화한 현대세계를 전통적인 테크놀로지 개념으로 포괄하기는 부족하다고 진단하여 과학과 기술 그리고 정신문화까지를 포함한 '테크늄(technum)'이라는 용어를 제안한다. "우리 주변에서 요동치는 더 크고 세계적이며 대규모로 상호 연결된 기술계(system of technology)를 가리키는 단어"[8]가 필요하다는 이유에서다. '테크늄(technum)'의 세계상은 전통에서 느끼고 경험했던 생활의 외형적 모습뿐만 아니라, 과학 자체에 대한 개념 및 활용 범주에 대한 모든 사람들이 놀랄 만큼의 비약적인

의식변화 역시 담고 있다. 머지않은 장래에서는 빅데이터로 무장한 인공지능을 장착한 로봇닥이 진료 및 수술을 전담하게 될뿐더러, 회계업무를 인공지능에 맡기게 되고, 유전자 가위를 통해 난치병 치료를 가능하게 하고 더 나아가 유전자 조작을 통한 우량 인간을 만들게 되는 등의 모습들이 테크늄의 세계 안에서 그려 볼 수 있는 구체적 정황이 될 것이다. 이 중에서도 특별히 살펴볼 것은 인간이 '느끼고 생각하며 판단하고 행동하는 인간 고유의 메커니즘' 자체 역시 변화될 것이라는 예측이다.

　　이러한 예측의 연관에서 교정학 탐구의 과학적 측면이 조명해야 할 부분은 바로 윤리 · 도덕적 판단과 신경과학적 진단 사이에서 새로운 해명이 요청된다는 점이다. 즉 윤리의식과 도덕감에 대한 신경과학적 설명 시도는 그동안에 전제된 죄와 벌, 혹은 범죄와 형벌의 관계를 새롭게 정의해야 한다는 요구라고도 할 수 있을 것이다. 하버드 대학교 심리학자 조슈아 그린(J. Green)이 2013년 출간한 『옳고 그름』[9]에서 '윤리의식과 도덕감의 구현은 단지 뇌의 특정 부문의 작동 원리의 결과이다'라고 주장한다. 즉 뇌의 활동을 도덕적 태도와 연관시켜, 뇌의 손상 혹은 구조적인 형태에 따라 윤리의식과 도덕감의 발현 동기 및 실천 범위가 달라진다고 그는 주장한다. 다시 말하자면 '인간은 이성적 존재이다'라는 전제하에 인간은 선악 판단이 가능하며, 자율적 선택 여하에 따라 선을 택한 사람에게는 상을 주고 악을 택한 사람에게 벌을 내리는 것이 당연하다는 생각은 틀렸다는 것이다. 윤리학이나 도덕철학보다 신경과학적 진단이 더 앞서야 한다는 주장은 '인간은 이성적 존재이다'라는 전제에 대한 회의라고 단순히 치부할 수 없는 이유는 그 문제가 제기하고 있는, 즉 현재 통용되는 형벌 제도의 문제에 큰 영향을 미치기 때문이다. 실제로 근대 이후 정착된 형벌 제도가 더 이상 정당화될 수 없는 지점에 도달할지도 모른다는 우려가 점점 더 커지고 있다. 전문 연구가를 포함한 많은 사람들은 신경과학 연구가 현재 초기 단계이지만, 미래의 법과 한 걸음 더 나아가 윤리·도덕에 미치는 영향은 대단히 큰 파문을 몰고 올 것이라는 예측이 지배적이다.[10] '신경윤리학(Neuro-ethics)'으로 명명된 연구 영역에서는 뇌 스캔 등 뇌 촬영 기법을 동원한 뇌신경과학을 통해 인간의 도덕감이나 윤리의식의 근거를 해명하려는 대담한 시도를 더욱 구체적으로 진행하고 있다.[11] 말하자면 사람들이 인간은 본래 보편적 견해 – '이성적이기 때문에 합리적 판단을 내릴 수 있는 능력을 갖추고 있다' – 에 세워진 근대 형벌 제도의 전제가 총체적으로 와해될 위기에 서게 된다는 것이다. 즉 머지않은 미래에 범죄 예방의 미명 하에 뇌 검사를 통해 범죄를 저지를 사람들을 미리 색출하고, 또한 윤리나 도덕교육 대신으로 범죄에 노출될 가능성이 있는 사람의 뇌 구조 개선을 위해 수술 요법이나 '도덕 알약'을 복용시키는 일 등이 벌어질 수 있는 역사상 초유의 사태를 맞이하게 될 수도 있을 것이다.

이러한 전제를 바탕으로 교정학 탐구 안에서 '과학적 측면'은 탐구의 영역으로 매우 중요한 비중을 지니게 된다. 그러므로 바로 그 과학적 측면은 교정 인문의 탐구 안에서 특별히 부각시켜야 할 부분이라고 말할 수 있다. 다시 말해 교정 인문 연구가 담지할 교정학 탐구 안에서 과학적 측면에 대한 조명 작업은 '교정과학' 측면의 이론적 강화를 통해 교정 활동과 실천 속의 '과학적' 특성을 증진하고 계발시키는 계기가 또한 될 것이다.

이러한 과학적 측면의 배경을 전제한 교정학에 대한 인문학적 접근의 이론적 구상을 필자는 잠정적으로 다음과 같이 4가지 방향으로 나누어 제시한다:

가) 교정의 목표로서 '좋은 삶'과 인간의 본성
나) 전자기술을 통한 행형(行刑)과 교도 행정의 문제
다) 교정 처우와 인지행동치료
라) 인간의 악성(惡性)과 생물학적 윤리

다음 절에서는 위에서 제시된 가), 나), 다), 라) 소제목 하에 분류된 각각의 연구 성과들을 살펴보면서 그 평가를 시도해 보기로 한다.

(2) 과학적 탐구 측면에서 본 교정 인문의 연구(Ⅱ): 성과 및 평가

가) 교정의 목표로서 '좋은 삶'과 인간의 본성

성범죄자 치료에서 '좋은 삶 모델(Good Lives Model)'은 전통적인 성범죄자 치료모델의 문제점을 수정과 보충을 통해 개발되었다. 이 모델은 "범죄유발요인을 극복할 수 있는 강점을 강조하는 접근방식에 기초를 두고 있으며 성범죄자가 더 나은 삶을 성취할 수 있도록 지원하기 위해 긍정적이고 접근 지향적인 활동으로 설계"[12]되어 있다. 결과적으로 이 모델의 사용은 "성범죄자가 만족스러운 삶을 사는데 필요한 자원들을 개발하고 자신의 삶에서 가치 있는 것을 이해하고 목표를 성취할 수 있는 것에 초점"[13]을 둔다는 것이다. 이러한 전제를 바탕으로 「아동 대상 성범죄자의 특성 및 집단치료 효과 – 좋은 삶 모델을 중심으로」의 필자 신기숙은 논문 안에서 '13세 미만 아동 대상 성범죄자를 대상'으로 하여 '좋은 삶 모델'를 통해 치료 효과를 분석하고 있다. 신기숙은 연구 대상, 연구 절차, 프로그램 적용의 구체적 내용 및 측정 도구 활용의 한계 등을 통해 분석 결과의 객관성을 지향한다.

교정 인문적 탐구 측면에서 문제시될 수 있는 점은 '좋은 삶'에 대한 충분한 해명이 부족하다는 사실이다. 신기숙 연구의 배면에 전제된 '좋은 삶'이란 결국 성범죄 등 '범죄를 야기하지 않는 삶'이다. 물론 좋은 삶이란 덕을 쌓아 '범죄유발요인을 극복할 수 있는 강점', 지금보다는 '더 나은 삶', 즉 후회하지 않는 '만족스러운 삶'을 영위하는 것이라는 점을 제시하고는 있지만, 누구나 수긍할 만큼의 설득력을 지니고 있지는 않은 것 같다. 왜냐하면 악을 행하는 사람들은 항상 악인이라고 규정할 수 있는 사람들만이 아니라 정상적 인간에게서도 악성이 저질러질 수 있다는 사실을 '좋은 삶' 개념은 설명하지 못하고 있기 때문이다. 악성의 발현은 어쩌면 개개인 인격에서 비롯되는 태생적 문제라고만 규정하기가 어려운 까닭이 여기에 있다. 그러한 의미에서 '좋은 삶' 개념은 좀 더 윤리학적 혹은 도덕 철학적 선·악의 문제를 통해 구체적으로 좀 더 정련될 필요가 있고, 특히 악한 행위가 유발되는 동기와의 대비를 통해 해명될 필요가 있다.

이러한 시도에 눈여겨볼 점은 악의 행위 발현이 선의 부재가 아니라 나쁜 환경의 원인으로 유발된다는 연구이다. '스탠퍼드 모의 교도소 실험(SPE)연구'로 유명한 사회심리학자 필립 짐바르도(Ph. G. Zimbardo)는 『루시퍼 이펙트』는 이러한 측면을 구체적으로 다루고 있다. 짐바르도는 "착하고 평범한 사람들이 사악하고 나쁜 짓을 저지르도록 만드는 변환 과정"의 원인, 즉 "사람을 잘못된 길로 빠지게 하는 것은 무엇인가"[14]라는 근본적인 질문을 던지고 있다. 짐바르도는 "어떤 개인이 왜 악행을 저질렀는지는 이해해야 하지만 그와 같은 행동이 벌어진 그 시간, 그 상황, 그 시스템에 문제가 없었는지 살펴보는 좀 더 광범위한 관점을 유지해야 한다."[15]라는 전제로 인간 악성의 문제에 접근한다. 즉 인간의 악성은 개인적 차원만이 아닌 개개인의 자질을 포함한 인간 외연을 둘러싸고 있는 환경과 그 환경이 그 사람의 자질에 가해지는 정황으로 인해 발생한다는 것이다. '좋은 삶 모델(Good Lives Model)'의 개념은 재소자의 교정 및 교화의 일차적 목표로 설정될 수 있지만, 그 개념이 최종적 목표인가에 대해서는 조금 더 심화된 윤리학적 혹은 도덕철학적 관점에 기초한 해석으로의 맥락화 작업이 필요하다.

이러한 맥락화 작업은 이창훈은 연구논문 「범죄에 대한 오해와 진실 - "그 놈이 그 놈이다"」에서 비교적 잘 나타나고 있다. 이창훈은 오늘날 범죄에 대한 근본적인 인식과 범죄에 대응 혹은 예방책, 더 나아가 교정정책은 "인간의 이성(human rationality)에 대한 보수적 전제에 근거해서 범죄의 원인"[16]을 바라보기 때문에 문제가 있다고 주장한다. 이창훈은 범죄자뿐만 아니라 모든 인간이 "완벽한 이성을 보유하고 있는 것이 아니라, 제한적이며 불완전한 이성(bounded rationality)"[17]의 형태를 지니고 있기 때문에 기존의 이성 개념을 전제로 한 범죄 및 교정을 다루는 틀은 수정되어야 한다고 주장한다. 이창훈은 이성 개념 대신

'인간 본성'이라는 관점에서 범죄 및 교정을 다루는 범주를 확장시킨다. 이창훈의 이러한 시도는 본 연구 이전에 이미 「범죄학과 인간 본성론 I - 다면적 인간 본성의 재발견」(2009), 「범죄학과 인간 본성론 II - 다면적 인간 본성의 범죄학 적용: 다면적 인간 본성의 역동적 개념화」(2010), 「범죄학과 인간 본성론 III - 역동적 인간 본성론과 3차원적 분석법: 범죄학 이론통합의 문제점과 대안」(2010)에서 구체적으로 다루어졌다. 그의 연구논문 '인간 본성론 I (2009)'에서 그는 '규범적 측면(성선 vs. 성악)', '결정론적 측면(태생적 vs. 양육적)', '인식론적 측면(이성 vs. 욕망)' 등으로 본성을 분류하면서 이성을 본성의 하위개념으로 정위(定位) 시킨다. 그러나 왜 그러한 위치에 이성이 자리 잡게 되는지에 대한 설명, 즉 이성과 인간 본성의 관계에 대한 설명이 필자가 보기에는 불투명하다. 이성 개념은 그가 주장하는 대로 '완벽한 메커니즘'이 아니라, 이성의 개념 틀은 '지속적으로 진화해야 한다'라든지, 혹은 '은폐되고 사용하지 않았던 부분을 계발해야 한다'라는 현대 철학적 논의들을 이창훈은 자신의 연구 안에서 거의 수용하고 있지 않다. 그러므로 이창훈이 주장하는 "인간의 이성에 대한 전제의 수정"[18]은 어쩌면 불필요하고, 오히려 이성에 대한 특정한 측면만을 부정적으로 보는 결과에서 기인한 과잉 반응일 수도 있다. 전통적으로 심리학이나 윤리학에서 이성과 본성의 범주는 상이하게 다루어지고 있다는 전제로 볼 때 이창훈의 관점은 이성을 다루는 범주와 인간 본성을 다루는 범주의 혼용이라고 할 수 있다. 그런데도 '이성만을 가지고 인간 본질을 파악하고 또한 범죄와 교정의 문제를 볼 수는 없다'라는 이창훈의 전제는 틀리지는 않았다. 이창훈의 연구들은 조금 더 철학적 관점과 심리학적 관점(특히 현대의 행동주의적 심리학적 관점)을 구분하면서 두 영역의 차이점과 공유점을 드러내는 지점에서 자신의 논점을 제시해야 할 것이다.

그에 반해 김영철의 연구논문 「범죄 – 불완전한 인간 존재의 단면」 (2015)은 범죄를 '이성주의 철학의 관점'에서 바라보면서, 이성의 개념이 역사적 변천에 따라서 변화한다는 전제로부터 논의를 전개한다. 김영철은 고대 그리스 철학으로부터 변화된 기독교 철학을 기준으로 범죄를 "불완전한 존재의 사유 부족" 혹은 "불완전한 인간 영혼의 사유 결핍"[19]으로 보면서 오늘날에도 여전히 유효한 관점을 도출한다고 주장한다. 즉 "범죄는 우리 인간의 불충분한 사유 혹은 자신의 본성을 망각하는 데서 오는 무지(無知)의 행위"[20]라는 것이다. 물론 이성 밖 외연, 즉 인간의 '욕망' 혹은 '의지' 등을 이성과 연계시키고 있지는 않지만, 김영철의 논문은 범죄의 본질을 역사적 맥락에서 고찰했다는 점에서 교정 인문 연구 안에서 큰 의미를 획득했다고 할 수 있을 것이다. 김영철의 논문은 범죄 개념을 역사철학적으로 맥락화하면서 역설적으로 '좋은 삶'이 어떤 것인지, 혹은 어떤 것이어야 하는지를 간접적으로 제시하고 있다.

김영철의 논문은 거시적 관점의 역사 안에서 '범죄 – 악성 – 이성'의 관계를 논의하고 있지만, 신영복의 저술 『감옥으로부터의 사색』은 교도소라는 미시적 관점에서 악성과 대비될 수 있는 '좋은 삶'에 대해 구체적으로 논의하고 있다. 김연권의 신영복 저술 『감옥으로부터의 사색』에 대한 서평은 이론적 차원의 '좋은 삶'이 아닌 실존적 차원의 '좋은 삶'에 대한 논의 아닌 음미를 강조한다. 김연권은 "일체의 도덕적 허세나 의례적인 옷을 모두 던지고 알몸으로 그대로 노출된 인간 본연의 모습"으로 삶을 유지한다는 의미에서 "교도소는 인간과 세상을 공부하는데 가장 좋은 텍스트"[21]가 될 수도 있다고 묘사한다. 여기서 신영복의 말대로 "감옥은 두렵고 고통스러운 공간"이기 때문에 "감옥이 인간과 세상을 공부하는 교실이 되기는 실제로 어려운 일"[22]이지만, 어쩌면 '마음을 잘 먹으면' 나쁜 삶은 역설적으로 '좋은 삶'에 대한 성찰적 의미를 획득하는 계기가 될 수도 있다는 것이다. '마음을 잘 먹는다'라는 것이 과연 무엇인가? 결국 그것은 이성의 활동이 아니라 의지의 작동 영역이 아닐까? 앞서 언급한 '좋은 삶' 역시 이성이 근간이 되어야겠지만, 이성과 똑같은 무게로 욕망을 조절하는 의지의 단련 또한 중요하다고 하겠다. 서평자 김연권은 교도소 공간이 "인간과 세상을 공부하는 교실이 되기는 실제로 어려운 일"이지만, 그곳에서 '좋은 삶'에 대한 성찰의 방법은 재소자들에게 "어떻게 보다 풍부한 인문학적 성찰을 제시할 수 있는가"[23]에 달려있다고 주장한다.

이러한 개인의 각성이 집단으로 그리고 지구상의 모든 사람에게 전이된다면 '좋은 삶'은 실현될 수 있다는 주장은 김성은의 『루시퍼 이펙트(Lucifer Effect)』에 대한 짧은 서평 안에서 언급되었다. "한 사람의 작은 악행이 사회적 연쇄 반응을 일으키듯이 한 사람의 작은 선행도 사회적 시스템과 상호 작용 안에서 힘을 발휘"할 수 있으며, "그로써 『루시퍼 이펙트(Lucifer Effect)』가 아니라 『앤젤 이펙트(Angel Effect)』가 우리 사회 전반에 퍼져나가기를 희망"[24]해야 할 것이라고 김성은은 주장한다.

김연권과 김성은의 '좋은 삶'에 대한 논의가 비록 짧은 서평 안에서 이루어졌지만, 교정 인문 연구에 중요한 시사점을 주었다는 사실은 부인할 수 없다. 특히 개인적 차원과 집단적 차원에서 분리된 '좋은 삶'에 대한 성찰은 서평 아닌 '교정학에 대한 인문학적 접근'을 통한 진지한 연구로 심화되고 확대되어야 할 것이다. 교정의 목표로서 '좋은 삶 모델(Good Lives Model)'은 '좋은 삶은 과연 무엇인가'라는 물음에서 출발하여 교정 인문 탐구 안에서 '좋은 삶'에 대한 다양한 측면의 기준을 찾는 작업은 지속적인 연구 과제의 하나임은 틀림없다.

나) 전자기술을 통한 행형(行刑)과 교도 행정의 문제

조극훈은 연구논문 「교정행정에서의 전자기술 사용에 대한 인문학적 성찰」(2012)에서 "전자기술을 인본주의적인 토대에서 활용하여 재소자의 프라이버시 침해와 같은 인권문제가 발생하지 않도록 사용한다면"[25] 교정행정에 '긍정적인 기여'가 될 수 있다고 주장한다. 조극훈은 '(사)아시아교정포럼'이 주최한 2012년 춘계 국제학술대회의 주제 〈교정에서의 과학기술과 휴머니티의 결합〉의 큰 주제 하에서의 논의들[26]을 염두에 두고, 무엇보다 먼저 전자기술은 "교정행정의 효율성을 높일 뿐만 아니라 재소자의 사회 복귀라는 교정의 본래 목적을 실현하는 데도 기여"[27]할 수 있다는 것이다. 조극훈은 그런데도 "기술은 창의적 측면보다는 제작적인 측면이 강하기 때문에"[28] 기술에 대한 인문학적 정당화 작업이 필요하다고 역설한다. 즉 기술의 활용과 사용에는 "기술에 대한 형이상학적이며 도덕적인 정당성을 부여할 수 있는 인문학의 역할"[29]이 필요하다는 것이다.

조극훈은 스노우(C. P. Snow)가 제기한 '과학 문화와 인문문화의 소통 단절의 문제'를 보는 시각에서 "최근 인문학의 위기 담론에서 촉발된 인문학과 과학의 융합"을 바탕으로 하여 "테크놀로지 인문학(technology humanities)"[30] 개념을 제시한다. 그는 이러한 시도를 "전자기술의 디지털 기계가 '회색빛 탄환'이라는 이미지와 인문학적 감성의 따뜻함의 이미지"[31]의 결합이라고 주장하면서, 이러한 작업은 바로 교정학 탐구 안에서의 "교정인문학(correction humanities)의 필요성"에 부응하는 것이라고 설명한다. 이러한 기술과 인문학의 결합 필요성은 '평화주의 범죄학'이나 '회복적 사법' 이념의 구현에서 역시 필요한 실천 이론의 구상을 가능하게 만들 수 있다고 조극훈은 해명한다.[32]

그는 이러한 가능성의 지평을 다음과 같이 제시하고 있다: "테크놀로지 인문학이 감시기술을 이용하여 교정행정의 선진화에 기여할 수 있다면, 교정인문학은 소통의 기술을 통해 교정행정의 선진화에 기여할 수 있을 것이다."[33] 조극훈의 연구 「교정행정에서의 전자기술 사용에 대한 인문학적 성찰」은 교정 인문 연구가 앞으로 지녀야 할 탐구 방향을 잘 지적하고 있다고 사료된다. 그러나 대체적인 그의 논의는 광의의 윤곽만을 지시하고 그것이 수행되기 위한 구체적인 전략의 제시에는 조금 미흡해 보인다. 행정에서의 실천 문제 앞서 인문학 측면에서 보는 '기술(technology)과 삶과의 연관'에 대한 분석이 너무 피상적인 수준에 머물고 있다는 인상을 지울 수 없다. 조극훈의 논문 안에서는 메타이론으로서의 연구 대상들에 대한 분석(분류작업, 인과관계 해명작업, 비교의 작업)이 강화되어야 한다고 사료된다.

전석환의 연구논문 「교정과 로봇(robot) 사용의 연관 문제 – 소통 안에서 '구술적 감성(an orally constituted sensibility)'의 변모 과정을 중심으로」(2012)는 앞의 조극훈의 연구에서 본 기술 사용과 활용에 대한 입장과 유사하게 "교정 실제 업무를 효율적으로 수행하기 위해서"라면, "과학·기술의 적극적인 도입을 통한 교정행정의 현대화는 필연적으로 적극 수용"[34]해야 할 일이라고 주장한다. 더불어 그러한 방향의 기획은 교정 당국이 표명하는 "품격있는 일류 교정"을 위해서 "근거에 기초하는 과학교정(evidence-based corrections)을 실현"[35]하는 데에 상응한다는 것이다. 다만 전석환은 교도소 안에서 기술 사용 및 활용이 '수용자와 교도관 간(間)', '수용자와 수용자 간', '교도관과 교도관 간'의 소통의 문제에 접근하여, 좀 더 심층적 논의가 필요하다는 것이다. 그는 '소통의 구술적 감성' 개념을 매개로 교도소 안의 로봇 사용과 연관된 문제를 통해 이러한 논의를 개진하고 있다. 이러한 전제로 전석환은 교정 보조서비스 로봇을 개발하고 도입하는 계획안에서 지적된 부정적 측면의 내용[36]을 이해할 수는 있지만, 도구연관으로 기인하는 문제는 결국 인간이 만든 문제이므로 인간이 해결 극복할 수 있다는 점을 주장한다. 그는 역사상 '기계 공포(machinephobia)'에 대한 인간의 반응으로 말미암아 산업혁명 와중의 '기계파괴운동(Luddite Movement)'과 같은 사례가 있었음을 소개하지만, "기술이 우리에게 개인적으로 가져다주는 것은 '자신이 누구인지 그리고 우리가 어떤 존재가 될지'라는 더 중요한 사항을 발견할 가능성"[37]이 있다는 K. 켈리의 주장을 부기한다. 말하자면 교정 현장에 로봇의 투입에서 문제시될 수 있는 막연한 불안은 테크놀로지를 이끄는 과학의 정신이 "인간이 자유로이 신념을 가질 때에만 번성할 수 있는 생활 방식"이며 "외부로부터 강요된 신념이 아니"[38]라는 사실을 인식할 때 비로소 극복될 수 있다는 것이다. 전석환은 이러한 주제와 같은 "인문학을 통한 교정학적 이해의 접근은 교정 현장에 사용될 테크놀로지에 대한 전반적인 반성과 더불어 그 비판적 대안에 대해 생각할 수 있는 좋은 틀"[39]이 될 수 있다고 평가한다. 전석환의 연구 역시 앞서의 지적처럼 기계와 인간의 문제에 연관시켜 교도소 내 로봇 사용의 문제를 피상적으로 다루고 있다. 오히려 이 연구가 조금 더 논의의 설득력을 지니기 위해서라면, 그 연구 안의 주장은 경험 분석적 연구가 근거로 제시되었어야 한다. 물론 이러한 복합적 관점을 하나의 연구논문 안에 한 연구자 단독으로 전개하기는 어렵다. 인문학 전공자와 더불어 실증적 연구를 수행할 수 있는 사회과학자와의 협업이 가능하다면 교정 인문 연구의 아주 좋은 주제가 될 것이다.

그런데 과학과 기술의 연관 안에서의 교정의 문제는 오히려 아직 실현이 요원한 교정 보조서비스 로봇과 같은 주제가 아니라는 주장이 제기되었다. 지금 현재 교정 인문 연구에서 구체적으로 다루어야 하는 문제는 오히려 교도소 내에서 이미 사용하는 'CCTV' 문제나 성폭력 범죄자를 대상으로 한 '전자감독'에서 비롯되는 문제들이 바로 풀어야 할 더 긴급한 문제라는 것이다.

박병식은 연구논문 「교정사고의 예방과 CCTV 계호에 대한 연구 – 헌법재판소 결정을 중심으로」(2012)에서 교도소의 CCTV 계호는 자살 등과 같은 "교정사고 예방에는 효과적이지만 프라이버시를 침해할 수 있는 양날의 칼의 성격"[40]을 지니고 있다고 주장한다. 박병식은 과학과 기술을 통한 '공학적 형태의 행형'을 부정적 관점 – "디지털화·정보 데이터베이스화는 파놉티콘 사회를 구축하고 있다"[41] – 에 두고, CCTV 계호를 완전 배제하기는 힘들지만 "수형자의 생명을 보호하기 위해 CCTV 계호를 어디까지 허용할 것인지에 대해 향후 심도 있는 논의가 필요"[42]하다고 역설한다. 왜냐하면 "시민의 권리·자유를 제한하는

'감시사회'의 측면"도 있지만, "수형자의 생명을 보호하는 플러스의 측면"[43] 역시 현재 CCTV 계호 안에 들어있기 때문이라는 것이다. 박병식의 연구는 이론적 측면의 교정 인문 연구가 아닌 교정 현실 안에 들어있는 실제의 문제를 제기했다는 점에서 높이 평가할 수 있다. 또한 이 주제를 헌법재판소의 결정 과정과 대비시켜 자신의 논지를 매우 설득력 있게 전개했다는 점에서 돋보인다. 박병식의 연구에서 아쉬운 점은 테크놀로지의 사용 및 활용의 장·단점을 너무 단선적인 관점에서 보고 있다는 점이다. 테크놀로지의 사용 및 활용에 관한 역사적 맥락화에 대한 이해를 첨가했더라면 그의 연구는 교정 인문 탐구 유형에 더 잘 부응했으리라고 필자는 평가한다.

전자기술을 통한 교도 행정에서 또 다른 문제는 도구연관에서의 문제가 아니라 도구를 관리하는 교도관들에게서 발생하는 문제점들이다. 이러한 관점은 전자기술에 의존해서 효율성이 증가된다면 "교도관의 시간적 여유"가 생겨서 재소자들과의 "일대일의 상담 시간뿐만 아니라 더 세세한 배려를 할 수 있는 여유"[44]가 생길 가능성이 있다는 예측과는 정반대의 관점이다. 한민경은 「전자감독 담당 직원의 업무부담 측정에 관한 연구: 사건 수를 기준으로」(2019)라는 연구논문 안에서 교도행정 안에서 "전자감독이 업무부담을 증가시키는 노동집약적 성격"[45]을 띠고 있음을 밝히고 있다. 한민경은 '선행연구를 검토하고 전자감독의 업무부담을 계량적으로 측정'하면서 그 문제점을 지적한다. 한민경의 연구는 '전국의 전자감독 담당 직원 260명을 대상으로 한 조사를 통해 전자감독 대상자의 재범성 및 지도 감독의 난이도를 고려해서 다루는 사건 수를 기준으로 하여 업무부담의 수치화'를 하는 방대한 연구작업을 수행하였다. 결론에서 한민경은 무엇보다 먼저 '전자감독 담당 직원들의 업무의 전문성과 업무부담을 덜어주기 위한 업무를 적절하게 배분하는 것이 필요하다'[46]라고 주장한다. 더불어 "전자감시 대상자와 그들이 저지른 범죄 및 재범 가능성에 대한 관심만큼이나 전자감독 제도를 지탱하고 있는 전자감독 담당 직원들에 대한 학문적 관심이 증대되어야 한다"[47]라고 제언한다. 그러한 과정을 통해 "전자감독이 진정으로 범죄자의 재범 방지와 재사회화를 촉진할 수 있는 제도로 작동할 수 있도록 현장의 여건이 개선되기를 희망"[48]한다고 덧붙인다. 한민경의 연구는 일단 방대한 경험적 데이터를 전제로 자신의 논지를 전개했다는 점에서 그의 주장은 매우 높은 객관성을 지니고 있음을 표방한다. 하지만 자신의 주장이 객관적으로 보이기 위해서라면 자신이 전제한 데이터에 대한 상세한 해명이 필요하다. 그러한 해명 작업은 무엇보다 먼저 질적 연구 안에 들어있는 '해석적 패러다임' 중 자신이 지니는 '관심'이 어떠한 관점을 선택했는가를 내보이는 일이다.[49] 한민경의 연구에서는 단지 확실하지 못한 '막연한 객관성'만을 상정하고 있는 듯이 보인다. 한민경의 논문이 조금 더 명료해지려면 교정 인문 연구의 범주 안에서 '분석 – 의미화', '해석 – 맥락화'의 방법론적 기법이 적극적으로 요청된다.

한민경의 연구를 포함한 과학과 기술 연관의 관점으로 정향된 연구들을 대상으로 삼아서 교정 인문 연구가 기여할 수 있는 '필요충분' 부분이 있다고 필자는 생각한다. 다름 아닌 그것은 교도 행정의 효율성의 문제를 직접 논의하는 것뿐만 아니라 교도 행정의 근거를 인문학적으로 정당화하는 시도 안에서 또 다른 차원에 세워질 수 있는 교정학 탐구의 큰 의미를 발견할 수 있으리라는 사실이다.

다) 분류 처우제도와 인지행동치료

이영희의 연구논문 「개별처우 효과성 향상을 위한 분류심사 활용
방안: 교정심리검사를 중심으로」(2010)는 현행법상 수형자 분류 처우제
도를 개관하고, '교정심리검사의 활용과 그 실태'에 초점을 맞추어 현
행 사용되는 '교정심리검사(KCPI)'를 분석하고 그 문제점을 지적하고
있다. 이러한 검사의 유형 및 내용은 "가족 기능, 약물 남용 정도, (…)
자해 자살시도 등과 같이 진술에 따라서 판정의 객관성이 결여될 우려
가 있거나 인권 침해적 요소가 있는 항목 등을 삭제"[50]하거나 혹은 또
다른 항목의 추가를 통해 계속 개선되어 왔음을 이영희는 밝히고 있다.
그런데도 현행 교정심리검사 운영의 문제는 지나치게 "수형자의 초기
절차에서 수형자의 문제유발 가능성과 재범예측의 중심"[51]에만 초점
을 맞추고 있다는 것이다. 그래서 "개별수형자의 특성에 관하여 유용
한 정보를 제공하기 어렵고 다른 정신과적 문제를 예측하기 어렵다"[52]
라고 이영희는 지적한다. 이영희의 논문은 전형적인 '경험적·분석적
연구 방법'에 기초한 연구이다. 여기서 연구자는 비교적 확실한 자료를
제시하면서, 현행 시행되는 교정심리검사의 문제점을 날카롭게 지적하
고 있다. 그리고 그 문제점이 노정되는 과정을 자세하게 서술하고 있다
는 점에서 연구 안에서 자신의 논지가 매우 뚜렷하게 부각되었다고 평
가할 수 있다. 단지 문제시되는 점은 필자가 볼 때 연구자의 분석 과정
중에서 교정심리검사 결과에의 효과가 과연 얼마나 유효한 것에 대한
인과관계 규명이 부재하다는 것이다. 교정심리검사 적용의 문제가 명

시적으로 제시된 것과 비교해 볼 때 이영희의 연구에서는 교정심리검사의 근본적인 효과에 해명은 규명 아닌 오히려 '암묵적인 믿음'에 기초해 있는 듯이 보인다. 교정 인문 연구 방법의 해석적 측면이 접속되어 명료하게 해명될 필요가 있다.

　김영윤의 연구논문「정신병질 특정 집단의 인지기능 연구」(2014)는 '신경 심리검사를 사용하여 정신병질 특성을 지닌 사람들의 인지기능'을 700명의 대학생을 대상으로 조사하고 있다. 교도소의 재소자가 아닌 사람들을 조사 대상으로 삼았다는 점에서 교정과의 관련은 그리 크지 않다고 할 수 있다. 그러나 이러한 조사 결과는 외국의 사례와 마찬가지로 "인지기능의 손상" "반사회적 행동과 관련"되고, "범죄, 비행, 우울, 폭력 증상과 연관"[53]되어 있음을 밝히고 있다. 즉 "정신병질 특성을 가진 사람들은 저하된 인지기능으로 인해 비행 또는 범죄에 대해 잠재적 위험성을 높일 수 있다"[54]는 점이 추론될 수 있다고 김영윤은 주장한다. 김영윤의 논문 역시 앞서 이영희의 연구와 마찬가지로 '경험적 · 분석적 연구 방법'을 통한 논문이다. 김영윤의 연구는 경험적 연구답게 연구 대상을 구체적으로 한정하고, 분석과 그 결과의 의미를 잘 상술한 것으로 보인다. 그러나 결론 부분에서 '잠재적 위험성'으로 해석하는 연구자 관점에 대한 근거의 제시가 불충분하다고 필자는 생각한다. '현시적 위험성'과 '잠재적 위험성'은 용어가 상이하듯 그 함유된 의미가 무척 다르다. 본 연구에서는 언어의 수사적인 표현의 문제가 아니라, 용어가 함축하고 있는 의미를 좀 더 명료하게 제시할 필요가 있다. 분석의 결과를 도출하기 위해 외국의 사례를 보인 것은 분석 안에서 분류와 인과관계 해명 이외 비교의 작업에 충실했다는 측면에서 교정 인문의 방법에 비교적 잘 상응한 연구라고 필자는 평가한다.

이백철의 연구논문「보호관찰 지도 감독 효율화 방안 연구 - 출석면담과 현장출장면담과의 재범 여부 비교분석연구」(2012)는 "2010년도 법무부 범죄 예방 정책국 통계자료를 소년과 성인으로 구분하여 출석면담과 현장출장면담이 재범률에 미치는 영향을 분석"[55]하고 있다. 이백철은 본 논문에서 그 연구의 목적은 "출석 · 출장 면담 등의 지도 · 감독을 포함하는 보호관찰관의 개입과 보호관찰 대상자의 재범 여부와의 관계를 규명"하는 시도를 통해 "효율적인 재범방지대책 수립을 위한 기초자료를 제공"[56]하는 데에 놓여 있음을 밝히고 있다. 그리고 그 연구의 분석대상과 분석변수, 그리고 분석방법을 다음과 같이 제시하고 있다: "분석대상으로 각각 소년범 1,097명과 성인범 761명이 포함되었다. 분석변수로는 인구통계학적 특성(성별, 연령, 학력, 직업), 처분형태(보호관찰 경력 횟수, 처분법, 처분내용, 사범명, 초기분류), 및 보호관찰 현황(현장출장면담, 현장출장면담, 출석면담) 등을 선정하였으며, 분석방법으로는 기초통계분석과 교차분석, t-test, 로지스터 회귀분석을 실시하였다."[57]

이백철이 차용한 연구 방법은 전형적인 '경험 · 분석적 연구 방법'이라고 할 수 있고, 앞에서 이미 제시했듯이 이영희의 「개별처우 효과성 향상을 위한 분류심사 활용 방안: 교정심리검사를 중심으로」(2010)나, 김영윤의 「정신병질 특정 집단의 인지기능 연구」(2014) 모두가 이러한 방법론에 의거한 연구라고 할 수 있다.

여기서 드러나는 문제는 변화될 수 있는 요인들의 관련 정도를 수치로만 기술하고 있고, 그 인과관계를 명증하게 해명하지 못하고 있다는 점을 지적할 수 있을 것이다. 앞에서 소개한 세 가지 연구의 연구자들은 각각 회귀분석(regression analysis)의 방법을 통해 하나의 변인이 또 다른 변인의 원인이 되는 것처럼 결과를 산출하고 있다. 그러나 그것은 어디까지나 연구자들이 전제한 가설적 논점을 단지 간접적으로만 보여주는 상태의 분석작업에만 머물고 있다. 이러한 연구모델을 대상으로 한 교정 인문 탐구 안에서 메타이론적 관점의 적용은 다음과 같은 관점의 질문으로 시작될 수 있다.[58]

첫째는 연구자의 가설과 도달한 결과 사이의 엄밀한 인과관계에 대해서 질문을 제기할 수 있다.

둘째는 연구자가 차용한 분석변수 안에서 특히 인구통계학적 특성의 하위항목인 '성별, 연령, 학력, 직업' 등의 각각의 항목을 역동적인 "질적인 자료(qualitative data)", 즉 "수량화하지 않거나 시키기 어려운 상태의 관찰된 정보"[59]로 환원시킨다면 어떤 결과를 예측할 수 있겠는가 하고 질문을 던질 수 있다.

셋째는 예시로 제시된 연구 안에서는 관찰 대상과 관찰 주체 상호 간에 발생할 수 있는 '심리적 기대 효과(expectancy effect)[60]'에 대한 배려가 배제되어 있다는 것이다. 즉 연구자와 실험 참가자의 심리적 상호 작용 때문에 실험의 결과가 왜곡될 수 있기 때문에 상호 모두 실험 목적을 인지하지 못한 상태에서 실험을 시도했더라면 '그 결과는 어떤 모습으로 드러나겠는가'라는 질문이 야기될 수 있을 것이다.

이렇듯이 경험적 · 분석적 탐구에 기초한 교정 연구는 분석대상, 분석 준거, 연구 절차, 관찰자와 피험자의 심리적 요소 등등의 요소가 어떻게 배열되는가에 따라 상이한 결과를 얻을 수 있다. 다르게 말한다면 사실(fact)은 이미 '해석된 사실[61]'이라는 점을 인정한다면 추출된 결과의 객관성 보장은 상당히 어렵다는 것이다. 물론 이러한 지적이 이 탐구 방법의 유일한 약점은 아니지만, 최소한 경험적 · 분석적 탐구에 기초한 교정 연구는 다면적이고 다양한 사회적 관점들과 공존할 수 있는 '타(他)이론 수용의 관용성'을 전제해야 할 것이다. 이 지점에서 메타이론적 관점 - 분석과 해석 그리고 해체 등 - 의 활용은 이러한 방향의 후속 연구에 기여할 수 있을 것이다.[62]

이러한 탐구 전략의 하나는 무엇보다 먼저 '경험 · 분석적 연구 방법'과 '해석학적 연구 방법', 즉 심리학적 관점에서 보면, '인지행동치료'와 '정신 역동적 측면의 정신분석적 치료'를 비교해서 각각의 장단점을 절충하고 수렴하는 작업을 시도해 보는 것이다.

류창현의 연구논문 「비행 청소년의 재범률 감소를 위한 인지행동치료(CBT)와 웃음 치료(LT)의 장기적 효과」(2015)와 류창현과 연성진의 공동 연구논문 「범죄소년을 위한 분노조절 가상현실 인지행동치료(VR-CBT)프로그램 개발과 함의」(2015)는 철저하게 '경험적 · 분석적 연구 방법'을 통해 수행되었고, 더 나아가 그 연구들은 각각 정적인 이론의 개발이 아닌, 그 이론에 상응하는 치료기기의 개발 기획까지를 제시하고 있다. 류창현은 '90명의 비행 청소년들을 대상으로 재범률 감소와 관련한 장기적 효과'를 조사하면서, 인지행동치료(CBT)와 웃음 치료(LT) 효과와의 상관관계를 추적하고 있다.[63] 또한 류창현과 연성진의 공동 연구는 한 걸음 더 나아가 '범죄 청소년의 분노조절을 위한 가상현실 인지행동치료(VR - CBT)프로그램의 개발'을 시도한다. 물론 아직은 임상에 적극 활용되고 있지는 않지만, 류창현과 연성진은 이러한 기기 및 프로그램의 확대와 보급은 "사회적으로 정신질환 진단 및 처우에 대한 비용을 절감시키며, 파탄 행동 장애나 분노조절 장애로 인한 범죄 및 재범의 억제 및 예방에 기여할"[64] 것에 대한 기대를 표명하고 있다.

물론 이러한 작업의 엄밀하고 정치(精緻)한 철학적 탐구의 수행은 논리학 연구자, 특히 기호논리학(symbol logics)이나 혹은 수리철학(philosophy of the mathmatics), 그리고 인지과학을 전공하는 전문가들의 몫이다. 필자의 희망 사항이지만 만약 그런 연구자들이 교정학 탐구의 이러한 방법론적 유형을 연구 대상으로 수용한다면 그 과정은 교정 인문 탐구의 메타이론적 관점이 잘 적용된 사례라고 평가할 수 있을 것이다.

또 다른 총체적인 '경험적 · 분석적 연구 방법'을 통한 '인지행동치료'의 문제점을 교정 인문 탐구 측면에서 지적할 수 있다면, 그것은 바로 '과학적'이라는 미명 하에 발생하는 상업주의에 대한 비판이다. 즉 "비판적 의식이 배제된 심리치료 산업"[65]은 과학을 빙자하며 인간의 정신 및 의식을 치유는커녕 혼돈으로 몰고 갈 수 있는 위험이 내재한다는 것이다. 다르게 문제를 제기한다면, 진정한 계몽 및 치유에 대한 배려가 배제된 채로 "미술치료, 음악치료, 색채치료, 독서치료, 상담치료 등 각종 심리치료 산업"[66]의 부정적 성격은 교도소 내 교정교화의 영역에도 결코 자유로울 수 없다는 점이다. 그러므로 그러한 편향성을 탈피하기 위해서 '경험적 · 분석적 연구 방법'을 통한 '인지 치료' 혹은 '인지행동치료'에 극대비될 수 있는 '역사적 · 해석학적 연구 방법', 혹은 '비판적 · 변증법적 연구 방법'에 기초한 '대항 논리'로서의 '정신 역동적 심리치료'[67] 측면의 연구 또한 요청되어야 할 것이다.

김영희의 논문 - 「분석심리학적 관점에서 본 거울의 상징과 상담자의 태도 - 교정 상담현장에서」(2012) - 은 바로 이러한 측면을 적확하게 잘 반영한 연구라고 사료된다. 김영희는 융(C. G. Jung)의 '분석심리학(Analytical Psychology)'을 기조로 교정 상담에서의 상담자의 역할 및 태도를 '거울의 상징'을 매개로 고찰하고 있다. 김영희는 분석심리학에서의 '마음' 개념과 '꿈속 거울의 상징', 그리고 동서양의 문화 속에서 그것을 비교 분석하고, '교정 상담현장에서 상담자의 태도'를 논의하고 있다. 김영희는 융의 거울 상징에 대한 의미 - "자아 성찰을 통해 자기 자신이 되려는 사람들에게 있어서, 맑게 비추어주는 거울은 하늘의 뜻을 반사해 주는 창조적인 정신의 상징"[68] - 에 기초해서 내담자의 심리적 고통을 대면하면서 "올바른 길 안내"를 위해서 "상담자는 스스로의 깨달음의 과정을 견디어 내야 한다"[69]라는 점을 강조한다. 그래서 "거울의 상징은 상담자가 자기를 실현하는 과정에서 자신의 모습을 객관적으로 비춰보는 깨달음의 도구, 상담자가 갖추어야 할 태도"[70]라고 김영희는 주장한다. 김영희 논문의 연구 과정 및 핵심 요지는 첫째로 "내담자의 심적 고통에는 목적의미"가 은폐되어 있고, 둘째 "치료는 고통의 해소"뿐만 아니라 "그 고통의 의미"를 내담자가 스스로 깨닫게 만드는 데에 있다는 것이다. 셋째 "융의 분석심리학에서는 그 의미를 피분석자(내담자)의 무의식"에서 찾는 것으로부터 시작하며, "상담자는 진정으로 내담자의 정신적 측면을 이해하기 위해서 분석심리학에 관심을 기울이는 것이 매우 중요하다"[71]라는 점을 주장하고 있다.

김영희의 연구는 '경험적 · 분석적 과학'의 측면에서 보는 심리치료의 대항적 의미로 교정 인문 연구에서 큰 성과로 평가할 수는 있지만, 여전히 문제시될 수 있는 부분들이 있다. 그것은 첫째로 '무의식' 혹은 '꿈' 그리고 '거울의 상징'과 같은 개념이 과연 어떻게 '객관적 이해'에 도달할 수 있는가의 문제이다. '경험적·분석적 과학'의 측면에서 보자면 그러한 개념들은 여전히 형이상학적 개념이고, 실증주의적 관점에 의거한 비판을 면할 수 없을 것이다. 물론 이러한 종류의 문제들은 총체적 교정 인문의 연구에서 해답을 찾아야 할 거시적 주제 안에 포함될 수 있다: 즉 각각의 과학론에 기초한 심리분석이라는 것이 과연 객관적인가? 혹은 객관적이라면 어떤 근거를 통해 객관성이 정당화될 수 있는가?[72] 이러한 물음에 해답을 찾는 시도는 다름 아닌 교정 인문 연구 영역 안에서 메타이론적 방법을 적용한 후속의 연구들이 기여할 수 있는 전형적인 탐구의 부문이라고 할 수 있을 것이다.

라) 인간의 악성(惡性)과 생물학적 윤리

이백철과 조극훈의 논문 「공리주의 형벌론과 파놉티콘」(2018)은 벤담(J. Bentham)을 중심으로 한 공리주의 원리와 그에 따른 형벌론 및 그 가치를 구현한 '파놉티콘(Panopticon)' 교도소의 아이디어를 연구 대상으로 다루고 있다. 그러한 공리주의 형벌론적 구상은 "처벌의 가치는 어떤 경우에도 위법행위에서 얻은 이득의 가치를 능가하기에 충분한 수준보다 더 작아서는 안 된다는 것"이지만, "형벌은 더욱 큰 어떤 악을 없애는 것을 보장하는 한에서만 인정되어야 한다"[73]라는 사실 또한 내포한다는 것이다.

푸코(M. Foucault)는 벤담의 파놉티콘의 아이디어가 교도소뿐만 아니라 병영, 병원, 학교, 공장 등 그 이후 현대사회에 도래한 '총체적 일망 감시 체제'의 극단적인 단면을 보여주었던 샘플이라고 주장한 것은 잘 알려진 사실이다.[74] 그러나 푸코가 『감시와 처벌 – 감옥의 역사』에서 제시한 전제 모두를 수용하기에는 어렵다. 즉 감옥 운영의 "기술을 형벌기관으로부터 사회 전체로 이전"[75]시킬 수 있다는 주장은 많은 검증이 필요한 부분이기 때문에 즉각적으로 모든 사람들이 동의하기는 어려울 것이다. 그러나 점차로 "형사사법에서 감옥은 처벌 절차를 행형 기술로 변모"[76]시켰다는 주장에는 별다른 이의 없이 동의할 수 있을 것이다. 그러한 동의는 대체로 행형의 목적과 과정 그리고 결과에 대한 기대치 등의 현대 형사 사법의 단계 안에서의 도덕적 잣대는 많은 부분 '생물학적 윤리'나 '신경 공학적'의 관점에서 다루어지고 있기 때문이다. "신경과학과 정보과학, 인공지능 등 학제적인 인지과학 융성"[77]에 의존하여 범죄와 형사사법의 마지막 단계인 교정의 문제를 보는 관점은 전래된 선악의 가치 관념이 아닌 '도구적 관점'의 경향으로 점차 바뀌게 되었다는 것이다. 이백철과 조극훈의 논문 「공리주의 형벌론과 파놉티콘」은 공리주의적 근본 사상이 파놉티콘 등장의 배경을 이루고 있다는 사실을 밝히고 있고, 그러한 연계가 지니고 있었던 의미를 사상적 평가를 통해 맥락화하고 있다. 그렇지만 공리주의 핵심의 내용이 지니고 있는 철학사적 의의를 부각하려는 측면은 너무 미진해 보인다. 본연구는 공리주의의 근본 사상을 너무 좁게 한정하고 있는 듯이 보인다. 조금 더 연구자들의 자세한 철학사적 해의가 첨가되었더라면 교정 인문 연구 안에서 더 설득력을 내보일 수 있는 논의가 되었을 것으로 보인다.

이명숙의 연구논문 「범죄인의 신경생물학적 기능손상과 교정치료」(2019)는 "신경적 장애를 갖고 있거나 뇌 기능손상을 입은 개인들은 극단적인 문제들을 내포하고 있으며 특히 폭력적 범죄에 취약하다."[78]라는 전제하에 '치료적 사법'의 이념과 실제를 소개하고 있다. 즉 치료적 사법의 이념은 "재범의 예방과 사회방위라는 목적을 달성하고자 형사사법의 기능으로 범죄자의 정신의학적 혹은 심리학적 이상 증상에 대한 치료를 제공하는 형사 사법제도"[79]라는 것으로 이명숙은 설명하고 있다. 또한 그러한 이념의 실제는 특히 "소년보호제도, 수강명령제도, 이수 명령제도, 치료감호제도"[80] 등에서 운영되고 있음을 이명숙은 밝히고 있다. 또한 범죄인의 '신경생물학적 요인과 반사회적 행동 간 관련성에 관한 연구들'은 "전두엽, 변연계, 편두체 등 뇌의 구조적 이상에 초점을 맞춘 이론"과 "호르몬, 신경전달물질 등 내분비 이상에 초점을 맞춘 연구"[81]들이 전제되어 있음을 소개하고 있다.

체사레 롬브로소(C. Lombroso)의 "범죄인은 태어나는 것이다"라는 결정론적 주장에 반(反)해 "현대 신경생물학에 의하면 '범죄인은 발달해간다"[82]라고 이명숙은 주장하면서, 외국의 긍정적인 결과를 지닌 임상 사례들을 제시한다. 그리고 그러한 결과의 바탕에서 이명숙은 "앞으로 범죄인 및 비행 청소년에 대한 신경생물학적 요인의 발견은 교정치료를 받아야 할 대상자의 선별 및 치료적 절차에 활용"[83]될 수 있다는 전망을 하고 있다. 물론 현 단계의 수준 – "fMRI 등 뇌 영상기기를 활용한 이상 특질에 대한 신경인지적 'biomaker' 일부를 확인하는 정도" – 에서는 "청소년 비행문제나 정신질병적 성인범의 범죄 원인을 신경과학의 미세한 수준에서 이해"[84]하기가 아직 어렵다는 사실 역시 밝히고 있다.

김영윤의 연구논문 「신경과학을 이용한 거짓말 탐지」(2015)는 '거짓말 탐지 메커니즘'을 이명숙의 연구와 유사하게 "뇌 영상 기법의 신경과학"[85]의 바탕에서 '거짓말의 메커니즘'을 개관하고, 그것에 대한 연구들의 한계와 추후 연구의 향방을 제시하고 있다. 김영윤은 "행동연구와 사회연구의 결과"들에서 보여주고 있듯이 "인간이 거짓말을 잘하는데 반해, 타인의 거짓말을 탐지하는 데는 매우 서투르다"라는 점 때문에 "비언어적 단서들"[86]에 의존한 거짓말의 탐지를 넘어선 '도구적이고 조작적인 장치의 메커니즘'이 등장했음을 설명하고 있다. 그렇지만 앞의 이명숙의 연구와 비슷하게 지금의 상황에서는 fMRA 등을 활용한 "뇌 활동성만을 측정하여 거짓말을 하고 있다고 확신할 수 없"으며, 따라서 아직은 그 결과가 "법적 증거로 인정되지 않는다"[87]라는 점을 김영윤은 밝히고 있다. 그러나 기기 및 기제의 발전과 진화의 관점에서 본다면, 이러한 연구의 방향은 점진적으로 "뇌 영상 - 기반 거짓말 탐지 정확도를 높이는데 기여"[88]하게 될 것으로 김영윤의 연구는 잠정적인 결론을 내리고 있다.

신경과학에 기반을 둔 거짓말 탐지에 대한 연구가 미진한 이유를 김영윤은 매우 복잡한 인간의 '인지적 처리 과정'에서 보고 있다. 즉 인간에 있어서 '인지 심리적 기제작용'은 심층적 논의가 필요한 "마음의 이론(theory of mind)"에 놓여 있는데, 마음의 문제를 단순히 뇌의 작용으로만 환원시키기에는 무리가 있다는 것이다.[89] 다시 말해서 현재의 "뇌 기능 영상법을 이용한 거짓말 탐지에 오류" - 즉 "거짓말과 관련되어 있다고 발표된 뇌 영역들이 활성화되었다고 해서 어떤 사람이 현재 거짓말을 하고 있다고 판단할 수 없는 것이 이러한 뇌 영역들은 거짓말을 하지 않더라도 관련된 인지기능이 요구되는 상황에서 충분히 활성화"[90]될 수 있는 경우 - 를 포함한 '신경과학적', 혹은 '신경생물학적'

기제에 의존한 교정에 관련된 다양한 문제들은 또 다른 차원의 설명이 필요하다는 점을 함축하고 있다.

이명숙의 논문 「범죄인의 신경생물학적 기능손상과 교정치료」와 김영윤의 논문 「신경과학을 이용한 거짓말 탐지」 모두는 경험적·분석적 과학의 관점에서 거시적으로 보아 소위 '생물 윤리학'과 연관된 문제들을 다루고 있다. 교정 인문 연구의 관점에서 두 가지의 문제가 내재하고 있다고 보인다. 첫째는 두 논문 모두는 경험적·분석적 과학의 관점을 '과학의 현 단계 수준'이라는 측면에서 충분하게 적용시키지 못하고 있다는 점이다. 둘째는 경험적·분석적 과학의 관점에서 비롯된 '신경과학적' 혹은 '신경 인지적' 등의 용어가 함축하는 실제적 의미가 무엇인지에 대한 해석이 명료하지 않다는 점이다. 결과적으로 볼 때 두 연구는 경험적·분석적 과학의 관점을 치밀하게 제시하지 못하고 있는 듯이 보이고, 그러한 관점을 해석하는데 역시 미흡해 보인다는 것이다. 물론 짧은 논문 안에 방대한 내용을 다 축약해서 제시할 수 없었겠지만, 두 연구는 교정 인문 연구 범주에 '적확하게 잘 들어맞지는 않는다'라고 필자는 평가한다.

전석환의 연구논문 「'인간의 공격성(aggression)'에 대한 고찰 및 그 치유 가능성의 전망 ― 인간학적 관점을 중심으로」(2018)는 '공격성 개념'을 매개로 인간의 악성(惡性)을 '신경과학적', 혹은 '신경생물학적' 기제가 아닌 '인간학적(anthropological)' 관점에서 고찰한다. 현대에 진입해서 이성 개념의 해체적 경향은 여러 층위의 많은 문제를 야기했다고 전제한다. 무엇보다 먼저 인간 본성에 관련시켜 선악의 구분을 단지 "기질적 원인이라는 관점에 편향"[91] 해서 보기 때문에 뇌 구조의 문제나 신경

전달물질이나 호르몬의 매개를 통한 설명을 전제한다는 것에 문제가 있다고 주장한다. 즉 폭력성 혹은 자살 등과 같은 현상을 신경전달물질인 '세로토닌'의 수치로 관찰하고 그 결과에 따라 판단을 내리는 태도는 지양되어야 한다는 것이다. 물론 현대의 정신의학 및 심리학의 심리치료는 '기질적 원인'이라는 관점을 넘어서 다양한 발전의 기로에 서 있고, 교정의 심리치료 역시 이러한 경향을 수용해야 한다는 점을 전석환은 역설하고 있다. 그는 여전히 현시점의 교정 목표가 "인간성의 표본(paradigm)을 이성적 인간"[92]에 두고 있다는 점에서 "거시적 관점으로 본 악성 공격성에 대한 치유", 즉 "구체적 관점으로 본다면 재소자의 교정교화 작업은 '인간의, 인간에 의한, 인간을 위한' 인간학적 차원에서 기획되고 그 실천 가능성"[93]을 찾아야 한다고 주장한다. 전석환은 현대 사회심리학자 프롬(E. Fromm)을 중심으로 칸트(I. Kant)와 독일 프랑크푸르트학파 비판이론(M. 호르크하이머, Th. W. 아도르노, J. 하버마스) 등의 철학 사상으로부터 '인간학적 관점'의 근거를 찾고 있다. 그의 논문은 앞서 두 논문의 반대 시선에서 본 인간의 악성에 대한 고찰이다. 대체로 전석환의 논문은 생물학적 윤리 혹은 신경과학적 윤리의 결정론에 대한 반대 선상에서 인간을 파악하는 관점을 유지하고 있다. 그러나 소위 '인간학'적 관점은 앞의 자연과학적 관점의 인간 이해보다 어떤 강점이 있는가는 그의 선언적 주장 안에서만 확인된다. 전석환의 논문이 더 강한 설득력을 지니려면 논지를 인간학적 관점을 넘어선 현대의 과학철학 관점에 기초한 인식론에 좀 더 접근시켰어야 한다. 대체로 그의 논문을 포함한 이러한 주장들은 인간에 있어서 선과 악을 산출하는 마음의 문제를 '뇌의 구조' 안에서만 들여다보지 말라는 주장과 공유점을 지닌다. 인식론의 관점에서의 앤디 클라크(Amdy Clark)와 데이비드 차머스(David J. Chalmers)의 주장은 여기서 적극 수용해야 할 부분이라고 필자는 생각한다.

클라크와 차머스가 제시한 "확장된 마음(the extended mind)" 개념은 "능동적 외재주의(外在主義)"를 표방하고 있는데, 즉 "마음의 본질과 작용을 머릿속에 가두는" 것이 아니라 "신체 및 그 주변 환경과 연관 지어서 이해"[94]해야 한다는 것이다. 다시 말해서 단순한 덧셈과 곱셈은 암산을 통해 할 수 있지만, 조금 복잡한 수를 다루기 위해서는 종이나 연필 더 나아가서는 계산기 등이 필요하다는 것처럼. 즉 계산한다는 행위는 마음의 작용과 더불어 보조도구 및 몸의 동작이 연속적으로 연동되어야 가능할 수 있다는 것이다.[95]

클라크와 차머스의 논의는 '생물학적 윤리학의 관점 대(對) 형이상학적 윤리학의 관점'의 대치 구조를 파악하고, 또한 극복을 위해 시사되는 바가 매우 크다고 할 수 있다. 향후 이러한 방향의 논의는 윤리적 범주 안의 일반 교정 · 교화에서뿐만 아니라, 교정치료에 관련해서 교정 인문 연구 안에서도 큰 영향이 있으리라고 필자는 생각한다.

(3) 과학적 탐구 측면에서 본 교정 인문 연구(Ⅲ):
지속적인 개발 및 계발이 필요한 연구의 주제들

① 사회과학의 방법론을 과학론의 시각에서 살펴본다면 가장 핵심적인 쟁점은 이미 앞 절에서 보았던 자연과학의 과학성(Wissenschaftlichkeit)에 대한 다양한 논의이다. 그러한 논의 과정 안에서

우리는 교정학 탐구가 과연 '과학적인 학문'으로서의 어떠한 정체성을 지니고 있는가를 질문할 수 있다. 또한 그러한 과학을 넘어서 실천학으로서의 성격을 교정학은 '어떻게' 지녀야 하는가의 문제가 제기될 수 있다. 일단 이러한 물음에 대한 해답은 교정학 연구의 상이한 각각의 영역에 따라 사회과학의 다양한 방법론을 도입할 필요가 있다. 더 나아가 교정 인문 연구는 상이한 사회과학 방법론에 내재한 제(諸) 유형의 근거를 자세하게 규명해서, 교정학 연구 안에서 그 적용 가능성과 한계를 명료하게 제시해야 할 것이다.

② 교정학 탐구에 있어서 경험적 · 분석적 방법론은 교정학의 정체성을 이루는 중요한 한 축이다. 말하자면 지금까지의 교정학 탐구 안에서 경험적 · 분석적 방법론은 당연한 전제로 수용되고 있지만, 사회과학적 탐구와 관련하여 그런 전제에 대한 자세하고 정치한 논의는 부재하다. 다음과 같은 물음이 제기될 수 있고, 교정학의 인문학적 기초를 해명하는 계기에서는 그러한 물음에 대한 해명과 더불어 그 답을 구하려는 노력이 무엇보다 먼저 필요하다.

첫째는 경험적 · 분석적 방법론이 차지하는 역할이 교정학 탐구 안에서 어떤 근본적 특징을 이루는가?

둘째는 경험적 · 분석적 방법론 차용의 수위가 교정학 탐구 안에서 어느 수준으로까지 사용되고 있는가?

셋째는 경험적 · 분석적 방법론의 활용이 교정학 탐구 안에서 어느 정도로까지의 강도로 사용되고 있는가?

③ 과학론에서 살펴본다면 여러 갈래의 제(諸) 학문은 어떤 것이 다른 것보다 우월하다 혹은 열등하다는 문제가 아니라 각각의 학문이 진리를 추구하는 데 있어서 서로 다른 한 측면이라는 사실을 인정하는 일이 중요하다. 그러므로 계통을 찾기 어려울 정도로 분화된 현대 학문에 대한 이해는 체계적 이해보다는 일종의 맥락적인 이해가 필요하다. 특히 이러한 문제를 인지하고 그 이해를 수용해야 할 학문 분야를 필자는 자연과학과 공학적 연구 영역이라고 생각한다. 즉 순수 수학과 물리학을 포함한 자연과학과 공학적 연구 영역에서 바라보는 인문과학의 과학성에 대한 시각이 무엇보다 우선시되어야 한다고 필자는 생각한다. 그러한 측면에서 바라본 인문학에 대한 시각은 상당히 왜곡되었거나, 편파적 이해나 잘못된 이해에 머물고 있기 때문에 '폄하적 평가가 그 전제로 깔려있다'라고 보인다. 물론 인문과학적 입장에서 자연과학과 공학적 연구 영역에 대한 평가 또한 그리 바람직하지 않은, 즉 객관적이지 않다는 점을 지적할 수 있다. 물론 절대적인 객관적 인식에 도달하기에는 한계가 있지만, 객관적이지 않다는 말에 들어있는 '숙고 없는 감정적인 인상 비평에 따르는 편견'에 머물고 있다는 점에서 특히 우려된다는 것이다. 물론 이러한 상호 간의 거리를 좁혀보려는 시도가 부재한 것은 아니다. 통섭(consilience), 혹은 융·복합, 그리고 다학제적 접근(interdisciplinary approach) 등이 강조되고 그런 것을 기초로 하여 기존의 학문들이 종합되고, 그것에 상응하여 새로운 학문의 방법론이 제시되어야 한다는 주장이 도처에서 등장하고 있다.[96]

교정학의 정체성은 외형적으로는 사회과학 탐구영역 안에서 그 본령을 찾을 수 있다. 그러나 교정학은 다학제적 구조가 되어야만 하지만 여전히 너무 많이 자연과학적 탐구에 기반을 둔, 즉 실증적 혹은 경험적 · 분석적 사회과학이라는 성격으로 통용된다. 이러한 모습을 지양하기 위한 방법과 전략이 필요하다. 교정 인문 연구가 이 지점에서 기여할 수 있는 부분은 바로 직접 여러 학문들과의 통섭적 매개를 시도하는 것이며, 이러한 작업이 바로 교정 인문 연구가 담지해서 탐구해야 할 지속적인 논제의 하나라고 할 수 있을 것이다.

④ 교정학 탐구의 주류를 이루고 있는 실증주의적 연구 방법은 아직도 경험적 · 분석적 방법에 기초해서 전래된 프레임과 전통적인 패러다임에 잠식되어 있다. 20세기 이후 과학철학 및 과학사가 제시하는 과학상은 지금까지의 과학적 접근의 방법을 바꾸어야 한다는 주장에 그 주안점이 들어있다. 즉 과학성, 혹은 과학적 객관성이라는 것 자체가 과학자의 주관적 의도 및 가치관과 밀접한 관련이 있다는 말이다. '과학적 이론은 오로지 구성될 뿐이다'라는 주장은 결국 '인간은 의식하는 존재'라는 판단의 결과이자, 이러한 측면에서 미루어 볼 때 과학의 탐구 작업에서는 필연적으로 인문학과의 조우를 피할 수 없다. 따라서 인문학은 과학의 의미를 물으며, 또한 물어야만 하는 당위성이 여기에 있는 것이다. 경험적 · 분석적 방법 측면에 서 있는 교정학 탐구 역시 이러한 주장에 근거하여 실증과학의 결과가 제시하는 세계상에 대한 인문학적 조명을 포괄해야 할 것이다. 교정 인문 연구는 바로 이러한 과제를 지속 가능한 논제로 설정하고 '교정학 – 인문학'을 연결하는 매우 정치한 담론의 장(場)을 구축해야 할 것이다.

⑤ 삶의 물리적 현상에 대한 통계를 통해 개개인의 심리를 측정하는 실증주의적 심리학의 기제는 인간 심리의 영역을 오히려 축소하고 있는 듯이 보인다. 20세기 후반 들어 현대 심리학은 유물론적 심리철학의 입장에서 인간의 신념, 감정, 사유에 관한 심층적 연구를 배제한 채로 방법론적으로 특히 인간 행위의 결과(자극-반응)를 단순하게 관찰하고 분석하는 측면만을 강조한다.

물론 실증주의적 관찰과 분석 역시 간과할 수는 없지만 교정학에 관련된 심리학적 접근은 '나'라는 자기 이해를 조금 더 다차원적 연구 지평 – "횡단적 · 종단적 · 심층적 측면" – 에서 출발시켜야 할 것이다. 즉 실증주의에 기반을 둔 심리학적 접근은 '성격'과 '특성', 혹은 '장단점' 및 '태도' 등을 관찰 과 분석을 통해 보는 인간 심리의 '횡단적 측면 이해'에 상응한다. 그러나 이와 더불어 "현재의 나를 형성해 온 과거의 성장 과정을 체계적으로 살펴보는" '종단적 측면의 이해'와 함께 "의식하지는 못하지만 자신의 행동에 강력한 영향을 미치는 무의식적인 갈등이나 심리적 과정을 살펴보는 작업"[97]도 담을 수 있는 '심층적 측면의 이해' 역시 수반되어야 할 것이다. 이러한 탐구는 교정 인문 연구의 접근이 적극적으로 간여하고 보충할 수 있는 영역에 속한다는 전제로 문학 및 역사 등의 인문학 전공자와 더불어 심리학 전문가 및 정신의학자의 협업을 통해 큰 성과를 얻을 수 있을 것으로 사료된다.

제2절

'교정철학'의 관점과
교정 인문 연구

(1) 철학적 탐구 측면에서 본 교정 인문 연구(I):
이론화 시도의 토대

　전통(das Traditionelle)으로부터 현대(das Moderne)로의 변이는 단순한 물리적 시간의 변화일 뿐만 아니라, 정치 · 경제 · 사회 등을 포함한 문화 전반의 변혁을 끌어냈던 '인간 의식 변혁의 일대 사건이었다'라고 해도 과언이 아니다. 이런 사실을 전제로 1800년경부터 1850년까지의 시공간은 전통으로부터 현대사회로의 발돋움을 위한 교차로 역할을 했다는 사실에 연구가들은 대체로 동의한다.[98] 그러한 19세기 후반 이후부터 전통적 공동체의 모습은 대체로 자유와 평등을 기치로 한 현대 시민사회라는 구체적 형태로 나타난다.

　주지하다시피 전통적 가치관은 진(眞) · 선(善) · 미(美) · 성(聖)의 절대적 가치를 전제한 정초주의, 혹은 근본주의(foundationalism)에 기초하여 그것으로부터 인간의 사유와 판단을 포함한 총체적 행위의 규범을 도출하고 정당화하였던 것이다. 이러한 전통으로부터 현대로의 변화는 무엇보다 먼저 오래전부터 기존에 지켜지고 있었던 관습과 규범 그리고 근본적인 가치에 대한 도전으로 읽힐 수 있을 것이다. 이러한 특징은 멀리는 서구의 르네상스 이후, 가깝게는 18세기 중반 이후 계몽주의의 흥기(興起)로 비롯되어 헤겔(G. W. F. Hegel) 철학의 절대적 이성주의에서 그 정점을 이루게 된다. 그러나 헤겔 스스로 주장했듯이 '정점에 이르면 반드시 하강이 있어야 하는 것'처럼 헤겔 이후의 현대 철학은 헤겔 철학의 비판으로부터 전개되었다. '철학적 인간학'이나 '실존주의'는 헤겔 철학이 지닌 시스템주의에 반기를 든 것이며, '마르크스주의'는 헤겔의 '긍정적 변증법'을 통한 보수주의에 대한 반동으로, 혹은 물질에 반해 정신을 우위로 보는 유심론의 전복(顚覆) 시도를 통해 드러났던 것이다. 물론 이러한 방향을 하나로 묶어 일의적으로 제시하기는 어렵지만, 대체로 헤겔 이후의 현대사상 안에서는 소위 '계몽주의의 프로젝트'라고 명명되는, 즉 실증과학으로 인도되어 완성된 합리주의적 메커니즘이 그 근저에 자리 잡게 되었던 것이다. 그리고 이러한 메커니즘은 근세 이후 반(反)아리스토텔레스적 전회(轉回)라는 기류를 타고 20세기에 이르러 적극적으로 현대화(modernization)를 추진하는 엔진으로 작동하게 되었던 것이다.

독일의 현대 철학자 하버마스(J. Habermas)는 이러한 현대화의 지형을 '사회적 현대화(das gesellschaftliche Moderne)'의 구축으로 규정하고, 현대로부터 후기 현대로의 진입에 앞서 그것은 '문화적 현대화(das kulturelle

Moderne)'의 목표로 전환되어야 한다고 주장한다.[99] 이러한 주장의 배경은 '계몽주의의 프로젝트'가 지향했던 결과가 단지 기술적 진보와 자본주의적 성장에 국한되었다는 현대화의 발전 논리에 대한 비판이자, 그 지양(止揚)을 통한 현대사회의 미래 향방을 제시한 것으로 보인다. 또한 그러한 전환의 당위성은 후기산업사회(postindustrial society)나 탈냉전의 이데올로기라는 이념 차원이 아닌, 현대인의 순수의식 차원의 변모 안에서 벌써 선취 되었다는 것이다. 하버마스는 "물질주의적 안정과 부양에 대한 욕구는 탈물질주의적 욕구의 뒤로 후퇴한다"라는 문화적 현대화로의 변화 의도는 현대인 개개인들의 "관심"과 "감수성" 그리고 "감각들"의 변화 안에서 이미 확인될 수 있다는 것이다.[100] 그는 현대의 가치변동과 그 구체적 실현 그리고 그를 따라잡지 못하는 이론적 정당화 사이의 간극을 '비희망적인 전망'으로 평가될 수 있는 "새로운 불투명성(die neue Unübersichtlichkeit)"[101]으로 제시하고는 있다. 다시 말해서 하버마스가 전하려는 메시지의 내용은 현대화의 역기능으로 노출되어 있는 여러 차원의 불안정성이 후기 현대의 중요한 특징을 이루며, 더불어 그것은 현대를 가로질러 성큼 도달한 후기 현대사회의 정신병리학적 정황을 잘 보여주고 있다고 하겠다.

이러한 사실은 포스트모더니즘(postmodernism)의 논쟁과 연관시켜 맥락화될 수 있다. 잘 알려졌다시피 20세기의 중반에 이르러 모더니즘, 혹은 현대성(modernity)에 대한 비판적 성찰이 일기 시작한 것은 그간의 현대화(modernization) 자체의 과정을 긍정적으로만 평가할 수 없다는 것이 핵심의 내용이다. 또한 그 결과로 비롯된 환경·생태 및 정치, 경제, 문화, 교육 등에서의 변화된 모습을 발전으로만 수용할 수 없다는 사실

역시 그 내용에 부가될 수 있다.

그러한 근거로 인하여 포스트모던(postmodern)이라는 용어에 대한 여러 갈래의 번역이 현시점에서 가능하다는 것은 그 말이 여러 차원의 뜻을 함축하고 있다는 사실을 우리는 엿볼 수 있다.[102] 일단 포스트모더니즘, 혹은 포스트모던이라는 음역(音譯)은 막연히 시간적으로 뒤에 놓인다는 뜻을 지닌 '후기(the later period)'를 지칭해서 '후기 현대' 혹은 '현대 이후'라고 번역할 수 있다. 또한 포스트모던이라는 말은 전통시대에 비하여 물적 팽창 및 스피드 증강의 의미를 담는 '초(超) 현대(trans-modern)'로 번역될 수 있다. 이러한 중립적 어의가 아니라 포스트모던이라는 용어는 현대성의 의미가 대단히 부정적 결과를 만들어 왔다는 관점에서 '반(反) 현대(anti-modern)'라는 말로도 번역이 가능하다. 앞서 번역을 포괄하면서 현대주의 혹은 현대적 성격을 근본적으로 극복 내지는 초극하자는 의미로 '탈(脫)현대'로의 번역 또한 가능하다.

포스트모더니즘을 모더니즘에 대한 비판으로, 혹은 비판을 통한 극복 내지 초극으로 이해하는 관점은 현대 법리학적 그리고 법철학적 탐구 안에서 정초주의에 입각한 법의 해체 가능성을 논의하는 시도에서 그 영향력을 관찰할 수 있다. 그것은 '포스트모던 법학 혹은 포스트모던 법이론'이라는 이름으로 새로운 담론의 지형을 형성하고 있다.[103] 물론 이러한 담론들이 기존의 법이론에 대한 안티테제로서 정초주의에 대항한 반정초주의로서의 정확한 자리매김을 하였다고 아직 평가할 수는 없다. 그러나 '회복적 사법', '평화 범죄학', '철학적 범죄학' 등과의 관련에서 살펴볼 때 교정 인문 탐구가 수행해야 할 대상으로 포스트모던 법학 및 법이론에 대한 논의는 중요한 위상을 차지한다.

위에서 살펴본 현대라는 시간과 공간의 변화 지형을 전제로 철학적 탐구 측면에서 본 교정인문학 연구의 특징은 대체로 '역사적 · 해석학적 학문' 안에서 포섭된다. 하버마스는 이러한 성격을 경험적 · 분석적 학문 방법과 대별하여, 실험과 관찰 등을 통한 기술적 조작(operation)이 아니라 단적으로 "진술 유효성의 의미(Sinn der Geltung von Aussagen)"[104]에 대한 탐구로 규정한다. 원인과 결과의 인과적인 관계를 설명하고, 예측을 도출하는 자연과학적 탐구에 대신하여 '역사적 · 해석학적 학문' 안에서 "의미 이해(Sinnverstehen)"는 자연과학적 연구 대상의 사실이 아닌 또 다른 "사실(Tatsache)에 접근하는 통로를 연다"[105]라는 것이다. 하버마스는 이러한 지식을 가능케 하는 사회적 차원의 "매개체(Medien)"를 "언어(Sprache)"[106]라는 개념으로 규정한다. 여기서 지식의 범주는 방법적 측면에서 "보편적인 전통 속에서 행위의 방향 설정을 가능하게 만드는 해석"[107]이며, 바로 기존의 해석학은 "정신 과학적 서술의 가능적인 의미를 규정"[108]할 수 있게 만든다는 것이다. 하버마스는 세계라는 '텍스트(Text)'와 그것을 해명하려는 해석자와의 '소통'이라는 측면에서 역사적 · 해석학적 학문의 성격을 파악한다. 즉 역사적 · 해석학적 학문은 '의미이해'라는 큰 목표 아래 "전래된 자기 이해의 틀 속에서 행위자가 가능한 합의에 도달하는 것을 지향"한다는 방법을 통해, 즉 '상호주관적 의사소통'을 지향하는 "실천적인 인식 관심(das praktische Erkenntnisinteresse)"[109]이 주도하는 지식의 형태를 지닌다고 하버마스는 주장한다.

이러한 전제에 터 하여 교정학 탐구 안에서 '철학적 측면'[110]은 교정 인문 탐구가 연구해야 할 대상인 동시에 교정학 연구에 있어서 실증주의를 지양하는 새로운 방법적 범주로 등장하게 될 것이다. 또한 교정학 탐구 안에서 철학적 측면에 대한 조명 작업은 '교정철학'의 특징을 지닌 교정학에의 새로운 정체성을 지니게 할 수 있을 것이다.

이러한 교정학의 철학적 측면의 탐구 배경을 바탕으로 교정 인문 연구의 정체성을 정립할 수 있는 연구 성과를 4가지 영역으로 분류하여 다음과 같은 주제로 압축·정리할 수 있다.

가) 교정학 안에서 교정 인문 연구의 역할과 탐구 범주
나) 교정 인문 연구의 시선 속에서 본 윤리의 문제
다) 역사와 문화 안에서 교정 인문 연구 읽기
라) 민영교도소와 공공성의 문제

다음 절은 위에서 제시된 가) – 라)로 분류된 소제목 하의 각각의 연구 성과들을 살펴보면서 그 평가를 시도해 보기로 한다.

(2) 철학적 탐구 측면에서 본 교정 인문 연구(Ⅱ): 성과 및 평가

가) 교정학 안에서 교정 인문 연구의 역할과 탐구 범주

본 저술 집필의 틀을 형성하는 데에 가장 큰 기여는 조극훈의 「교정학의 학적 체계 정립 연구」(2014)와 필자와 이백철이 공동 집필한 「인문 교정을 탐구하는 '방법'에 대한 논의 – '철학적 관점'을 중심으로」

(2015) 등 2편의 논문이다. 후자의 논문은 앞서 제3장 제2절 '교정 인문 연구의 탐구 방법'을 서술하는 데에 핵심 내용으로 활용되었으므로, 여기서는 주요한 연구 성과의 대상으로 언급하지 않을 것이다. 다만 그 연구가 본서의 총체적인 저술 방향과 윤곽을 담고 있었다는 사실만을 밝힌다.

그 연구와 유사한 의도를 지니고 있으며, 교정 인문 연구의 활동이 하나의 학문 체계나 혹은 담론의 형태로 나아가기 위한 포괄적이면서도 전략적 구상을 제시한 연구는 언급된 조극훈의 「교정학의 학적 체계 정립 연구」(2014)이다. 그 논문에서 조극훈은 2007년 이후 2014년까지 축적된 선행연구들을 정리하면서, 현재 시점까지의 연구 축적 및 미래 연구 방향을 제시하고 있다. 그는 '(사)아시아교정포럼'의 결성 이후의 활동을 결산하면서 『교정 담론』에 기고된 연구들을 통한 성과를 평가하고 교정 인문 연구가 집중해서 나가야 할 길을 다음과 같이 밝히고 있다: 첫째, 교정 인문 연구는 다양한 여러 "철학 이외 다른 인문과학과 접속하거나 확장"[111]을 꾀하여야 한다. 둘째, 교정 인문 연구의 "사법적 토대를 제공할 수 있는 형사 사법이론을 정립하는 일"이 필요한 데, 이 시도가 필요한 이유는 "인문교정학을 정립하는 데 사용될 수 있는 실질적인"[112] 과제가 되기 때문이다. 셋째, 교정학과 인문학의 접속, 혹은 교정학에의 인문학 접근의 정당화 작업은 지금까지 막연한 "평화주의나 영성의 차원에서 다소 감성적인 접근"을 했지만, "진선미성이라는 인간의 다양한 면모"[113]를 지닌 연구로 적극적으로 드러나야 한다. 철학적 관점에서 말하자면, "인식론, 도덕론, 미론, 종교론이라는 다차원적 접근"[114]이 요청된다는 것이다.

조극훈은 또한 '교정학과 인문학의 접목 시도'의 의미를 두 가지의 차원에서 제시한다. 첫째는 "인문학은 교정학의 해석과 방법의 역할을 한다"[115]라는 것이다. 둘째는 "교정학의 배경으로서 인문학의 역할을 강조한다"[116]라는 것이다. 즉 "사회공학적인 계산과 엄밀성"을 지닌 "사회과학적 방법론을 배제"하기보다는 인문학을 "정책 결정에서 최대한 활용"할 수 있으며, "그(정책 결정) 배경으로서 교정학의 근거 역할"[117]을 담지할 수 있다고 주장한다.

필자의 관점에서 보기에는 조극훈의 첫 번째 주장의 문제는 교정학 탐구 안에서 인문학의 기능 및 역할을 너무 지나치게 포괄적 범주로 사용한다는 점이다. 필자가 보건데 '인문학이 교정학의 해석과 방법의 역할'을 하는 것이 아니라, 인문학은 교정학 탐구 안에서 인문학적 측면을 다룬다는 것이다. 이미 필자가 제2장 제2절에서 밝혔듯이 교정학에의 인문학의 접근이란 교정학에 이미 내재해 있는 인문학적 요소와 접맥이 되든지 혹은 접속이 되는 것이지 '전체 교정학 탐구에 간여하는 것은 아니다'라는 것이다. 두 번째의 주장 역시 문제가 있어 보인다. 교정학 탐구의 정향된 방향이 사회과학적 방법이고 그 기초는 폭넓은 의미로 '실증주의'에 놓여 있다고 한다면, 철학을 위시한 인문학은 실증주의 사회과학 방법론의 이론적 정당화 작업에 기여할 수 있다. 물론 정당화가 항상 그 방법론에 대한 긍정적 접근을 말하는 것은 아니다. 말하자면 정당화에 대한 논의 과정을 통해 그 이론의 성격, 활용 가능성과 사용 범위의 한정 여부 등을 비판적으로 검토할 수 있다는 것이다. 조극훈이 언급한 '정책 결정'에 인문학의 간여가 있을 수는 있지만, 그것은 오히려 지엽적인 문제이고 어쩌면 정책 결정자의 개인적 의지(의도 혹은 취향)에 달린 문제라고도 할 수 있을 것이다.

이러한 전제로 조극훈이 제시한 '교정학과 인문학의 접목 시도'는 필자에 의해 재구성되어 다음과 같이 제시될 수 있다.

첫 번째 주장:

1. 교정학 탐구영역 안에서 인문학은 교정학에 내재한 인문학적 요소들을 연구 대상으로 삼는다.

1-1. 교정학의 내재한 인문학적 요소는 드러나 있거나, 드러나지 않은 부분이 있다.

1-2. 교정 인문 연구 안에서는 인문학적 요소 중 드러나 있는 부분에 대한 분석(분류작업, 인과관계 규명작업, 비교작업 등)을 통하여 수정 · 보충의 과정을 거쳐 재해석 및 재구성의 작업이 가능하다.

1-2-1. 예를 들면 교정심리, 교정교화 교육, 교정 상담, 교정역사 등을 대상으로 삼을 수 있다.

1-3. 교정 인문 연구 안에서는 인문학적 요소가 드러나 있지 않은 부분을 드러내고, 그것을 대상으로 삼아 그 이론적 계발이 가능하다.

1-3-1. "인간과 사회에 대한 근원적인 성찰"(종교철학), "사회정의의 문제에 대한 분석"(사회철학), "도덕성의 문제"(도덕철학, 혹은 윤리학), "인간 삶의 서사 및 역사"(문학 및 역사학) 등의 매개로 교정학과의 이론적 접속이 가능하다.[118]

두 번째 주장:

2. 교정학 탐구영역 안에서 인문학은 교정학의 주 연구 방법인 실증

주의를 과학론이나 과학사의 관점에서 그 근거를 드러낸다.

2-1. 교정학의 이론적 기초이자 방법론인 실증주의를 이론적 정당화의 차원에서 검토한다(과학철학 및 과학사의 관점이 활용).

2-2. 실증주의의 관점에서 응용된 현재의 교정학 연구 방법론에 대한 비판적 검토를 통해 그 극복의 방향을 모색한다(과학철학 및 과학사의 관점이 활용).

2-3. 교정 실제에서의 정책 결정 방향에 대한 문제를 검토 대상으로 분류하고, 인문학의 차원에서 논의의 주제로 삼는다(예를 들면, 법무부로부터 교정조직의 독립 문제 등).

이어서 조극훈은 교정 인문 연구가 "새로운 교정 담론을 창출"하고 또한 "학문적 체계를 세우기 위한 기초 작업"[119]으로 '이념적 측면', '방법적 측면', 그리고 '실천적 측면'에서 "인문학과 교정학의 접목 가능성"[120]을 비교적 상세히 설명한다. 여기서 그는 '가능성'을 교정학 안에서 인문학이 어떻게 작용해야 하는, 즉 활용되어야 하는 '전략적 가능성'으로 제시하면서, 결과를 통한 기여의 효과 측면 또한 기술하고 있다. 특히 조극훈은 교정 인문 연구 안에서 인문학의 실천적 측면을 강조하면서 '교정 현장의 수용자 및 교정 관련 직원' 모두에게 활용될 수 있는 '콘텐츠 개발'을 제안한다: "인문학이 추상적인 사변에 그치는 것이 아니라 교정 현장에서 힘을 발휘하기 위해서는" (…) "문학, 역사, 철학과 같은 인문학적 콘텐츠를 교정 현장과 접목한 현장 지향적이면서도 인문학적 상상력을 기를 수 있는 프로그램의 개발이 요구된다."[121]

그러한 방향에서의 연구는 실제로 조극훈 자신의 후속 작업으로

「인문 교정프로그램의 개발과 의의」(2015)에서 드러났다. 조극훈은 교도소 내 수용자를 대상으로 '인문교정 프로그램' 개발을 시도하면서 그 '이론적 배경'을 제시하고, 12차시로 진행되는 수용자 처우 프로그램의 실제 모델을 제작하여 그 평가를 시도하였다. 그는 교정 인문 프로그램의 이론적 배경을 다음과 같은 소제목 하에서 기술하면서 '인문교정 프로그램의 이해와 의의를 해명하고 있다[122]: "행형철학적 접근: 응보주의 형벌론에 대한 반성", "유기적이며 총체적인 인간론", "선과 악에 대한 존재론적 접근", "논리적 접근: 생각하는 인간과 비판적 시민의식 형성", "시간과 공간에 대한 인문학적 접근", "회복적 관점: 상호관계 능력 회복과 지역사회의 역할" 등. 그 프로그램의 구성은 12개의 주제[123]로 강의가 개설되어 있으며, 각 강의는 90분 정도가 소요되는 분량이며, 그 수행의 목표는 무엇보다 먼저 "수형자의 자기인식과 성공적인 사회 복귀를 위한 마음의 준비"를 하는 것, 둘째로 "사회공동체 시민의식을 재고"하는 것, 셋째로 "미래 희망을 통해서 과거의 절망과 고통을 치유"[124]하는 것에 그 주안점을 둔다는 것이다. 본 논문의 내용으로 미루어 볼 때 이 프로그램의 전체가 실제로 시행된 적은 없었던 것 같다. 그러므로 사용 효과에 대한 피드백을 정확히 받을 수는 없지만, 결과적 측면에서 보자면 조극훈이 언급했듯이 교정 인문 프로그램에 대한 무엇보다 먼저 "인식의 전환"[125]이 필요할 것으로 사료된다. 즉 "수형자는 수형자 이전에 하나의 인간 존재라는 관점"을 인식하는 "관점의 획기적 변화"가 필요하며 이러한 프로그램을 통한 "교정교육의 문제는 결국 인간이란 무엇인가의 인문학적 문제임을 상기"[126]시키는 것임을 수용자 및 교정 관계자들에게 인지시키는 일이 중요하다는 점이다.

어쨌든 교도소 내 교정교화 과정 안에서 인문학에 대한 관심 증대는 대체로 커졌다고 볼 수 있다. 그러한 현상은 교정 당국에서 2006년 기존의 수형자 대상 정신교육을 인성교육으로 변경하여 교정교육 전반을 재편하는 계기에서도 나타났고,[127] 2016년 소년재판에서 인문학을 통한 교정이 '인문 치료'라는 이름으로 보호관찰 기간 내 수강명령으로 내려진 사례[128]에서도 확인할 수도 있다. 그런데도 '전국 수형자 대상 인성교육 프로그램'에서 진행된 주제 중에 직접 인문학이 대상이 된 경우는 매우 적은 것으로 확인된다.

민선홍과 한선아의 공동 연구 「수형자 대상 인성교육 프로그램의 국내 연구 동향」(2019)에서 2000년부터 2018년 5월까지 진행된 '전국 수형자 대상 인성교육 프로그램' 안에서 살펴본 동향은 다음과 같다.[129]: 원예치료 10건(25%), 미술치료 8건(20%), 치료 레크리에이션 2건(5%), 음악치료 7건(17.5%), 문학치료 3건(7.5%), 심리상담(현실치료, 인지치료) 3건(7.5%), 애견치료 1건(2.5%), 사진치료 1건(2.5%), 영화치료 2건(5%), 예술치료(무용, 알아차림) 2건(5%), 서예치료 1건(2.5%).

예술과 관련된 교육 및 치유를 인문학에 관련된 과목으로 간주한다면, 상당히 높은 비율로 계상할 수는 있지만, 인문학 자체가 차지하는 비율은 현재 상태에서는 아직 미미하다고 볼 수 있다.

인문학을 통한 이러한 교정프로그램 개발에 대한 전망은 교정 인문의 연구 영역 및 역할의 확대 및 심화의 문제와 맞물려 있다. 조극훈의 논문 「인문학의 확장과 변용: 교정인문학의 방향과 전망」(2017)은 인문학의 시각에서 '확장과 변용'이라는 관점을 통해 교정 인문의 발전 전략을 논의하고 있다. 그는 (사)아시아교정포럼의 활동의 약사(略史)를 기술하고[130], 교정 인문 연구가 수행해야 할 방향과 전망을 모색하고 있다. 조극훈은 학회가 앞으로 개선할 문제와 지속적으로 진행해야 할 아젠다를 다음과 같이 지적하고 있다[131]: "교정 담론 관련 학술용어 통일과 교정인문학의 정립"[132], "인문교정 교육 프로그램의 체계화", "인문교정 도서목록 작성"[133], "연구자의 다양성 확대", "투고 논문의 인문학적 문제의식 공유", "학술대회의 내실화와 다양한 형태의 학술모임 강구", "연구 성과물 발간과 공유 확산", "재원 마련을 위한 방안 마련" 등.

조극훈은 "교정학의 인문학적 접근을 통해서 다양한 교정 담론을 창출함으로써 교정행정 및 처우에 있어 인문학의 필요성을 환기한 것은 (사)아시아교정포럼의 가장 중요한 성과"였고, 교정 인문 연구의 활동은 '교정학' 연구 영역에, 그리고 '교정 기관'에 "이론적 실천적 기여"를 통하여 "그 성과가 구체적으로 나타났다"[134]라고 평가한다.

필자가 볼 때 평가라는 것은 '안'의 주관적 관점에서 부여하는 것이 아니라 '밖'의 평가와 더불어 존재해야 하기 때문에 조극훈의 자체 평가가 객관성을 보장받기 위해서는 그것에 대해 관련 주제 연구자들의 조금 더 심도 있는 논의와 검토가 필요하다고 사료된다.

나) 교정 인문 연구의 시선 속에서 본 윤리의 문제

러셀(B. Russell)은 응보에 해당하는 '도덕적 분노'를 통한 범죄자에 대한 보복적 처벌은 결코 정당화될 수 없다고 단언한다. 그렇지만 세상엔 범죄의 처벌이 존재할 수밖에 없다는 것이다. 즉 죄의 대가로 고통이 수반되어야 한다는 것이다. 현대사회에서는 대체로 자유의 한정과 더불어 자유 박탈이 재소자가 받아야 하는 고통에 상응한다. 그리고 갇혀 있는 채로 사회복귀를 목표로 교정교화의 교육을 받는다. 전통적인 시각에서 본다면 벌로 인해 고통을 받는 것은 너무나 당연한 일이지만, 현재의 교도소 밖 사람들이 보면 약간 다르게 생각할 수도 있다. 먹여주고 재워주고 교육까지 받는 감방의 자유가 더 좋은 것이 아닐까? 그래서 러셀은 '그 안의 자유가 더 즐거운 것이면 안 된다'라는 주장을 편다. 그렇다고 러셀은 재소자를 조금 더 괴롭혀서 지금 현재 있는 자유의 양과 질을 덜어 내자는 것이 아니고, 교도소 '밖에 있는 자유를 좀 더 즐거운 것으로 만들면 된다'라는 것이다.[135]

러셀의 말은 범죄의 예방에는 도움이 될 수는 있어도 현실로 돌아와서 보면 별 소득이 없는 듯이 보인다. 교도소는 역시 교도소일 뿐이고, 그곳에서는 여전히 감시가 있어야 하고, 규율이 존재할 수밖에 없다. 그렇지만 감시의 규율을 수행하기 위해서는 일정한 윤리의식이 수반되어야 한다. 이러한 윤리의식은 특히 교도관이 지녀야 하는 규정 안에서 작동되어야 하는 필수 덕목이 되겠지만, 수용자들 자체 역시 교도관의 계호 시선 안에 존재하는 객체적 존재만은 아니다.

박연규의 저서 『교정윤리』(2017)는 '몸에 대한 관계 윤리적 접근'을 통해, 비록 감시되고는 있지만 교도소의 밖의 사람들이 재소자를 대면하고 인지하는 새로운 관점을 제시하고 있다. 박연규는 '재소자의 몸'을 레비나스(E. Levinas)의 타자 철학 시각에서 그 특징을 특히 교도관과의 관계 안에서 논의하고 있다. 말하자면 몸을 매개로 하여 타자와의 관계(즉 교도관과 수용자)의 '본래 의미'를 복원하자는 것이 이 저서 안에 들어있는 핵심의 주장이다. 저자는 레비나스의 근본적인 의도를 원용하면서 타인의 "육체를 가짐으로써 내 것으로 하고자 하는 욕망이나 소유욕"뿐만 아니라 "타인의 의식을 억압하고 강요해서 내 것으로 가져오는 행위"조차도 "모두 타인을 잘못 이해한 탓"[136]이라고 전제한다. 더 나아가 그러한 몸 담론을 재소자뿐만 아니라 '교도관의 몸'에까지 적용한다. 즉 "인간다움은 사람과 사람 사이의 올바른 관계를 설정"한다는 것이며, "인간다움의 실현도 예의의 몸을 만들기 위한 조건"[137]이라는 전제로 교도소를 '교정공동체'로 상정하며 '교도관의 몸'에 대하여 다음과 같이 박연규는 주장한다: "교도관의 몸은 재소자들과 관계적 몸으로 거듭나야 하고, 자신의 몸이 그들과 관계적 몸이 되는 과정에서 존중의 덕목도 만들어지는 것이다."[138]

더 나아가 박연규는 자신의 선행연구들 ─「교정윤리의 인간 관계적 접근: '교정윤리'의 규정과 윤리 도구 생성과정 ─ 미국의 사례를 중심으로」(2008), 「교정윤리의 인간 관계적 접근: 교정윤리 논의와 해결의 한 사례: 마이어스를 중심으로」(2010), 「교정윤리의 인간 관계적 접근: 교정윤리 강령의 이론적 기초와 체제」(2011), 「교정에서의 윤리원칙과 윤리적 의사결정 모임 ─ 상담과 사회복지 모형과의 비교를 중심으로」(2014) ─ 을 염두를 두고 교도관의 자율성과 책임의 관계를 규명하면서, '교정윤리 강령' 제시를 시도한다. 이러한 교정윤리 강령이 필요한 까닭은 "교정행정의 혁신에 이바지할 수 있을 뿐만 아니라 다른 인접 관련 기관의 윤리규정에도 긍정적인 파급 효과를 가져올 것을 기대"[139]하기 때문이라고 그는 주장한다. 이러한 강령이 주는 구체적 효과를 박연규는 "① 민주화 추세에 걸맞은 한국적 교정의 정체성 제시, ② 교정행정의 전문성 확보 및 인권문제의 구체적 실행 근거 마련, ③ 교정 공무원과 재소자의 인간적이고 윤리적인 관계설정 제시, ④ 재소자의 재사회화와 교정의 진정성 및 완결성 강화 등에 일조"[140]할 수 있다는 점을 밝히고 있다.

박연규의 저서 『교정윤리』는 교정 인문 연구가 지향하는 목표에 잘 들어맞는 규격과 폭을 지니고 있고, 메타이론 안의 '몸'이라는 해석의 매개 개념을 십분 활용했다는 점에서 매우 높게 평가할 수 있을 것이다. 박연규의 저작은 교정 인문 연구 범주 안에서는 최초의 단독 저서로서 앞으로의 교정 인문 연구가 어떠한 방향으로 나가야 할 것인가를 잘 시사해 주고 있다고 하겠다. 아쉬운 것은 윤리학 혹은 도덕 철학적 관점은 논의를 위해 설정되어야 하는 주요한 저자의 눈높이인데, 자신이 관점으로 차용한 개념에 대한 정위(定位)를 너무 선언적으로 전제하고 있다는 점이다. 말하자면 자신이 제시한 윤리학적 관점이 철학사적 어떤 위치에서, 어떠한 발상의 배경으로 등장했고, 더 나아가 개념사적으로 어떤 변화의 과정을 지니고 있었는지를 밝히는 데에는 조금 부진해 보인다는 것이다. 교정 인문의 방법론적 차원에서 지적해 본다면 본 저서는 조금 더 역사적 맥락화를 강화했어야 한다는 점을 필자는 지적하고 싶다. 그런데도 박연규의 저서에서 주목할 점은 앞에서 언급한 '민주화 추세에 걸맞은 한국적 교정의 정체성 제시'라는 항목 중 '한국적'이라는 수사어이다. '한국적'이라는 수사는 간혹 보편이 아닌 보수주의적 사고로의 회귀를 뜻할 수도 있다. 그러나 보편이라는 것을 서양의 잣대로만 보지 말고 '지금의 현 상황을 지양해야 한다'라는 차원에서 생각해본다면 박연규가 언급한 '한국적'이라는 의미를 적확하게 이해할 수 있을 것이다.

이러한 문제에 직접 연계해서 전석환의 논문 「교정 공무원의 기능적 역할과 법적 지위에 대한 문제 - 막스 베버(Max Weber)의 '관료주의적 합리성' 개념에 대한 비판적 담론을 중심으로」(2011) - 는 한국의 교정 공무원들은 "한국의 전통의식을 전제한 근로 환경에 서구적 합리성의 무차별적 적용에서 비롯되는 부조화 현상"[141]을 지니고 있다는 주제로 쓰인 거시적 관점에서의 연구이다. 전석환은 노동 현장에서의 합리성의 근본적 패러다임을 '막스 베버(M. Weber)의 관료주의적 합리성 개념'으로 전제하고 현재 상태의 '한국 교정 공무원의 역할 및 법적 지위에 대한 비판적 고찰'을 시도한다. 그는 대안적 제안을 두 가지의 차원 - 서구적 관점과 동양적 관점 - 에서 제시하면서, '한국적'이라는 수사의 구체적 실체를 찾아야 한다며 다음과 같이 주장한다.[142]: 무엇보다 먼저 한 국가의 "정치철학은 이념 실천을 매개로 사회정책과 상보적인 관계에 있다." 그러므로 "그러한 이념에 대한 구체적 실천은 사회와의 연관에서 생각되어야 한다." 또한 "이론의 실천화 과정(praxis), 즉 개인의 사고, 판단, 결정(을 포함한), 실제적 실천의 장에서 이루어지는 결과가 과연 사회적 차원에서의 기여로 이어질 수 있는가"를 구상의 전제 조건으로 상정해야 할 것이다. 전석환의 논문은 비록 교정학 연구 안에서 거시적 관점의 고찰에 머물고 있지만, 좋은 질문거리를 던지고 있다.

그것은 앞에서 제시된 '사회적 차원에서의 기여'가 되기 위한 '서구적 관점과 동양적 관점'을 모두 넘어서서 암암리에 전제된 '최상위의 가치 덕목은 과연 무엇일까?'라는 물음이다. 필자가 볼 때 그것에 '사회적 차원'이라는 눈높이가 전제되어 있다면 그 가치의 기준은 '정의(justice)'의 문제로 결국 귀결될 수밖에 없다고 생각한다. 필자가 보건데 교정 인문의 시선에서 바로 그것은 '회복적 정의'라는 실천개념에 상응될 것이다.

이러한 '회복적 정의' 개념을 중심으로 박연규의 논문 「교정에서 회복적 정의의 관계윤리: 콜슨, 제어, 레비나스를 중심으로」(2016)는 '회복적 사법'에 의거한 교정의 '정의'를 '관계윤리'라는 매개를 통해 쓰인 연구이다. 박연규는 찰스 콜슨(Ch. Colson)의 『사람과 공동체를 회복시키는 정의』와 하워드 제어(H. Zehr)의 『회복적 정의란 무엇인가』와 『회복적 정의 실현을 위한 사법의 이념과 실천』, 그리고 레비나스를 중심으로 '교정에 있어서의 정의(justice) 문제'를 개괄적으로 다루고 있다. 그는 콜슨이 주장하는 "타인에 대한 무한한 지속성"[143]을 지니고 있는 "책임은 도덕적 책임"에 다름이 아니라고 설명한다. 그래서 콜슨이 우려하는 부분이 바로 "회복적 정의에서의 책임이 형사사법의 수준의 책임으로 돌아가는 것"[144]이라고 밝히고 있다. 그러나 이러한 책임을 통한 콜슨이 제시하는 윤리적 구조는 "어떤 면에서는" "회복 정의의 핵심을 말하고 있다"라고 평가할 수 있지만, 콜슨의 단점은 궁극적으로 "기독교적 원죄에 근거한 회복"[145]에 놓여 있다는 점에서 한계가 있다고 박연규는 지적한다. 그에 반해 하워드 제어는 "책임이 작동하는 영역이 가해자 – 피해자의 관계에서 뿐만 아니라 피해가 발생한 공동체까지를 회복의 영역"[146]으로 끌어들였다는 사실에 큰 의미가 있다고 박연규는 주장한다. 더 나아가 제어는 회복적 정의에서 상식처럼 등장하는 '공동체'라는 용어가 추상적인, 즉 "정체불명의 집단성"으로 묘사되는 것이 아니라, "공동체의 규모나 성격이 '사안별', 그리고 '소규모'라는 식으로"[147] 아주 구체적으로 나타난다고 그는 밝히고 있다. 그러한 근본적인 관점의 변화 원인은 콜슨과 레비나스까지를 포함해서 모든 논자들이 "정의의 물음을 피해자라는 개인에게서 출발"[148]시키고 있기 때문이라고 박연규는 설명한다. 그의 이러한 설명은 대체로 그다음 해 출판된 『교정윤리』 제2부 3장에서 다시 반복되고, 한쪽으로 치우쳐질 수 있는 정의의 실천을 "관계윤리 확장의 연속선상"[149] 쪽에서 찾아야 한다는 것으로 제시된다.

전석환의 논문 「인문 교정의 탐구 대상으로 본 정의(正義)」(2015) 역시 정의의 문제를 회복적 관점에서 제어와 콜슨을 대상으로 논의하고 있다. 전석환은 두 사람의 연구 관점을 '인문 교정 안에서 정의(justice) 개념의 탐구 모델'의 유형으로 보면서 그 공유점과 상이점을 비교하면서, 교정 인문 연구 안에서의 후속 논제를 찾고 있다. 그는 기독교적 가치와 같은 '형이상학적 규범성' 부여 여부에 따라 두 연구자의 유형을 "메타이론적 관점"[150]과 "새로운 규범의 정초를 위한 철학적 관점"[151]으로 분리하고 그로부터 후속의 연구 주제들이 도출될 수 있음을 제시하고 있다. 전석환은 전자를 하워드 제어의 '회복적 정의'에 대한 논의 모델에서, 후자를 찰스 콜슨의 논의 모델에서 각각 찾고 있다. 필자는 특히 두 관점의 틀을 수용하고 확대 및 심화 작업을 통해 본서 제3장 2절 '교정 인문 연구의 탐구 방법'에서 활용하였다. 박연규의 연구와 전석환의 연구는 최소 교정 인문 연구가 어떠한 형태로 이루어져야 하는가에 대한 구체적인 모델을 보여주지는 못했지만, 윤리적 시선이라는 매개 개념이 교정 인문 연구에서 어떻게 활용되고, 또 그 의미가 어떻게 맥락화 되는가를 보여줬다는 점에서 큰 의의가 있다고 필자는 평가한다.

'교정 인문의 시선 속 윤리의 문제'는 총체적인 교정 인문 연구 안에서 매우 중요한 주제이고 대상이라고 사료된다. 교정 인문 연구가 담론의 형태로 나아가고 학(學)의 구축을 형성하기 위해서는 연구 방법의 패러다임을 구상하는 작업이 필요하지만, 그에 앞서 연구 방향에 내재할 윤리적 규범을 명확히 제시하는 것이 중요하기 때문이다. 박연규의 저서 『교정윤리』의 서평 말미에서 조극훈의 말대로 "교정인문학의 분야는 인문학의 블루오션이면서 교정학의 발전을 위해서 더 많은 폭넓은 연구가 지속되어야 할 분야"[152]이다. 그렇게 되기 위해서는 우선 다양한 연구 방향을 지시할 수 있는 매개 개념들이 계발되어야 하고 그것들을 맥락화하는 정밀한 작업들이 후속의 연구로 많이 등장해야 할 것이다.

다) 역사와 문화 안에서 교정 인문 연구 읽기

역사는 문화 없이는 서술되거나 이해될 수 없다. 문화 역시 역사 없이는 성립되지 않는다. 이 둘의 관계는 상호 호환적 관계로 설명될 수 있다. '철학적 탐구 측면' 안에서 다) 항을 역사와 문화로 같이 엮는 것은 이러한 이유 때문이다. 교정의 역사적 전개에 대한 짧은 소개는 단행본으로 출판된 다양한 '교정학 개론서'에서도 많이 소개되어 있다. 여기서 필자는 주로 2007-2020년 사이 『교정 담론』에 게재된 교정 관련 역사와 문화에 연관된 연구들을 소개하고 살펴보면서 그 평가를 시도할 것이다.

유교 분화의 바탕에서 조선 시대의 법제사 및 법철학을 주제로 다룬 정봉길의 연구논문 「조선 시대 법전을 통해 본 행형의 인본주의적 성격」(2014)은 법치주의의 전통을 '근대 - 전(前)근대'라는 도식 안에서 보지 않고, 한국의 "법치주의의 근거"를 조선 시대의 "『경국대전』을 비롯한 법전들이 편찬"[153]된 시기로 소급 적용해야 한다고 주장한다. 정봉길은 자신의 논의를 조선 시대 법전 중 '행형'에 초점을 맞추면서, 그 정신은 '유가의 이념'에서 유래하며, 그 실천은 '인본주의 전통'에 따라 수행되었다는 주장을 편다.[154] 정봉길은 "성리학의 인간관"은 "독립된 신적인 존재를 가정하지 않고 인간이 가진 순선(純善)한 본성을 확충하여 그것을 사회에 실현"하려고 했던 점에서 볼 때 "인간 중심의 인본주의적 학문이었고 사상"[155]이라고 덧붙여 설명한다. 그는 '인본주의적 행형 규정'을 "유가의 이상 공옥(空獄)"사상에서 유래한 "사면(赦免)", "보방(保放)", "수속(收贖)"등의 용어들로 소개하면서, 조선 시대가 전근대적 사회임에도 불구하고 행형의 인본주의가 작용했으며, 그러한 적용 사례가 존재했음을 제시하고 있다.[156] 물론 현실에서는 공옥보다는 항상 '체옥(滯獄)'의 문제가 있었지만, 범죄자에 대한 "빠른 판결과 과밀 수용"[157]의 방지를 위한 정책 또한 있었음을 본 논문은 밝히고 있다. 정봉길은 이러한 조선 시대의 인본주의적 행형 전통을 단절하지 말고 지속적인 법 교육 안에서 복원될 것이 필요하며, 이러한 의미에서 특히 "법무연수원 교과목에 가칭 '조선 시대 인본주의 행형사'에 대한 과목이 신설되어야 한다"[158]라고 주장한다.

김성수의 연구논문 「교정과 목민심서」(2008)는 다산의 『목민심서』를 중심으로 조선 시대의 법 개념과 죄형법정주의 등에 대한 내용을 '법 집행과 교정의 측면'에서 고찰하고 있다. 김성수는 다산에 대한 법사상 선행연구들이 『흠흠신서』에 치우쳐 있음을 지양하고, 『목민심서』에 초점을 맞춘 이유가 "구체적인 법 집행과 교정에 대하여도 여러 시사점"[159]을 주기 때문이라는 이유로 밝히고 있다. 그는 『목민심서』에서의 법과 교정에 대한 내용을 소개 해설하고, 특히 "행형에서의 감옥에 대한 인식", "행형에서의 수형자의 기본권", "행형시설"[160]의 소제목 안에서 『목민심서』가 현대 법에 비견해서 별로 손색이 없는 수월성을 지니고 있다고 평가한다. 김성수는 특히 "행형에서 수형자의 인권개선을 위한 그(정약용)의 인식은 오늘날 우리에게 많은 시사점을 주고 있다"라는 점에서 "오늘날 형사법 특히 형사정책(교정학)·범죄 예방·형사소송(민사소송)을 아우르는 논제"에 상응하여 다산의 지침서는 "지금의 법조 실무계에도 시사하는 바가 많다"[161]라고 덧붙인다.

또 다른 다산에 대한 연구인 전광수의 논문 「다산 정약용의 형사사건 처리에 관한 판례연구 - 다산의 법철학적 인식과 법 윤리를 중심으로」(2018)는 '『흠흠신서』 30권 10책 가운데 「상형추의」 15권'의 내용을 중심으로 다산의 '법 사상적 인식'을 다루고 있다. 전광수는 조선 시대의 법체계와 사례별 판례 등을 살펴보면서, "다산의 법인식은 현행법의 체계와 상당 부분 유사한 모습"[162]을 보여주고 있다고 단언한다. 그것은 다산이 "시대에 앞선 법인식"[163]을 지니고 있었으며, "오늘날 형사 사건 처리에 있어 법 윤리적 측면에서 또 다른 판례의 기준"[164]이 될 수 있다고 그는 주장한다. 또한 전광수는 다산의 『흠흠신서』의 의의는 조선의 형벌 제도가 "덕치주의, 관형주의, 감경주의, 흠휼주의의 원칙"에 이미 세워져 있었지만, "당시 목민관들의 형벌처리 과정에서의 무지로 인한 그릇된 판결, 즉 법조문을 오독하거나 악용"[165]하는 폐단을 없애려는 목적에 있었다는 점을 밝히고 있다.

위의 논문들은 조선 시대라는 시간과 공간 속에서 교정과 관련된 문제를 그 당시의 형법의 테두리 안에서 논의하고 있다. 더 나아가 오늘날의 법률 체계와의 암묵적인 비교를 수행하고 있음을 확인할 수 있다. 위의 논문들은 전통 속의 형사사법 혹은 행형법 등이 대체로 오늘날의 현대 교정이념을 대표하는 '회복적 사법' 내지 '회복적 정의'가 이미 반영되었거나 은연중 접근되어있는 것으로 평가하고 있다. 이러한 관점이 틀렸거나 혹은 나쁘다는 것은 결코 아니지만 다른 관점에서의 - 특히 긍정적 관점이 아닌 부정적 관점으로 - 전통에 대한 행형 및 법사상에 대한 연구 역시 요청된다. 교정 인문 연구의 담론 형성 계기는 다양성을 지닌 관점들이 집산되고 개방적으로 논의되는 공간이 되어야 하기 때문이다.

범죄 및 교정과 연관된 개념들을 한국의 역사를 넘어 중국의 전통 철학적 바탕에서 논의한 연구들도 다수 있다. 이송호의 논문 「법가의 사회 질서론에 관한 분석」(2015)은 교정이론과는 거리가 조금 멀지만, 교정 이전의 범죄 예방, 그리고 범죄와 사회 질서의 문제를 법을 매개 개념으로 차용하여 다루고 있다. 이송호는 선행연구들을 예시하고, 자신의 논의는 "법가들이 주장하는 사회질서관"이 무엇인가를 찾고, "법가들이 왜 그러한 사회질서관을 주창"[166]했는가의 고찰을 통해 그 근거 해명에 초점을 맞추는 것이라고 밝히고 있다. 그는 주로 『한비자』와 『상군서』에 나타난 법가사상을 대상으로 논의를 전개한다.[167] 이송호는 법가의 공헌을 '무질서의 극복, 시스템에 의한 질서 수립, 법 제정과 적용의 원칙의 확립, 군주권의 한계 설정'[168] 등에 돌리고, 그 안에 배태한 문제점 역시 지적하고 있다. 문제점은 '지나친 국가의 규제와 가혹한 형벌의 정당화, 도덕교육의 부정, 군주의 권력 남용과 백성의 반발 가능성에 대한 대비 부재'[169] 등이 있었다는 사실을 이송호는 지적하고 있다. 그리고 그는 법가에 대한 논의의 결과로 오늘날 상고할 긍정적 · 부정적 시사점을 제시한다. 교정 인문 연구와 관련되어 법가사상을 통해 논의될 부분은 엄격한 법의 집행, 즉 "형량(刑量)의 가중으로 범죄를 예방하지" 못하고, 더 나아가 "인간의 심성 교정(心性 矯正)을 배제한 사회질서관은 다양한 보복범죄를 초래"[170]할 뿐이라는 주장을 그는 개진한다. 이송호는 법가의 질서관은 현대의 시점일지라도 '치안 당국과 교정 당국'에 "다툼과 범죄"를 막는데 있어서, "(…) 상황변화에 적합한 전략의 필요성, 거버넌스의 중요성, 공직자의 사심 없는 자세의 중요성 등을 일깨워 주고 있다"[171]라고 주장한다.

또한 유가적 측면에서 쓴 신성수 논문 「주역철학(周易哲學)의 관점에서 본 인문 교정(人文矯正)」(2016)은 "교정학의 인문학적 의미를 조명"[172]하고 있다. 논문의 제목에서 이미 드러나 있듯이 교정 인문 연구의 이상적 모델에 매우 근접하고 있는 연구라고 할 수 있다. 신성수는 자신이 이해하는 '교정학의 인문학적 관점의 조명'은 '이론 – 교육 – 실제(교정 실무)'를 대상으로 이루어진다고 전제한다. 그것은 첫째로 "학문적 체계화를 위한 목적으로 연구하는 유형", 둘째로 "교정교화와 재사회화를 위한 인문교육의 활성화를 중심으로 논의하는 유형", 셋째로 "인문교육의 목적을 달성하기 위하여 교정 기관의 기능과 역할에 관하여 논의하는 유형"으로 성립될 수 있다고 설명하면서 '자신의 본 연구는 첫 번째의 유형에 속한다'라고 명시한다.[173] 그는 교정학 자체가 "인문학적 토대가 바탕"이 되어 있는 까닭은 교정학이 비록 "형사 관계법의 한 분과"로 분류될 수는 있지만, "교정학의 실질적 목적은 '수형자의 교정교화와 건전한 사회 복귀를 이념"[174]으로 파악되기 때문이라고 주장한다. 또한 동양의 오래된 고전인 주역에 있어서 "상징과 비유는 인간의 상상력을 확대하는 문학적·철학적 성격"[175]을 지니고 있다고 해석한다. 이러한 성격은 교정의 이념 및 교정 인문 연구의 지향점 – 즉 "재소자에게는 엄격한 법 해석과 이에 따른 엄벌이 필요한 것이 아니라 인간으로서의 회복과 사회로의 복귀라는 교정교화의 대원칙이 우선"[176]이라는 점 – 에 수렴하고, 그에 따라 공유점도 가질 수 있다고 설명한다. 신성수는 이러한 대표적인 개념을 주역 안 '건괘(乾卦) 문언전'의 "대화(大和)를 보전하고 합한다(保合大和)"[177]라는 개념으로 제시한다. 다시 말해서 공자가 의도했던 '소인의 동이불화(同而不和)'와 대비되는 '군자의 화이부동(和而不同)'의 관점에서 현대적 교정의 의미 역시 '포용'이라는 뜻을 통해 이해할 수 있다는 점을 밝힌다. 그래서 신성수는 "사회의 안녕과 질서 및 화합을 도모하기 위해서는 모든 구성원들이 차별과 배척보다는 조화와 화합"[178]의 시점에서 현재의 교정 인문 연구와 동양의 오래된 사유와의 교유가 가능하다는 점을 역설한다. 신성수의 논문은 경험적 데이터로부터 일반화를 도출하는 것 대신 역(易)의 논리를 통해 교정의 의미를 바라보았다는 전제로 매우 독특한 교정 인문 연구의 한 측면을 계발했다고 평가할 수 있다. 또한 신성수의 논문은 교정의 문제를 형이상학적 대상으로 간주하지만, 관념성에 빠지지 않게 하면서 교정과 인문 그리고 전통사상을 무리 없이 해명하고 설득력 있는 논리로 설명하고 있다.

유가에 대항해서 '반주자적 입장'의 중국 명(明)나라의 왕양명(王陽明) 사상을 교정과 연관해서 발표한 연구도 있다. 김우성과 김영희가 공동으로 집필한「왕양명의 '지행합일론(知行合一論)'이 교정 상담에 갖는 함의」(2015)는 왕양명의 주요 저서인 '전습록(傳習錄)'을 중심으로 '교정 상담'의 문제를 다루고 있다. 본 논문은 명시적으로 현대의 교정 상담의 "근거와 철학"[179]의 배경을 왕양명의 '지행합일론(知行合一論)'에서 찾고 있다. 두 집필자는 '지행합일'의 의미를 고증하면서, "치지(致知)"는 유가에서 해석하듯이 "지식을 넓히다"가 아니라, "내 마음의 양지(良知)를 다한다"라는 뜻이며, 그런 의미는 바로 "교정 상담에서 본연의 자기를 실현하고자 하는 '자기 밝힘'의 실천과 일맥상통"[180]한다고 밝히고 있다. 김우성과 김영희는 왕양명의 '전습록 하권'에서 지행합일의 이치를 "성의에 대한 기본적인 접근방식"으로 전제하고, 상담 과정에서 실제로 적용될 수 있는 "몸의 움직임" - "숨 쉼과 앉음, 서 있음과 걸음, 말함과 누움"[181] - 을 각각 열거하고 구체적인 수련의 방식을 제시한다. 또한 두 집필자는 왕양명의 '심즉리(心卽理)'의 의미를 교정과 연계시켜 '죄를 만드는 환경을 만드는 사람, 그 환경 때문에 죄를 짓는 사람, 그 죄를 검사하고 판결하는 사람, 죄를 지은 사람을 가두고 교정하는 사람이 있는 세상에서 일어나는 일의 공통점은 모두 사람의 일'[182]이라는 것이다. '이때 사람은 지식의 관념으로 차별되거나 분별되지 아니하고 천리에 순응하고 본연의 마음인 양지에 다하고자 하는 성의'[183]를 지녀야 한다는 것이다. 이러한 바탕에 기초하여 "지행합일론이 교정 상담에 끼치는 함의"는 "지극한 정성으로 성의의 뜻을 공유하며 나눌 때 본래의 본성인 양지가 스스로 천리의 행을 이룬다"[184]라는 해석으로 두 집필자는 압축 정리한다. 결국 이러한 함의는 "상담은 상담자의 마음으로 내담자의 마음을 치료하는 과정"[185]의 지점에서 서로 만날 수 있다고 그들은 주장한다. 김우성과 김영희의 논문은 측정과 통계의 도구 대신 동양고전의 바탕에서 교정 상담의 문제를 연역의 논리로 풀어내고 있다. 대체로 이러한 연구는 동양고전에 대한 심도 있는 이해와 더불어 현대 심리학적 지식이 결합해야 수행될 수 있는데, 두 연구자는 무난하게 두 측면을 잘 연결하여 자신들 논의의 결론을 명료하게 도출한 것으로 사료된다. 두 연구자의 논지가 조금 더 설득력을 지니게 되려면 경험·분석적 과학을 원용한 심리학적 근거와 왕양명의 사상을 비교하는 작업이 첨가되었어야 한다고 필자는 생각한다.

대체로 앞의 논문들은 법제사나 법철학 혹은 철학 사상을 매개로 교정 및 범죄에 대한 논의를 했다면, 이준호와 이상임의 공동 논문 두 편 「중세 말에서 근대까지 유럽에서 범죄 발생의 기후적 배경 – '부랑자 법과 교정'을 중심으로」(2016) 와 「조선 시대 기상이변에 따른 재해 발생과 공옥(空獄) 사상의 교정적 의미 고찰」(2017) 은 자연적 환경 중 중요한 요소의 하나인, 즉 기후라는 조건을 매개로 설정하여 '범죄와 교정 관계의 문제'로 접근한다. 물론 두 논문 모두 '유럽 중세'와 '조선 시대'라는 역사적 시점을 배경으로 하고 있지만, 여기서 지적된 중요한 사실은 자연적 변화 현상이 범죄와 관련된 사회적 변이의 원인이 된다는 관점이다.

첫 번째 논문 「중세 말에서 근대까지 유럽에서 범죄 발생의 기후적 배경 – '부랑자 법과 교정'을 중심으로」(2016)에서 두 집필자는 '기후 결정론'에 근거하여 유럽의 중세 말과 근대의 극심한 기후변화와 더불어 갑자기 급증한 범죄 발생의 인과관계에 대한 해명을 시도한다: '13-15세기의 극심한 한랭화', '16-17세기의 전 지구적 한랭기인 소빙기

기후', '18-19세기의 불규칙한 온난화와 함께 나타난 한랭기후'라는 기상이변은 흉작과 더불어 기근과 질병으로 이어지게 되었다는 것이다. 결과로 실업과 빈곤의 증대는 새로운 일자리를 찾아 헤매는 '부랑자'들이 유럽 전역에 속출하게 되었으며, 영국을 비롯한 각 나라는 법안을 급조하여 "가난한 여행자는 모두 위험한 범죄자"[186]로 간주하여 처벌하는 것을 마다하지 않았다는 것이다. 14세기 잉글랜드에서는 부랑자들의 '부랑'이라는 태도를 "게으름"[187]으로 보고 그것을 또한 범죄로 규정하고 있었다고 한다. 심지어 1530년 헨리 8세는 "늙어서 일을 할 수 없는 자"만이 "거지면허(beggar's license)"를 발급받을 수 있고, 거리에서의 구걸 행위를 하는 "건강한 부랑자는 태형으로 벌하고 투옥할 것을 명했다"[188]라는 기록도 있다고 한다.

「중세 말에서 근대까지 유럽에서 범죄 발생의 기후적 배경 - '부랑자 법과 교정'을 중심으로」(2016)에서 중요한 지점은 '부랑자 법'과 '노동력의 확보'라는 관계의 인과성이다. 본 논문은 런던과 암스테르담의 16세기 "징치장(懲治場)"이 점차로 "노동을 통해 범죄자를 교정한다"[189]라는 취지의 형사정책으로 변환을 하게 되었음을 밝히고 있다. 그리고 그러한 형벌 제도는 17세기 전반 도처의 유럽 전역에 퍼지게 되었다는 것이다. 대체로 이러한 흐름 - '기상재해 → 흉작 → 부랑자 등장 → 강력 제재 형사법 시행 → 노동을 통한 교정교화' - 의 결과를 이준호와 이상임은 다음과 같이 규정한다: "근대 유럽에서 부랑자를 대상으로 한 이러한 시설은 범죄자의 성격이나 태도 및 행동에 변화를 주어 바람직하지 않은 행위에 사회방위능력을 신장시켰고 범죄자의 복지와 행복을 증진함으로써 교정의 기본 목적에 부합했다고 판단된다."[190]

이는 상당히 해석이 분분할 수 있는 주장이라고 할 수 있다. 똑같은 자료를 보고도 정반대의 견해를 도출할 수도 있다. 이 지점에서 푸코와 같은 철학자는 극대비되는 결론을 도출했을 것이다. 그러나 역사와 문화를 평가하는 눈높이는 각기 다르다. 아니 달라야만 한다. 이준호와 이상임의 논문에서 동원된 적지 않은 자료들의 타당성과 한계를 필자의 능력으로는 비판적으로 검토할 수는 없다. 그렇지만 논문 속의 논의 과정은 대체로 논리적 치밀성을 지니고 있고, 데이터 해석의 객관성을 유지하고 있다고 사료된다. 그런데도 두 집필자는 후속의 연구가 지속될 수 있다면, 더 정확한 결과를 도출하기 위해 "중세와 근대의 기상기후와 범죄 관련성에 관한 정량적 분석"[191]을 시도해 보겠다고 밝히고 있다. 더불어 그러한 도출 결과를 바탕으로 해서 "당시 형벌체제의 '형벌'과 '교정'이 갖는 범죄에 대한 '사회방위능력'의 실효성을 평가하는 것이 필요"[192]하다고 언급한다. 앞으로의 교정 인문 연구를 위해 계속해서 계발되어야 할 매우 좋은 주제가 되리라고 필자는 생각한다.

그러나 필자가 볼 때 본 논문의 후속 연구는 두 집필자가 언급하는 방향과 더불어 다른 연구자들에 의해 '또 다른 관점'을 지닌 연구가 더 필요하리라고 생각된다. 왜냐하면 교정 인문의 담론 형성을 위해서는 교정 개념을 축으로 하여 '문화적 혹은 역사적 맥락화'가 중요하고, 그러한 결과가 '다시 재맥락화가 된 연구의 재생산'이 요청되기 때문이다.

이준호와 이상임의 또 다른 논문 「조선 시대 기상이변에 따른 재해 발생과 공옥(空獄) 사상의 교정적 의미 고찰」(2017)은 조선 시대를 배경으로 기상변화에 따른 사회 변모의 현상을 범죄와 교정을 관련하여 다루고 있다. 두 집필자의 연구에서는 논문의 부제에서도 이미 보이듯이

1392-1900년 사이에서 발생했던 많은 기상이변 중 1670-1671년 기간의 '경신 대기근' 사례를 중심으로 특히 "'교정(이념)'으로서의 '공옥(사상)'이 당시 범죄자 사면에 어떻게 적용"[193]되었는지를 고찰한다. 두 집필자는 첫째로 조선 시대 교정이념으로서의 공옥을 정의하고[194], 실록 및 선행 연구자료 등을 참조하여 "경신년(庚申年) 기상이변 및 재해의 유형과 규모"[195]를 고찰하고, 이러한 재해가 '대기근'으로 이어지면서 사회의 불안, 즉 당시에 발생했던 "반인륜적 범죄"[196]를 실록을 통해 소개하고 있다. 그리고 많은 범죄자가 공옥의 이념에 따라 사면되었음을 실록을 통해 확인시키고 있다.[197] 이러한 논의를 통해 역사의 결과론적 관점에서 두 집필자는 "조선 사회는 17세기 위기 속 사회, 경제, 기술적 한계가 명백하게 있었음에도 불구하고 유교의 이념이 형정(刑政)에서 잘 구현되도록 하면서 당시 사회가 직면한 위기를 효과적으로 극복할 수 있었다"[198]라고 기술하고 있다.

이러한 두 집필자의 견해 역시 많은 해석의 논란에 빠질 수 있는 여지가 있다. 반드시 그런 견해가 '맞다' 혹은 '틀렸다'라는 말이 아니라, 역사 해석은 역사관의 문제이기 때문이다. 물론 역사관이라는 것이 '절대적인 것이 아닌 상대적이어야 한다'라는 전제로 볼 때 다양한 견해를 지닌 연구들 역시 기대할 수 있을 것이다. 더불어 '연구에 있어서의 다양한 견해'가 아닌 '연구 영역의 확대 및 심화' 또한 필요하다.

교정 인문 연구 안에서는 아직 교정 개념을 매개로 하여 통사적으로 서술된 연구가 절대로 부족한 상황이다. 그러나 교정학의 인문학적 기초에 직접 산입시키는 어렵지만 교정학 탐구 안에서 어느 특정한 주제를 다루는 과정 안에서 짧게 역사적 개괄을 시도하는 경우는 가끔 있었다.

　김안식의 박사학위 논문 『수형자의 종교 활동 및 성향이 정신건강과 수용 생활적응에 미치는 영향』(2009)은 "수형자 종교 활동의 연혁과 발전"[199]을 기술한 제2장 제1절에서 유럽, 미국, 한국 등을 사례로 들면서 교도소 내 교정교화의 일환으로 종교 도입 및 발전사를 기술하고 있다. 이 부분은 교도소 내 종교를 다루는 '이론적 고찰'의 도입부에서 간략하게 요점 정리의 차원에서 서술되었다. 또한 이영희의 연구 「개별처우 효과성 향상을 위한 분류심사 활용 방안: 교정심리검사를 중심으로」(2010)에서는 '교정 처우'에 대한 주제로 논문을 서술하는 과정에서 '수용자 분류'의 역사적 발전사를 개괄하고 있다. 유럽의 암스테르담으로부터 시작된 이러한 제도가 한국 교도소에 도입되어 운영되고 있는 실태를 짧지만 비교적 자세하게 언급하고 있다.[200]

　Ishizuka Shinichi의 논문 「교정에서 종교의 역할 – 프로이센 감옥학이 일본의 교회(敎誨)에 미친 영향」(2012)[201]은 일본 교도소 내 교정교화로서의 종교의 도입사를 다루고 있다. Ishizuka는 일본 개화기 '프로이센의 감옥학'의 영향을 중심으로 어떻게 종교가 일본 교도소 내에 자리 잡게 되었는가를 비교적 자세하게 서술하고 있다. 필자는 교정 인문 연구 안에서 한국 아닌 특히 일본의 교도소 역사를 살펴보는 것도 의미가 있다고 생각한다. 일본 치하에서 강제화된 '식민지적 근대화' 속에서 출발한 현재 한국 교도소의 문제를 검토해 볼 수 있는 계기가 될 수도 있기 때문이다. 교정 인문 연구 안에서 적극적으로 수용해서 탐구해야 할 부문임에 틀림이 없다.

　이러한 산발적인 연구들을 넘어서 향후 교정 인문 연구에서는 – 특히 '역사와 문화 안에서 교정 인문 읽기'에서처럼 - 교정의 특정한 한 주제를 지니면서도, 그 주제에 대한 통사적인 탐구를 담고 있을 뿐만 아니라 미시적 부분까지를 섬세하게 보여줄 수 있는 전문적인 교정 관련 역사 연구가 절실히 필요하다고 필자는 생각한다. 여기서는 교정 인문 연구의 메타이론적 관점 중 사실 분석의 결과에 대한 의미화와 텍스트 해석을 통한 맥락화 작업이 적극적으로 활용되어야 할 것이다.

라) 민영교도소와 공공성의 문제

회복적 사법의 이념은 교정의 여러 가지 차원에서 그 실천이 촉발되었고, 또한 기저에 놓인 이론에 대한 철학적 논쟁을 야기시켰다.[202] 그 중에 공적 교정제도의 한계에 관련하여 중요한 문제로 부상된 하나의 문제는 '민영교도소'의 운영에 관한 논의이다. 국내에서 이미 정착되어 운영되고 있으며 현시점에서 볼 때 이 주제는 민영교도소 설립에 대한 이미 지나간 논의들을 살펴보는 자리가 될 것이다. 그렇지만 과거를 돌아보는 것이 현재의 상태를 검토하고 앞으로의 미래 전망의 진단을 가능하게 한다는 의미에서 볼 때 어쨌든 교정학의 철학적 탐구 측면에서 민영교도소의 문제는 빠뜨릴 수 없는 토픽이 될 것이다.

1999년 '민영교도소 설치·운영에 관한 법률'이 제정·공포되고, 민영교도소에 관한 많은 논의들이 있었지만, 이미 그 전에도 민영교도소 문제는 교정학 연구자 및 한국형사정책연구원이나 각 대학의 석·박사의 연구 주제로 등장했었다.[203]

아마도 이러한 등장의 배경은 1990년대 교정의 향방을 전망하고 있는 이윤호의 「90年代 韓國矯正의 展望과 發展方向」이라는 논문에서 이미 잘 나타나 있다: "(…) 90년대의 한국교정은 그 이념으로 범죄자와 사회의 재통합을 그 최고의 목표로 삼고 이의 실현을 위해서는 사법 정의를 실현하는 척도로서의 형벌의 수준을 낮추고 교정에 대한 신비감과 지나친 기대감을 불식함은 물론 (…) 출소자의 갱생복귀를 최대한 도와야 할 것이다."[204]

이윤호의 연구 이후 2000년대는 '사회의 재통합' 혹은 '갱생복귀'의 실천에 대한 연구와 더불어 현실에서 이론이 실제로 구현되는 시기라고 평가할 수 있다. 김무엘의 연구논문 「우리나라 민영교도소의 프로그램과 향후 운영 방향: 아가페 민영교도소 시범 운영 프로그램을 중심으로」(2007)는 2010년 경기도 여주에 개소를 앞둔 한국 최초의 민영교도소 '아가페 민영교도소'[205]의 종합 기본 계획(masterplan)을 상세히 다루고 있다. 김무엘은 민영교도소의 설립의 '추진현황', '수용지 선별', '주요 프로그램' 등을 소개하면서, '시범 운영 교육 방향 및 교육과정'이 무엇인가를 밝히고 있다. 제반 이러한 교정교화 시스템의 구비는 다른 나라에서도 이미 운영 중인 민영교도소 설립취지와 다르지 않다고 김무엘은 설명한다. "수형자의 인권존중과 사회 복귀의 촉진이라는 현대적 형사정책의 기본이념에 따라 종래의 폐쇄적 처우를 완화 내지 보완하는 개방적 처우로 중심이 이동"[206]된다는 사실로부터 유래한다고 한다. 김무엘의 논문은 한국의 민영교도소 설립을 앞둔 시점에서 전반적인 설치 계획 및 추진되고 있는 과정을 상세하게 기술하고 있기 때문에 한국 민영교도소에 대한 일차적인 자료로서 높게 평가할 수 있다. 물론 이와 다르게 민영교도소 설립에 반대하는 견해 또한 없지 않다.

장규원과 윤현석의 연구논문 「민영교도소에 대한 비판적 고찰」(『교정 연구』, 제54호, 2012.)은 한국의 '소망 교도소' 개소 이후 민영교도소 취지에 대한 비판적 관점을 지닌 논의를 개진하고 있다. 그러한 비판적 내용은 민영교도소 설립 및 확충에 찬성하는 견해 중에서도 그 운영의 한계를 지적하는 지점에서도 역시 도출되었다. 황일호의 연구논문 「우리나라에서의 민영교도소의 확대방안」(2010)에서 '민영교도소 운영의 비판점'은 무엇보다 먼저 "민간에 의한 형벌집행의 타당성"[207]여부가 문제시된다는 것이다. 또한 공적인 교도관이 아닌 민간인에 의한 수형자의 관리는 자칫하면 "수형자에 대한 인권침해의 가능성"이 있을 수 있으며, 또한 "재범률의 저하문제"[208]를 확신할 수 없다는 것이다. 그런데도 황일호는 민영교도소의 취지가 확장되고 지속적으로 민영교도소가 확대되어야 할 이유가 회복적 사법 실현의 일환일 뿐만 아니라, 현실적으로 기존의 제도교정의 문제 – "교도소의 과밀화, 교도소 공영화의 실패, 재정부담의 증대"[209] – 를 고려해야 하기 때문이라는 것이다. 또한 황일호는 민간교도소 확대를 위한 재원조달 문제를 '법 개정'을 통해 해결할 것을 주장한다. 즉 "비현실적인 재정지출을 강요하는 현행법으로서는 이 문제의 해결이 불가능하므로 민자고속도로의 재원조달 방식"[210]을 통해 '교도소 설립 확대를 위한 기반을 마련'해야 한다고 주장한다.

민간교도소 존재의 의미는 위에서 언급했듯이, 국가 교정 기관의 공적 활동으로부터 사적인 '교정서비스'로의 변이로 볼 수 있다. 필자가 보기에는 공공성의 문제가 제기될 수 있는 부분이다. 과연 사적인 체제 안에서의 교도 행정 혹은 폭넓은 의미의 교정 활동은 과연 공공성을 유지할 수 있을까?

강길봉과 임안나의 연구논문 「민영교도소의 공공성 탐색」(2014)은 민영교도소 설립에 반대 의사를 지니고 있거나 우려를 표명하는 견해 중 중요한 그 하나는 교도소의 민영화 때문에 '공공성'이 훼손될 수 있다는 주장에 대한 반박의 성격을 띤다. 강길봉과 임안나는 선행연구 검토를 통해 공공성 개념은 "기업성, 경쟁과 이윤추구, 민영성, 민간성"의 특성을 내포하는 "시장의 논리"에 의거하여 "대조적으로 인식"[211]되어 왔다는 점을 밝히고 있다. 즉 공공성 개념을 기준으로 한 기존 교도소 대(對) 민영교도소의 대립적 구조는 결국 민영화 속에서도 교도소가 여전히 공공성의 가치, 즉 '공익'이 지켜질 수 있는가의 문제로 압축될 수 있다는 것이다.

강길봉과 임안나는 공공성의 가치라는 것은 '시간과 공간의 변화에 따라 보편적 공익이라는 이름으로 변화'되어 왔음을 전제로, 민간 주도의 공공적 실천 역시 공익의 가치를 부여받을 수 있다고 주장한다.[212] 강길봉과 임안나는 성현창의 「교정에 있어서의 공공성」(2013)을 자신들 논지의 중요한 근거로 차용하면서 '공공철학의 관점에서 현대 교정의 공공성'은 전통적 응보적 형벌체계가 아닌 오히려 "민의 공공성"에 의거한 "휴머니즘으로 구성"[213]된다는 것이다. 말하자면 공공성과 그것에 의해 성립된 공공세계는 "분석과 기술의 대상뿐만 아니라 규범을 띤 가치 개념"[214]이기 때문에 '인권, 시민적 덕성, 신뢰, 책임, 케어 등의 공공세계를 구성할 수 있는 요소들'[215]을 지니고 있다는 것이다. 강길봉과 임안나의 연구는 무엇보다 먼저 민영교도소 역시 공공성을 지닐 수 있으며, 그래서 교정서비스를 보편적 가치인 공익에 부합되게 제공할 수 있다는 것을 주장한다. 결과적으로 '우리나라의 민영교도소(소망 교도소) 역시 '공익이 지켜져야 한다'라는 공공성의 목표가 당위성으로 전제되어 실천될 수 있음을 천명한다. 그러한 근거로 "민영화와 공공성은 서로 만날 수는 없지만", "고유의 분절성을 가진 동반"[216] 관계를 지니면서 "피해자는 물론 가해자 가족, 정부나 국민, 시민단체의 기대와 요구에 부응"[217]할 수 있다는 것이다.

강길봉과 임안나의 연구에서 문제가 될 수 있는 부분은 민영교도소를 다루는 '공공성의 조작적 개념화'[218]라는 방법의 관점이다. 두 사람의 연구는 공공성이라는 개념에 들어있는 '공익'을 '보편적 가치'[219]로 전제하고 있다면, 그러한 대상을 과연 '조작적 관점'으로 볼 수 있을까 하는 문제이다. 조작화(Operationalisierung) 혹은 조작주의(Operationalismus)는 주지하다시피 사회과학 연구에 있어서 연구 결과의 "경험적 내용을 극대화하기 위해 조금 더 자세함(Präzision)"[220]을 부여하기 위한 방법적 장치라고 할 수 있다. 즉 개념을 좀 더 일반화된 용어를 통해 해석하거나 혹은 한 개념을 명료하게 만드는 활용의 방법을 개발하는 것이라고 할 수 있다. 그 실례로 '지능 개념'과 이것을 이해하기 편하게 만든 '지능 테스트(IQ Test)'의 관계에서도 확인해 볼 수 있을 것이다.

강길봉과 임안나의 연구는 교정학과의 관련을 넘어서 공공철학까지를 논의할 수 있는 유익한 사실과 정보를 많이 담고 있다. 두 연구자의 논문 안에서는 공공성 개념에 연결하여 민영교도소 문제에 대한 매우 방대한 자료를 토대로 객관적으로 서술하면서도 뛰어난 분석과 평가가 곁들여졌다. 그러나 문제는 공익 개념과 그것을 바라보는 관점, 즉 가치 개념을 바라보는 두 연구자들의 시점이다. 그것에 대하여 다음과 같은 질문이 야기될 수 있다고 필자는 본다: '보편적'이라는 기준을 적용한 '가치'의 문제라면 과연 그 대상을 조작화의 차원에서 다룰 수가 있을까?

필자가 볼 때 보편적 차원의 '무엇이 있다'라면, 그것은 상황 논리 안의 '수행적인 과정 개념'이 되어서는 안 된다고 생각한다. 공공성의 '선택적인 공익'이라는 관점은 두 사람의 연구자 스스로가 '공익은 보편적 전제'라는 주장에 모순이 된다고 볼 수 있다. 이러한 주장에 덧붙여 우리가 한번 상고해 볼 점은 교정학을 다루는 사회과학 방법론에 대한 교정 인문 연구의 비판적 관점을 통해 조작화(Operationalisierung) 혹은 조작주의(Operationalismus)에 대한 구체적인 후속의 연구가 필요하다는 사실이다. 그러한 후속의 연구는 경험적 · 분석적 과학의 관점에서의 교정학 탐구가 교정 인문 연구를 통해 역사적 · 해석학적, 혹은 비판적 · 변증법적 과학의 관점에서 재해석되어 새로운 맥락을 확보하는 과제를 담고 있어야 할 것이다.

한국의 민영교도소의 문제와 비교해 볼 수 있는 다른 나라 교도소의 민영화의 운영과 실태를 소개한 연구들도 다수 있다. 황일호의 연구논문 「우리나라에서의 민영교도소의 확대방안」(2010)에서는 '미국'과 '일본' 그리고 '브라질'의 민영교도소를 개략적으로 소개하고 있으며, 박병식의 연구논문 「일본의 민영교도소 도입과 현황에 관한 연구」(2011)는 일본 민영교도소의 설립취지 및 실태를 자세하게 다루고 있다. 또한 조은미는 「독일의 ppp(Public-Private-Partnership) 민영교도소에 관한 연구」(2012)에서는 독일 민영교도소의 특징과 의의를 상술하고 있다.

이러한 각각의 비교 고찰 연구는 다양한 측면의 정보 제공을 통해 우리나라의 민영교도소의 부족한 점을 반성해 볼 수 있는 계기를 제공하지만 그런 연구 안에서 부족해 보이는 점은 민영교도소의 존립 이념을 정당화하는 문제이다. 민영교도소가 회복적 정의 구현의 한 측면의 모습이라면 여전히 우리가 필요로 하는 부분은 그것을 이론적으로 근거 지을 수 있는 타당한 이유를 제시하는 것이다.

조극훈의 연구논문 「헤겔 철학에서 상호인정 담론과 회복적 정의에 나타난 범죄와 형벌의 교정학적 의미」(2019) 안에서는 회복적 정의의 근거를 정당화할 수 있는 이론의 제시를 독일 철학자 헤겔(F. W. Hegel)을 통해 시도한다. 그는 헤겔의 '상호인정 개념' – "자기가 타자가 되고 타자를 부정함으로써 다시 자기가 되는 과정을 통해서 자기와 타자가 둘이 아님을 인식하는 과정"[221] – 안에서 현대의 회복적 정의의 목표 근거를 유비적으로 추론한다. 이러한 추론은 민영교도소의 존립 의미의 근거와도 호환될 수 있을 것이다. 즉 민영교도소의 존립 근거와 유사하게 헤겔의 상호인정이론은 "자기의식이 타자와의 상호관계를 통해서 자유의지를 실현하고 타자 인정을 통해서 공동체를 형성하는 이론과 실천"[222]이기 때문이다. 헤겔의 이론과 회복적 정의를 통한 민영교도소 이념과의 이론적 접속은 다음과 같은 지점에서 조우할 수 있다고 조극훈은 설명한다: "헤겔의 상호인정 이론의 특징인 자기의식의 이중화 개념은 회복적 정의에서 가해자와 피해자의 만남을 통한 공동체의 회복이 성공적인 교정을 위해 왜 중요한지를 말해 주며 동시에 그 조건이 무엇인지를 보여준다."[223]

물론 회복적 사법과 회복적 정의 등의 이론적 근거의 정당화는 헤겔 등을 통한 관념론적 입장에서만 가능한 것은 아니다. 오히려 근대 법학 내지 범죄학의 이론적 바탕을 이루는 경험론적 관점, 특히 벤담과 밀(J.

S. Mill) 등의 공리주의적 담론을 염두에 둔 회복적 사법 및 정의 개념의 이론적 정당화의 시도 또한 설득력을 지니고 있다. 이백철과 조극훈의 연구 「공리주의 형벌론과 파놉티콘」(2018)은 공리주의적 형벌론이 여전히 지배적인 교정 담론으로 자리 잡고 있다고 보면서, 응보주의 형벌론과의 차이점을 '공리성'의 측면에서 밝히고 있다. 그러나 필자가 살펴볼 때 문제는 이백철과 조극훈의 연구는 공리주의의 형벌론을 넓은 의미에서보다는 '회복적 정의나 회복적 교정'의 대척점에서만 고찰하고 있다는 점이다.[224] 응보주의 경향 이후 등장한 공리주의적 형벌론 또한 회복적 사법의 이념에 상당히 기여한 부분 역시 있다는 점을 염두에 둔다면 관점을 달리한 공리주의 형벌론에 대한 연구 역시 필요하다고 사료된다. 교정학 탐구 안에서 교정 인문 연구, 특히 '철학적 측면' 안에서 지속적인 후속 연구가 요청된다. 그러한 방향의 교정 인문 연구의 후속 작업은 패러다임으로 굳어진 지금까지의 교정의 역사를 일단 교정 인문 연구 방법론에 의거하여 무엇보다 먼저 새로운 해석적 눈높이를 통해 재해석하는 시도이어야 할 것이다.

(3) 철학적 탐구 측면에서 본 교정 인문 연구(Ⅲ): 지속적인 개발 및 계발이 필요한 연구의 주제들

① 교도소의 재소자는 항구적인 범죄인이 아니라 일정 기간 동안의 교정을 통해 사회로 복귀하여 교도소 밖의 사람들과 더불어 공존하면서 삶을 이어가야 할 사람들이다. 그러나 국민 다수의 법 감정은 이러한 인도주의적 근거에 대체로 배치(排置)된다. 물론 궁극적으로 살펴볼

때 이러한 국민 다수의 윤리적 가치판단의 근거를 강제로 바꾸도록 강요할 수는 없다. 교정 인문 연구는 사회과학적 탐구의 결과(법률주의, 과학주의, 회복적 사법, 처우의 사회화 등에 기초한 연구)에 상응하여 교도소 밖의 사람들이 올바른 가치판단을 지닐 수 있도록 계몽적 역할을 담지해야 할 것이다. 특히 철학을 위한 다양한 분야의 인문학자들 – "인간에 대한 근본적인 통찰을 요구하는, 그리고 인간의 자유 정신과 정의를 추구하는" – 은 무엇보다 먼저 "전문화되고 분화된 법학자나 법 실무가들"과의 적극적인 "상호교류"를 통해, "인간에 대한 더 깊은 이해와 탐구"[225]에 힘을 기울여야 할 것이다. 교정 인문 연구에서는 이러한 실천을 위한 이론 개발을 후속적 논제의 하나로 부상시켜 논의해야 할 것이다.

② 교정학의 여러 연구 영역에 대한 인문학적 접근 중에서 '교정의 역사' 연구는 한국뿐만 아니라, 세계 각 문화권의 교정역사를 아우르면서 연구되어야 할 주제로 앞서 제시되었다. 이러한 역사 연구에 덧붙여 현 단계의 교정 인문 연구의 관점에서 더 연구되어야 할 논제는 자연과학의 발전 역사에 대응하여 교정역사와의 비교를 수행해야 한다는 것이다. 푸코(M. Foucault) 등의 연구를 통해 서양 감옥에 대한 실증주의적 범죄학 연구가 근대 이후 국가 권력 이데올로기의 하수인으로 작용했다는 주장에서도 보여주고 있듯이, 교정 인문의 측면에서 역사 연구는 자연과학의 발달 양상과 깊은 관련이 있는 것으로 보인다. 현 단계에서 교정 인문 연구는 동·서양사와 한국사에 나타난 감옥과 교정의 역사 외에도 인류학이나 고고학 등의 자료 및 관점을 통해 거시적 차원에서의 연구와 더불어 미시적 차원에서의 자연과학 발달의 영향을

매개로 한 교정의 역사를 재구성하는 것이 요청된다.

③ 논어에서 공자는 법과 도덕 그리고 정치의 관계를 이렇게 정의한다: "송사를 결단함은 나도 남과 같이 하겠으나 반드시 사람들로 하여금 송사함이 없게 하겠다 (『論語』, 「顏淵」, 子曰, 聽訟, 吾猶人也, 必也使無訟乎！)."[226]

오늘날의 눈높이로 살펴보면 공(公)형벌주의에 반(反)하는 법 이해에 대한 정서로 읽힐 수 있는 대목이다. 그러나 현대에 이르러 회복적 사법의 이념은 각 문화권에서 존재했던 전통사회의 공동체적 조정과 화해의 관습으로부터 유래되었다. 그런 전제에서 공자가 언급한 무송(無訟)의 세상, 즉 '예(禮)를 통해 백성이 다스려져 형벌의 다툼이 필요 없는 사회'라는 국가체제의 궁극적 목적에 대한 긍정적인 재해석이 필요하다. 이러한 공자에 대한 재해석 및 재구성은 '한국적 회복적 사법'의 이념과 실천 이론을 끌어낼 가능성을 지니고 있다고 사료된다. 한국적인 탈제도권의 교정 실천 이론은 당연히 이러한 기초 위에서 계발되어야 할 것이다. 공동체 교정의 실천 프로그램의 계발은 교정의 실제에서 비롯된 구체적 사실로부터 문제를 제기하고 가장 합리적인 결론을 도출하는 것은 물론 국민의 일반적인 정의 관념과 법 감정까지를 반영하는 세심한 노력이 요청된다. 이러한 탐구영역에서는 인문학 가운데 동양철학을 전공하는 전문가와 교정학 전문가와 법철학자의 공동 연구가 바람직할 것이다.

④ 주변부 위치에 존재하는 사회적 소수자들을 포함한 교도소 내 수

형자의 '상징폭력'[227]에 대한 교정 인문적 관심이 필요하다. 상징폭력은 가시적, 혹은 물리적 폭력이 아니지만, 교도소 내 재소자의 '처우의 사회화'의 관점에서 '사회접근주의' 연구[228]의 일환으로 초점을 맞출 수 있다. 즉 재소자의 '섹스권의 보장'과 '흡연권의 보장' 등의 문제들[229]을 이러한 연구 범주 안에서 다룰 수 있도록 교정 인문 연구는 인문학적 관점(특히 심리학이나 교육학적 이론들이 활용된 관점)을 사회과학적 측면의 교정학 연구에 적극적으로 접속시키는 시도를 확대시켜야 할 것이다.

⑤ 다원주의적 관점에서 역사관(Geschichtsauffassung/concept of history)은 다양할수록 좋은 것이기 때문에 어떤 특정한 관점으로 역사를 본다는 것은 단지 연구자의 선택의 문제이다. 즉 과거의 역사를 바라보는 눈높이는 각각의 연구자마다 다를 수 있다. 마찬가지로 교정 인문 연구에 기초한 담론의 형성을 위해서라면 긍정적 관점의 역사와 전통 이해도 필요하지만, 반대의 견해에 선 연구 역시 필요하다. 왜냐하면 담론 형성의 조건은 다양한 입장의 주장들을 모두 수용하면서, 자유로운 논의가 이루어지는 공간이 전제되어야 하기 때문이다. 코젤렉(R. Koselleck)은 하나의 개념을 파악하기 위해서는 언어의 '사전적 의미'를 훨씬 넘어서 '텍스트 전체의 문맥, 저자와 독자의 상황, 그 시대의 정치 사회적 상황, 그 당대의 언어 관행 및 용법뿐만 아니라, 그 사회의 정치 경제적 구조까지를 이해'[230]하여야 한다고 주장한다. 교정 인문 연구 안에서 교성 개념을 매개로 하면서 미시적 차원의 문화와 역사를 보는 다양한 시각의 계발이 절실하게 요청된다.

'교정실천'의 관점과
교정 인문 연구

(1) 실천적 탐구 측면에서 본 교정 인문 연구(I):
이론화 시도의 토대

슐라이어마허(F. Schleiermacher)는 이론과 실천의 긴장 관계를 교육학 탐구 안에서 매우 중요한 문제로 보았다. 즉 교육이론은 "주어져 있는 일정한 사실적 토대들에 교육의 관념적 원리를 적용했을 뿐이기 때문에"[231] "보편타당한 이론이 있을 수 있다는 것은 불가능하다는 관점으로 다시 회귀할 수밖에 없다"[232]라는 점을 주장한다. 그런데도 교육 실천을 위해 최소한의 이론이 필요하며, 그러한 이론 정립의 정당성은 '교육적 책임'을 자각하는 것으로부터 시작되어야 한다는 사실을 환기시킨다. 그렇게 환기된 교육적 책임은 "도덕적인 것에 관한 통찰로부터 기인"하며, "그 통찰은 교육학이 그것을 위해 주어지는 그런 특정한 전체적 삶 속에서 개별적으로 또한 일반적으로 바로 지금 존재하는 바 그대로의 통찰"[233]이라고 슐라이어마허는 설명한다. 슐라이어마허가 주장하는 '바로 지금 존재하는 통찰'이란 이론과 실천의 긴장 관계 안에서 실천이 이론의 우위를 점하면서 현실 안에서 실천이 실천답게 작용할 수 있게 되는 계기를 만든다는 것이다. 이러한 도덕적 통찰을 통한 교육적 책임의 구현은 교육학에서와 마찬가지로 교정 인문 탐구를 통해 교정학의 실천적 측면을 아우를 수 있을 것이다.

개인적 차원에서 교정의 구현은 심리학적 범주 안에서 '용서'라는 개념으로 접근할 수 있다. 용서란 영어 'forgive'라는 용어에서도 드러나듯이 '포기하다(give up)'라는 말과 관련이 있다. 즉 용서라는 말은 "분노나 복수심, 또는 보상받으려는 감정을 포기해야 한다는 의미를 내포"[234]한다. 더 구체적으로 이 용서라는 용어를 교정 연구의 범주에 접근시킨다면 "용서는 가해자와 피해자의 개입된 두 사람 간의 관계이자 피해자가 자신과 가해자의 위치를 바꿀 수 있는 방식으로 이해"[235]될 수도 있다. 그러나 이러한 개인 심리학적 관점에서의 용서는 실제의 실천 차원에서는 큰 한계가 있다. 과연 개인적 차원의 용서가 제도적으로 작동되는 사회적 삶 안에서도 그대로 실천될 수 있을까? 물론 그러한 물음에 대한 답은 상식적으로도 '노(No)'라는 부정적 반응으로 나타날 수밖에 없을 것이다. 이러한 한계 때문에 국가 주도의 제도적 교정은 이론적이거나 실제적 차원에서 그 존립의 정당성을 대부분의 사람들은 인정할 수밖에 없다.

교정 시스템의 이념적 역사는 '응보(보복이나 복수)의 단계', '위하(억제)의 단계', '교육적 개선의 단계', '과학적 처우의 단계', '사회적 권리보장의 단계'로 발전되어 왔다고 본다.[236] 물론 이러한 단계별의 구분법은 너무 도식적이지만, 문제는 하나의 단계로부터 또 다른 더 높은 단계로의 지양된 것은 아니라는 점에 놓여 있다. 여전히 현존의 교정 개념이나, 교정제도의 운영 속에서는 단선적인 발전으로 결코 볼 수 없는 여러 단계의 특성들이 더불어 섞여 있음을 부정할 수 없다.

그러나 1970년 중반 이후 가해(자)와 피해(자)의 관계를 응보의 관점을 넘어서 해결하려는 '회복적 사법(Restorative Justice)'의 등장은 지금까지의 교정 패러다임을 바꾸는 큰 변혁의 지침을 마련했다고 평가할 수 있다. 회복적 사법의 등장 의의는 가해자에 대한 처벌이 아닌 피해자와의 화해와 조정을 통하여 교정의 새로운 지향점을 마련했다는 점에 있다. 즉 회복적 사법의 구체적 실천 목적은 지금까지의 국가 주도의 제도적 교정의 방식을 무엇보다 먼저 "피해자, 가해자, 지역사회 간의 관계로 전환"[237]하였다는 것에 들어있다. 즉 "소외되었던 피해자의 지위를 회복"시키고, 또한 "실질적으로 보상받을 공식적 여지를 조성"하며, 더불어 "가해자의 사회 내 재결합을 촉진한다"[238]라는 측면에서 회복적 사법 자체에 커다란 의미가 부여될 수 있었던 것이다.

이러한 전제를 바탕으로 교정학의 실천적 측면은 교정의 '제도적 프로그램'을 넘어 가족을 포함한 공동체, 혹은 사회 공익 단체와의 제휴를 통해 교정실천의 영역을 확대·심화하는 계기를 맞이하게 되던 것이다. 회복적 사법의 이념을 담고 공식적으로 처음 등장한 선례는 1976년 캐나다에서 설립된 '피해자-가해자 화해 프로그램(victim-offender mediation)'이다. 이러한 선례의 영향으로 그 이후 미국을 비롯한 유럽 전역에 걸쳐 약 1,000여 개의 프로그램이 운영 실시되고 있다.[239]

회복적 사법의 이념 및 응용 프로그램은 확산 추세에 있을 뿐만 아니라, "새로운 활로를 모색해야 하는 기존의 사법체계에 새롭고 유용한 아이디어를 제공"[240]했다고 평가할 수 있다. 중요한 사실은 회복적 사법의 이념적 틀은 "범죄 산업만을 육성시킨다고 비난을 받는 구금 위주의 형벌정책에 대하여 대안적 형벌 패러다임"[241]을 제시했다는 점에 있다. 회복적 사법에 의거한 교정의 실천적 측면은 무엇보다 먼저 교정의 성격을 "정책적 효과(Policy Effects)"에 의존했던 것으로부터 "치유의 효과(Treatment Effect)"[242]를 거둘 수 있는 목표로 그 패러다임을 변화시켰다는 점에 들어있다. 그러나 아직 회복적 사법은 전통적 교정이론과 같이 정교한 체계를 지니고 있지도 않고 정치한 이론이 마련된 것도 아니다. 그래서 회복적 사법은 "이상적이고 도덕적인 정의를 추구하는 실험단계이고 창의를 요하는 연구 분야"이며, 그러한 전제로 "형벌체제에 대한 체계적 대안으로 발전하기 위해서는 그 철학과 이론에 대한 계속적인 탐구가 필요"[243]하다.

바로 이 지점에서 교정학의 실천적 탐구 측면의 교정 인문 연구가 무엇을, 어떻게 연구해야 하는가에 대한 역할이 드러나게 된다. 교정학은 "실무와 이론의 연계가 강한 실용학문"[244]이며, 그런 까닭에 실무자의 관점에서 본다면 "학자들의 연구와 주장을 '학자들의 추상적이고 이상적인(ideal) 언술'로 매도"[245]할 수도 있다. 그러므로 교정학 탐구의 실천적 측면 안에서 교정 인문의 연구는 일차적으로 "현장에서 실질적으로 적용될 수 있는 실용적 논의"[246]에 접근되어야 한다. 그런 전제로 교정 인문의 연구는 교정의 '교도소 밖의 탈제도권'에서 형성된 새로운 실천의 이론을 소개할 뿐만 아니라 이론과 실천의 긴장 관계 안에서 실천 우위의 이론 범주를 명확히 한정하는 작업에 적극적으로 조력할 수 있을 것이다. 이러한 연관은 '인식을 관심'에 기초한 하버마스의 과학론의 담론 안에서 조명될 수 있다.

하버마스는 앞 절에서 제시된 '상호주관적 의사소통'을 지향하는 '실천적인 인식 관심'을 넘어선 경계에서 "자기반성(Selbstreflexion)"을 추동력으로 한 "해방적 인식 관심(das emanzipatorische Erkenntnisinteresse)"[247]의 개념을 도출한다. 그는 "억압된 대화의 역사적 흔적"을 재구성하는 계기에서 비로소 "인식과 관심은 일치"[248]된다고 역설하면서 "지배(Herrschaft)"[249]로부터 '자유를 향한 해방'의 전망을 피력한다. 여기서 하버마스는 해방적 인식 관심을 지향하는 '비판적 학문'의 인식 구성조건을 '기술적 인식 관심'에서 노정되는 '자연주의적 환원', 혹은 '상호소통적 인식 관심'에서 비롯될 '역사주의적 상대화'를 초극한 지점에서 설정한다. 즉 하버마스에 있어 진정한 '자기반성'을 통한 해방에의 관심은 자연의 기술적 지배와 더불어 전통과 제도에 순응할 수 있는 '경험적·분석적 과학'과 '역사적·해석학적 과학'이 지향하는 관심을 지양(止揚)하는 특성이 있다. 이러한 특성을 하버마스는 '비판적·변증법적 과학(kritisch-dialektische Wissenschaft)'[250]이라는 학문적 틀로 제시한다. 물론 하버마스의 해방적 관심이라는 개념은 비이성적 반정초주의 입장의 극단적 해체주의와는 근본적인 차이가 있다. 그렇지만 실천이라는 매개 개념을 통해 본다면 '비판적·변증법적 과학적 관점'은 해체주의의 입장을 느슨한 상응 관계로 포함시킬 수 있다. 실천에 대한 생각은 결코 '결정론적 패러다임'을 통해서 나오는 것이 아니라 '컨텍스트가 전제된 열린 텍스트'로부터 도출되어야 하기 때문이다. 이러한 전제를 바탕으로 교정 인문 연구의 자기 이해를 '교정실천'의 차원에서 규정하는 일은 교정학에 대한 인문학적 접근의 제일 중요한 자기 정체성을 명시적으로 드러내는 작업이기 때문에 교정의 실제에서 발생하는 다양다기한 사실과 그 사실에 내재한 맥락을 폭넓게 수용하는 관점을 견지한다.

필자는 여기서 교정실천을 5가지의 구체적인 관점에서 나누어 보면서, 그에 따른 각각의 연구 주제를 다음과 같이 제시한다.

가) 재구성, 혹은 해체의 관점 안에서 본 교정 인문 연구

나) 회복적 사법의 이념과 역사

다) 회복적 사법의 실천: 실천 이론 개발 및 적용 사례

라) 교도소 안의 교정 · 교화 교육의 실천: 인문 교양과 예술

마) 종교를 통한 교정 · 교화 및 사형제도의 문제

다음 절에서는 위에서 제시된 가), 나), 다), 라), 마) 소제목 안에 나타난 각각의 연구 성과들을 살펴보면서 그 평가를 시도해 보기로 한다.

(2) 실천적 탐구 측면에서 본 교정 인문 연구(Ⅱ): 성과 및 평가

가) 재구성, 혹은 해체의 관점 안에서 본 교정 인문 연구

이백철의 논문 「'철학적 범죄학'의 정착을 위한 시론: 교정학의 지향

점」(2008)은 현대 범죄학의 종착점을 '포스트모던 범죄학'으로 보면서, 역사적 각 단계에서 드러난 '선과 악 관념과 연관된 범죄 개념의 정의'를 개관하고 도래할 범죄학의 미래 전망을 진단하고 있다. 먼저 이백철은 고대로부터 현대로 진입 이전까지의 철학에서 나타난 선과 악 관념과 연관된 범죄 개념의 정의를 다음과 같이 기술하고 있다:[251] '고대철학에서의 범죄' 문제는 플라톤(Platon)을 통해 논의된다. 플라톤은 철저한 이성주의에 입각하여 악은 '무지'와 '선의 결핍'으로부터 오며, 그러한 무지와 선의 결핍이 바로 '범죄의 원인'이 된다고 주장한다. 그리고 '중세철학에서의 범죄'는 '신에 대한 도전으로 간주'되어, 인간의 죄를 무지보다는 '인간의 연약함' 혹은 '이성보다는 믿음의 부족'으로 이해되었다. 또한 근세 이후 '계몽주의 시대의 범죄에 대한 담론'은 특히 벤담(J. Bentham) 중심의 '공리주의'에 의해 이끌어졌으며, 선과 악 그리고 범죄와 형벌의 문제는 '예상되는 고통과 쾌락'의 '합리적 계산' 결과를 통해 이해되었다. 즉 선악과 범죄의 상관관계는 '최소의 고통과 최대의 쾌락'의 구조 안에서 파악되었다.

'현대 범죄학'은 롬부로조(C. Lombroso)를 위시한 생물학이나 생리학 전공자들에 의해 주도된 실증주의의 기반으로부터 기원하며, 그 의의는 "사색적인 통찰력을 기반으로 한 철학적 패러다임을 탈피하여 과학적 경험주의적 패러다임"[252]으로의 변환을 지시한다고 이백철은 설명하고 있다. 이어서 실증주의적 기류에 반한 후기 현대의 범죄학을 "포스트모던 범죄학"이라고 한다면, 그것은 "현대 범죄학에 대한 철학적 저항"[253]이라고 그는 주장한다. 주지하다시피 포스트모더니즘은 "모더니디에 대한 수많은 기본적인 가정들에 대해 보다 다중적이고 정교한 시도"[254]를 통해서 "절대적 혹은 유형화된 지식을 거부하고, 상대주의적 입장"[255]을 취한다. 이러한 입장은 결국 지금까지 전통적 의미 안에서 수용했던 죄와 벌, 선과 악 등의 기본적 가치에 대한 재검토를 요청하는 환경이 조성될 수밖에 없음을 이백철은 밝힌다. 그러한 근거에서 그는 이러한 범죄학의 지형 변화에 상응하여 '교정 정의(definition)'에 대한 새로운 관점 도입이 필요하다는 점을 다음과 같이 역설한다: 첫째, "범법자는 모두 처벌받고 고쳐져야 할 '나쁜 사람'이고 그 밖의 모든 사람은 고쳐질 필요가 없는 '좋은 사람'이라는 왜곡된 가정"[256]을 수정해야 한다. 둘째, "공간적 개념으로서 '좋은 사람 vs 나쁜 사람'으로의 이분법적 구분이 연속선상의 통합적 개념으로 전환"[257]되어야 한다. 이러한 전제로 이백철은 "기존 교정학의 전제와 실천적 규범이 더 이상 현실적으로 정당화되지 않는다는 비판"이 당연히 야기될 수밖에 없음을 해명하고, "새로운 패러다임으로의 변증법적 논리 형성과정"[258]이 필요함을 역설한다.

이백철은 이러한 범죄학의 관점 전환을 위한 전략으로 교정학과 "인문학적 사유와의 연계시도"[259]를 제안하면서, "철학적 사유, 영성적 추구, 예술적 가치의 지향"[260]이 그 목표로 설정될 수 있음을 주장한다.

이러한 주장은 이백철과 전석환의 공동 논문 「'철학적 범죄학'의 연구 범주와 그 탐구 지평에 대한 소고(小考)」(2009)에서 다시 한번 자세하게 논의되고 검토된다. 이백철과 전석환은 "철학적 범죄학 탐구의 지평 설정"의 첫 단계로 무엇보다 먼저 "실증주의에 대한 비판"[261]을 수행한다. 두 연구자는 그러한 실증주의에 대한 비판적 담론을 세 가지의 차원 – '정신 과학적 측면, 비판 이론적 측면, 포스트모더니즘의 측면'

- 에서 설정하면서, 각각의 철학적 기반에 놓여 있는 근거를 활용하여 '왜 현대의 범죄학이 철학적 범죄학으로의 전회(轉回)'가 필요한지를 비교적 자세하게 밝히고 있다.[262] 이백철과 전석환은 이러한 전제를 바탕으로 철학적 범죄학의 탐구 지평은, 즉 철학적 범죄학이 전개되어야 할 탐구영역으로 이미 전술한 '철학적 사유', '영성적 추구', '예술적 가치'의 지향을 제시하면서, 그 핵심의 구체적 내용이 무엇인가에 대해 논의한다.[263] 결론적으로 두 논문 집필자는 '철학적 범죄학'의 방향과 그러한 실천의 요청은 일반 제 학문 탐구의 기류에서도 읽힐 수 있듯이 "역사적 및 구조적 맥락에서 개인을 이해하는 사고 구조구축의 필요성에 대한 시사"이며, "'사회학적 혹은 범죄학적 상상력' 발현의 필요성과 그 맥"[264]이 통할 수 있다고 주장한다. 그런 결과로 철학적 범죄학이라는 용어는 "우리의 현재적 경험을 이해하고 미래 가치를 지향하는 범죄학 탐구의 한 방향으로 제안"[265]될 수 있다고 이백철과 전석환은 덧붙인다. 두 논문은 교정학에의 인문학적 접근 시도가 앞으로의 연구를 통해 도달해야 할 목표 및 진행되어야 할 구체적 연구 과정이 무엇인가를 보여줄 수 있는 틀을 제시했다는 점에서 중요한 의미를 갖는다고 필자는 평가한다. 그러나 그 두 연구에서는 교정 인문 연구들이 지녀야 할 탐구의 규범성을 아직 규정하지 못했다는 관점에서 볼 때 미완적 시론에 머물고 있다고 평가할 수 있을 것이다. 다시 말해서 두 논문 모두는 지금까지의 교정학에 대한 인문학적 접근 시도에서 나타났던 연구들에 대한 완전한 재구성 혹은 해체를 통한 재해석에는 아직 도달하지 못한 것으로 평가할 수 있다는 것이다. 특히 현재의 교정학 연구 안에서 '철학적 사유', '영성적 추구', '예술적 가치'를 지향하자는 돌올

한 주장은 두 연구자의 선언적 발언의 수준에 머물고 있다. 그래서 자신들의 주장에 대한 논증의 절차가 너무 단순해 보이며, 심지어는 허술해 보이기조차 하다. 그러나 기존의 교정학 연구로부터 인문학적 접근을 통한 탐구 방향의 변환 계기를 과감하게 제시했다는 점에서 볼 때 나름대로 의미가 있다고 사료된다. 두 논문 모두는 전통적 교정이론 극복 내지 초극을 주장하고는 있지만, 자신들의 주장을 실천하기 위해서라면 각자의 주장을 구현하기 위한 해체적 사유에서 비롯되는 여러 측면의 매개 개념을 적극적으로 제시했어야 한다. 교정 인문 연구 안에서 이러한 주제의 후속 작업이 가능하다면, 철학과 정신분석학 그리고 언어학, 혹은 포스트 구조주의 등에서 등장한 다양한 개념들을 차용한 맥락화의 작업이 필요해 보인다.

상기 논문들에서 '철학적 범죄학'이 서술의 주제였다면 '포스트모더니즘', 혹은 '재구성 및 해체'라는 개념들은 그러한 서술을 매개하는 개념적 장치였다고 할 수 있다. 그 '장치'의 바탕이자 기초는 무엇보다 먼저 '감옥에 대한 담론'을 주도한 미셸 푸코(M. Foucault)의 사상에서 일차적으로 찾아질 수 있을 것이다. 이러한 맥락에서 이규현의 연구논문 「미셸 푸코와 교정의 만남: 『감시와 처벌』을 중심으로」(2007)는 푸코의 '감옥 혹은 감금 권력'에 대한 생각을 '교정 인문의 연구답게' 자세하게 해설하고 있다. 이규현은 푸코가 『감시와 처벌』에서 교정의 문제가 "직접 문제 되지도, 전면에 내세워져 있지도 않다"라고 단언하면서, 그러한 이유는 "푸코가 감옥에서 진정한 의미의 교정을 실천한다는 것이 불가능한 일임을 시사"[266]하고 있기 때문이라고 주장한다. 그러한 의미에서 푸코의 감옥 담론은 '교도소 – 교정'이라는 현재의 구도 안에서 교정이 어떠한 방식으로 이루어져야 하는가에 대하여 "섣부른 대안이나 해결책을 제시하지 않"[267]았다고 이규현은 설명한다. 그러나 재소자에 대한 교정이 사회의 "포기할 수 없는 권리이자 의무"라면, "적어도 최악을 피하는데 이바지 할" 수 있는 교정의 "그 효과적인 방법의 진지한 모색"[268]에 동인(動因)을 부여했다는 점에서는 푸코의 문제 제기에 큰 의의가 들어있다고 그는 부언한다. 이규현은 푸코의 감옥에 대한 비판적 담론이 이론적 구상이나 개발에 머물지 않고 직접 행동적 실천으로 옮겨졌었음을 밝히고 있다. 푸코는 1970년대 초 여러 사람들과 공동 연대한 "감옥정보그룹(Groupe d'informations sur les prisons)"을 결성하고 "당국의 탄압과 감방의 조건을 고발하고", "수감자들에 대한 설문조사를 수행하고", "항의 집회를 개최하는 등의 활동"[269] 상을 전개했었다는 점을 부각하면서 이규현은 푸코의 이론을 단순한 이론가의 이론적 작업으로만 한정하지 말아야 한다는 점을 명시한다. 그리고 푸코를 통해서 "교정 주체로서의 재소자 문제에 대한 타당성 검토와 그 실천 또는 제도화의 모색"은 후속의 연구에서 다루어질 수 있는 "더 깊은 논의의 대상"[270]이라고 그는 덧붙인다. 이규현의 논문은 교정학 탐구 안에서 교정 인문 연구라는 영역이 자리 잡기 직전의 연구이기 때문에, 교정학 안에서 인문학이 어떻게 정위되고 접속되는가에 대한 해명이 전혀 드러나지 않고 있다. 그러나 이규현의 연구는 직접 교정의 문제를 고유한 역사적 시각으로 지니고 해체라는 방법론적 매개를 활용했던 푸코를 소개했다는 점에서 높이 평가할 수 있을 것이다.

고원의 연구 「미셸 푸코와 인문교정학: 규율 권력에 대한 비판에서 자기 주체화의 탐색으로」(2017)는 역시 푸코를 주제로 하면서 '교정에 대한 인문학적 논의'의 전개에 게재된 '이론적 요소가 무엇인가'를 고찰한 논문이다. 앞서 이규현의 연구가 푸코 담론의 광의적 관점에서의 의의를 논의했다면, 고원의 논문은 그것보다는 한층 협의적 관점에서 푸코의 생각을 '교정 인문'의 구체적 탐구영역에 맞추고 있다고 사료된다. 고원은 '교정과 인문학'의 장에서 선행 연구들(이백철, 전석환, 박연규, 조극훈 등)을 살펴보고, 각각의 구체적 연구 대상은 달랐지만, 선행연구들의 "출발점과 지향점은 동일"[271]하다는 전제로 지금까지의 '교정 인문 연구의 경향'을 다음과 같이 규정한다: "교정학의 인문학적 접근을 강조하는 연구자들은 처벌 위주의 교정학 패러다임을 극복해야 한다는 문제의식에서 출발한다. 사회공학적 측면에 치중된 교정학을 인간 중심적이고 총체적인 관점을 요구하는 인문학과 접목함으로써 처벌 중심적이고 과거 지향적 교정학이 아니라 회복과 치유 중심의 미래지향적인 교정학으로 나아가자는 것이다."[272]

이러한 규정의 이론적 근거를 고원은 푸코의 '규율 권력에 대한 비판'으로부터 시작하여 '자기 주체화의 탐색'으로 보고 그러한 연구의 궤적을 탐색한다. 고원은 푸코의 『감시와 처벌』의 출간 이전 및 이후의 작품들을 - 『광기의 역사』, 『말과 사물』, 『지식의 고고학』, 『담론의 질서』, 『성의 역사 I/II/III』 등 - 을 소개하고 푸코의 연구가 "교정의 인문학적 논의 전개에 기여할 수 있는 이론적 요소들을 제공"[273]하고 있다는 점에서 그 '중요성'이 들어있다고 주장한다. 외형적으로 보건데 푸코의 메시지를 한마디로 정의하자면 현재의 '감옥과 형벌시스템'은 "형사 사법의 엄청난 실패작"[274]일 뿐이라는 것이다. 그러한 이유로 『감시와 처벌』에서의 푸코의 주장 - "감옥은 범죄 발생률을 감소시키지 않는다.", 더 나아가 "감옥은 재소자 가족들을 빈곤 상태로 몰고 감으로써 또 다른 범죄자를 만든다."[275] 등 - 은 "현실적으로 교정, 그 자체와는 절대 양립할 수 없는 것으로 이해"[276]될 수밖에 없다는 것이다. 그렇지만 고원은 푸코의 1980년 이후 후기 작품에서 드러난 "자유로운 윤리적 주체를 스스로 구성하는 과정에 대한 연구"로 미루어 볼 때, 푸코의 사상은 "비판이 아니라 변화를 사고할 수 있게 해주기 때문"[277]이라는 이유로 다른 관점으로도 볼 수 있다는 사실을 밝히고 있다. 즉 교정은 '강제가 아니라면' 범죄자 및 수형자 "자기 스스로가 자신을 변화시켜나갈 때 가능"[278]할 수 있다는 시사점을 우리는 푸코의 후기 사상으로부터 받을 수 있다는 것이다.

앞서 푸코를 '해체적 관점에서', 즉 포스트모더니즘 관점의 근거를 논의하는 대상으로 다루었다면 전석환의 논문 「'죄'와 '형벌' 개념에 대한 반(反)정초주의적 비판에 대한 논의 - 니체(F. W. Nietzsche)의 『도덕의 계보』를 중심으로」(2010)는 그러한 '근거의 근거'를 살펴보는 것으로 간주할 수 있다. 명시적으로 푸코 스스로 니체(F. Nietzsche)를 현대 해체주의 철학의 원조(元祖)로 보면서 자신에 대한 그의 지대한 영향을 부정하지 않았던 것은 주지의 사실이다. 전석환은 "교정학과 철학을 접목"[279]시키는 목표로의 '작업'이 바로 이 주제로 논문을 쓰게 된 명시적인 동기라고 밝히고 있다. 그래서 전석환은 니체의 『도덕의 계보』에서 나타난 죄와 형벌 개념을 이성에 기초한 '정초주의(foundationalism)에 대립된 반정초주의(antifoundationalism)'의 틀을 통해 해명한다. 또한 전석환은 현재의 형사사법에 기초한 죄와 형벌 개념의 기초가 정초주의에 놓여 있고, 최근 일어났던 포스트모더니즘의 사조를 수용한다면 과연 반정초주의적 법리학 구축의 가능성과 한계가 무엇일까를 논의한다.[280] 마지막으로 그는 니체의 『도덕의 계보』를 대상으로 반정초주의의 개념이 내포하는 '철학의 요소들'-"관점주의(Persoectivism)", "비본질주의(Antiessentialism)", "자연주의(Naturalism)", "상대주의(Relativism)"[281] -을 정초주의 철학과의 비교를 통해 해명한다.

니체는 '죄(Schuld)'라는 도덕 개념을 지시하는 용어가 단지 '부채(Schulden)'라고 하는 물질적 개념에서 유래했다는 점을 들어 전래된 도덕의 계보는 '발명된 이성'에 의해 주도된 '도덕 형이상학'의 허구라고 주장한다.[282] 이러한 니체의 주장은 반정초주의의 전형을 보이면서, 포스트모더니즘 담론의 핵심축을 이루게 된다. 그러한 의미에서 니체는 정초주의에 대항한 안티테제(Antithese)로서 '가치 전도(Umwertung)의 실천을 통해 변혁되어야 한다'라는 극히 전복적인 사고를 주창하게 되며, 그러한 결과로 '형벌 – 양심 – 교정'의 연관구조를 『도덕의 계보』 속에서 다음과 같이 정의하고 있다:[283] 니체는 이러한 의미에서 형벌은 단지 '양심의 가책이나 회한이라는 저 정신적 반응을 일으키는 고유한 도구'라는 것이다. 그러므로 형법이라는 것은 '힘을 목적으로 하는 본래의 삶의 의지를 부분적으로 제약하는 것'일 뿐 이성의 숭고한 목적과는 아무런 인과관계가 없다고 그는 일축한다. 그러므로 니체는 '형벌은 인간을 길들이는 것이지만, 인간을 더 양호한 존재로 만들지는 않는다'라고 주장하면서, '감옥이나 교도소는 이러한 집게벌레(Nagewurm) 종족이 번식하기 좋은 온상이 아니다'라고 단언한다.

하지만 니체의 반정초주의적 주장은 누구나 고개를 끄덕일 만큼 솔깃한 반론은 아닌 것 같다. 오늘날 이러한 주장들이 현재의 법철학 및 이론이 기초한 정초주의를 완전히 대체할 정도로의 정확한 자리매김을 하기에는 아직 이르기 때문이다. 그렇지만 경직된 응보주의적 형벌이 아닌 회복적 사법에 생각이 미친다면, '정초주의냐, 혹은 반정초주의냐, 혹은 모더니즘이냐 혹은 포스트모더니즘이냐' 하는 어느 한쪽만을 고집하는 논의는 더 이상 설득력이 없다는 사실을 깨달을 수 있을 것이다. 교정이라는 현재의 텍스트를 '재구성, 혹은 해체의 관점' 안에서 정초주의에 기초한 형벌 개념을 다시 해석하고 자세히 검토해야 할 까닭이 여기에 있다.

앞서 푸코에 대한 논의는 명시적인 반정초주의를 표방하면서, 우리가 현재 수용하고 있는 형벌의 근거를 다시 한번 생각하게 만드는 계기가 되었음에는 틀림이 없다. 또한 니체 텍스트를 통한 교정 인문 차원의 논의는 푸코의 반정초주의적 주장의 근거를 추적하면서, 포스트모더니즘을 포함한 현대 철학적 지형의 변화에의 당위성을 확인시킬 수 있는 계기가 되었다. 교정학에 대한 인문학적 접근의 시도 안에서 이러한 기류 변모에 대응하는 논의가 더욱더 확장되고 심화되어야 할 것으로 요청되는 바이다. 교정전문가 및 법철학자와 함께 인문학자 간의 긴밀한 협업을 통해 '정초주의의 해체 혹은 재구성의 관점'을 대상으로 한 새로운 교정 인문의 담론화 시도가 이 지점에서 강력히 요청되는 바이다.

나) 회복적 사법의 이념과 역사

물론 '회복적 사법'이 형사 사법체계 안에서의 교정 단계 전체를 대변할 수는 없지만, 21세기 교정학 연구 및 교정정책 등에서는 더 이상

회복적 사법 개념 없이 교정이념을 분류하려 들지 않는다. 말하자면 교정이념의 변화 단계 안에서 '회복적 사법을 최고의 교정 단계가 아니다'라는 식으로 파악하는 교정전문가는 보기 드물다고 할 수 있다. 그렇지만 2000년대에 진입하기 이전 90년대의 한국교정 연구 영역에서는 아직 회복적 사법 용어가 그리 많이 사용되지는 않았다. 대신 범죄인을 '교도소 안에서 교정 교화해서 단지 사회로 복귀(Rehabilitation)'시킨다는, 소위 회복적 사법의 '소극적 실천 측면'만을 보였다.

그렇지만, 1992년 이윤호의 연구「90年代 韓國矯正의 展望과 發展 方向」은 90년대를 넘어선 한국교정의 전망을 회복적 사법의 '적극적 실천의 관점'에서 다가오리라는 점에서 파악하고 이렇게 진단하고 있다: "미국을 중심으로 한 교정의 선진국에서는 6-70년대의 사회복귀적 교정이념에 대한 80년대의 비판을 바탕으로 현재는 복고적인 교정이념을 추구하는 경향도 없지 않지만 우리나라의 경우는 아직 범죄자의 처우를 통한 사회복귀적 교정이 활발하지는 않지만 이에 대한 중요성이 점점 더 인식되리라고 보인다."[284]

2000년대 이후 이러한 진단은 무엇보다 먼저 교정학과 긴밀한 연계를 이루는 범죄학을 다루는 관점의 변화에 기인해, 회복적 사법의 이념 및 실천의 문제가 교정학 연구의 전면에 등장하는 것으로 맞아떨어졌다. 2007년「교정학 담론의 인문학적 모색: 평화주의 범죄학과 회복적 사법」이라는 연구논문에서 이백철은 인간을 보는 관점의 변화에 따라서, 즉 "범죄행위를 개인적인 책임 문제로 분리하여 분석의 대상으로 삼고자 했던 모더니스트 범죄학"[285]과의 결별을 조명한다. 그는 새로운 범죄학 담론이 될 수 있는 '평화주의 범죄학(peacemaking criminology)

의 정립'[286]을 주장한다. 즉 "사회문제와 인간의 고통을 줄이기 위해서는 범죄통제기관과 시민들이 함께 연계"되어야 하며, "공평하고 정의로운 사회 질서를 창출하기 위하여 피해자와 가해자 모두가 문제의 당사자로서 역할을 담당"[287]해야 한다는 점에 주목해야 한다는 것이다. 그러한 의미에서 지금까지의 교정의 시각, 즉 "'좋은 사람'과 '나쁜 사람'으로 구분하는 이분법적 분류를 초월"[288]하는 전제를 지녀야 한다는 것이다. 그러한 주장에 터 하여 "'범죄를 어떻게 퇴치할 것 인가?'와 같은 사법기관 중심의 접근 패러다임에서 사회와 시민과 사법기관들이 함께 '평화를 어떻게 구현할 것인가?'와 같은 비폭력적 담론대치로 범죄 해결 방식을 전환"[289]할 것을 이백철은 제안하고 있다. 그는 바로 "구체적으로 학문계는 물론 사법질서 속에 정착해가고 있는 제도가 회복적 사법(restorative justice)"[290]이라고 명시한다. 이백철의 논문은 2007년 『교정 담론』의 창간호에 실려 있고, 그의 주장은 대체로 그 이후 전개될 '교정학에 대한 인문학적 접근'을 주제로 한 탐구 방향의 윤곽을 제시했다고 평가할 수 있다. 물론 이백철의 논문은 앞으로 전개될 인문교정 연구의 명시적 기획안을 보여주고 있지는 못하고 있다. 그렇지만 그때까지의 교정학의 탐구에 들어있었던 소극적인 인문학적 접근 태도를 적극적인 접속 내지 접합의 방향으로 전환해야 한다는 주장을 담고 있다는 점에서 그의 논문은 교정 인문 연구 안에서 큰 의의를 지니고 있다고 할 수 있을 것이다.

박광민과 강지영의 연구논문 「교정 단계에서의 회복적 사법의 실현」(2007)은 교정이념은 응보 사상에서 출발하여 현대에 이르러 교정의 최종단계를 회복적 사법으로 전제하면서[291] 회복적 사법에 대한 전형적인 개념 설명에 초점을 맞춘다. 그 개념은 "응보적인 책임, 재사회화적 치유, 범죄 예방" 등의 요소들을 모두 지니고 있으며, 그러한 요소들을 가로지르는 목적은 '회복'의 개념이며, "다양한 실무유형을 통해 각 접근의 강약을 조절하면 기존의 제도를 충분히 활용"[292]할 수 있다고 두 연구자는 설명한다. 다만 문제는 현재 회복적 사법의 개념은 "각자 자신의 시각"을 통해 나타나 있기 때문에 "교정 도구로서의" 그 "양상은 매우 다양하게 나타"[293]나게 된다는 것이다.

기실 회복적 사법은 현 단계에서 살펴볼 때 "아직 체계적으로 정의된 이론을 바탕으로 실행되는 체제가 아니"기 때문에, 일견 "이상적이고 도덕적인 정의를 추구하는 실험단계이고 창의를 요하는 연구 분야"일 뿐만 아니라 "동시에 형벌프로그램이고 새로운 형벌패러다임이며 일종의 사회운동"[294]으로까지 간주될 수 있다. 그러한 전제에 터 하여 회복적 사법 개념은 이미 주어진 공약적 기준 외 연구자의 관점들을 매개로 삼아서 다양한 측면에서의 그 이해를 도모해야 할 것이다.

이백철은 또 다른 연구논문 「회복적 사법: 대안적 형벌체계로서의 이론적 정당성」(2002)에서 회복적 사법을 '대안적 형벌체계'의 관점을 통해 회복적 사법의 유래, 철학적 근거이론, 확산의 이유 등을 논의한다. 그는 회복적 사법의 이론적 정당성을 멀리는 이탈리아의 베까리아(C. Beccaria)의 사상과 영국의 벤담(J. Bentham) 등의 공리주의와의 관계에서 밝히고, 또한 기존 형벌이론과의 비교를 통해 회복적 사법의 존재의의를 해명한다.[295] 그리고 회복적 사법이 확산할 수밖에 없는 이유를 '현대사회의 근본적인 구조 변화의 지형'에서 다음과 같이 찾는다: 이백철은 사회 내의 변화를 첫째는 '공동체 가치관의 중요성 인식', 둘째는 '일반 조직운영 방식의 변화로 인한 사회의 제 분야에서 비공식적 의사결정 절차의 성장', 셋째로 '범죄 문제 해결에 대한 주민 관심이 증대하고, 또한 범죄자들의 소외와 좌절에 대한 인식 점증' 등으로 들면서, 그 근거에 상응하여 회복적 사법이 등장하는 계기가 되었다는 것을 설명한다.[296] 이백철의 2002년 논문은 회복적 사법의 정의 및 그 이론의 정당성을 고찰하고 있으며, 그 이후 2007년 논문의 근거로서 보인다. 여기서 조금 아쉬운 점은 사회학적 눈높이에서만 현대사회의 근본적인 구조 변화의 지형을 보고 있다는 점이다. 현대사회 안에 사는 현대인의 정신병리학(사회심리학의 관점) 혹은 철학적 맥락 - 실존주의나 혹은 비판이론 인간관 등 - 을 부각하지 못했다는 점이다. 물론 방대한 주제를 단독의 연구를 수행하면서 하나의 논문에 다 함축시키기는 매우 어렵다. 그러한 이유로 교정 인문 연구에서는 각 관심의 영역 모두를 지닐 수 있는 연구 수행을 위해서라면 여러 전문가들의 협업이 특별히 요청된다.

회복적 사법의 개괄적인 연구들과는 다르게 박선영의 연구논문 「교정의 측면에서 본 관계회복: 회복적 교정」(2017)은 '관계회복'이라는 매개 개념을 차용하면서 회복적 사법이 교정의 실제 안에서 어떻게 활용 가능한가에 대한 논의를 전개한다. 박선영은 '수형자의 관계성 회복'이라는 관점을 기준으로 삼아서 회복적 사법의 이념을 기저로 한 '회복적 교정'의 문제를 다루고 있다. 박선영은 국내외적으로 교정 안에서 수용자의 '관계성 회복'이 "재범 억제와 성공적인 사회 복귀를 위한 중요한 요인으로 주목"[297]된다는 관점에서 '회복적 교정'의 중요성을 드러낸다. 박선영은 이런 전제하에 회복적 교정 개념 틀의 '실무도입의 근거', '구체적인 프로그램의 구축 과정', '한국 교도소 안에서의 적용 사례' 등을 논의하고, 앞으로의 가능성과 더불어 그 한계 또한 지적한다. 박선영은 "회복적 사법 프로그램이 끌어내는 긍정적인 면들과 효과성에도 불구하고 향후 프로그램들이 확대·강화되기 위해서는 해결해야 할 문제점들"[298]을 '교도소라는 특수한 공간 고려'와 '목표에 따른 프로그램 완비성의 여부', '평가에 따른 효과성 입증의 문제' 등[299]으로 제시한다. 박선영의 논문은 현대 교정의 이념인 회복적 교정을 연구 대상으로, 또한 관계회복이라는 매개 개념을 연구 방법의 요소로 활용하면서 자신의 논지를 전개하고 있다. 본 논문은 관계회복을 경험적·분석적 방법에 의거해서 그 근거를 논증하기보다는 해석적 연구의 방향 안에서 논의하면서, 관계회복을 교정의 실제에서 어떻게 실천하는가를 논구한다. 그렇지만 본 논문에서 언급된 한국 교도소 안에서의 적용 사례는 너무 단편적인 소개에 그친 감이 없지 않다. 관계회복의 이론뿐만 아니라 교정에 관한 서구적 개념을 어떻게 한국 교도소에 적용하는가의 문제는 서구의 이론적 개념을 토착화하는 문제와 직접 연결된다. 앞으로 이러한 주제는 명시적인 연구 대상으로 삼아 교정 인문 연구의 한 축으로 수용되어야 할 것이다. 이러한 문제점에 덧붙여서 회복적 교정에 있어서 실천의 문제가 서구적인 "기독교를 문화적 배경으로 수평적·합리적 대화 문화에 기초"하고 있기 때문에 "회복적 정의 원리를 한국화"[300]해야 한다는 문제 제기는 설득력 있는 주장으로 음미할 수 있다. 유정우는 연구논문 「교도소 안의 관계회복 – 소망교도소 법률 고충 상담 운영을 통한 회복적 정의 원리의 한국화 시도」(2017)는 박선영이 지적한 문제에서 누락된 '교정이론의 한국화'를 구체적으로 대상화했다는 점에서 주목할 만하다. 유정우는 회복적 정의의 이념을 '한국화'하기 위해서는 "대화와 존중이라는 문화적 차이를 어떻게 극복할 것인가에 대한 통찰이 필요"[301]하다고 주장한다. 그는 "한국의 갈등 해결 문화"가 "승복을 거부하는 제로섬게임"에 의존해 있기 때문에 "국내에서는 회복적 정의 원리의 원형적 요소들이 축소되거나 왜곡"[302]되었다고 설명한다. 그래서 "감정적·수직적·배타적인 한국 법문화 속에서 '대화'보다는 '승부'를 통해 갈등을 해결하는 방식"[303]은 지양되어야 한다고 유정우는 주장한다. 그렇지만 회복적 정의 원리의 "그 원형적 구조가 창의적으로 해석·활용된다면 오히려 한국적 상황에 맞는 독창적인 회복적 교정 전략이 개발"[304]될 수 있다고 덧붙인다. 유정우는 "한국적 맥락에서 회복적 정의를 실현하는 방법"[305]'의 시점에서 법률 고충 상담'을 매개로 하여 '교화 프로그램' 개발의 구체적 윤곽을 다음과 같이 제시한다: '피해자학적 통찰력을 지닌 상담자와 더불어 내담자와 범죄의 상호성에 대한 이해 도모' → '팩트베이스(facts-based) 대화' → '명확한 게임룰 제공으로 의사결정 예측 가능성 제고'.[306]

유정우의 논문에서 동원된 자료들의 타당성과 한계를 비판적으로 검증하기는 어렵지만, 일단 방대한 자료 제시와 더불어 고유한 자기 생각을 창조적으로 전개했다는 점에서 회복적 사법에 관련된 교정 인문 연구의 적지 않은 성과라고 평가할 수 있을 것이다. 특히 유정우가 지적한 '교정이론의 한국화'라는 과제는 앞에서 이미 언급했듯이 교정 인문 연구의 '새로운 맥락화를 시도한다'라는 관점에서 중요한 연구 영역으로 부상되어야 한다. 서구 이론의 토착화라는 주제는 교정 인문 연구 안에서 향후 교정학자, 역사학자, 법철학자, 심리학자들의 협업을 통한 연구가 많이 기대될 수 있는 연구 영역이라고 할 수 있다.

다) 회복적 사법의 실천: 실천 이론 개발 및 적용 사례

회복적 사법 이념의 가장 큰 의의는 "교정 활동이 가해자 – 피해자 – 지역사회의 트라이앵글 안에서 용서, 책임, 화해, 개인존중, 평화, 정의라는 규범"[307]을 함축하고 있다는 사실이다. 이 사실은 "교정학을 휴머니즘에의 실천학"으로 이해할 수 있는 근거이며, 더 나아가 "피해자의 회복, 가해자의 갱생, 공동체의 회복"[308]을 지향한다는 내용을 담고 있다. 이러한 주장은 무엇보다 먼저 회복적 사법의 일차적 실천은 "교정의 인간화"를 추구하는 것일뿐더러 전래된 "응보적 처벌을 지극히 당연히 여기는 관념에 반성을 촉구"[309]하는 일이라는 점을 명시적으로 함축한다. 그러나 이러한 과정은 사적이나 개인적 차원에서 실천되는 일이 아니라, "화해의 공공세계"[310]라는 공간에서 다루어져야 한다. 이러한 전제의 바탕에서 성현창의 연구논문 「공공철학과 교정과의 만남을 위한 시론」(2012)은 회복적 사법이 "수평적 정의(horizontal justice)"에 기초해서 "수평적 공공성을 지향"[311]해야 한다는 점을 전제한다. 즉 범죄와 그에 따른 형벌, 그리고 형벌에 따른 자유의 박탈이라는 형사사법의 과정이 "수직적 정의"(vertical justice)[312]에 기초한 응보가 아닌 '수평적 정의'가 되기 위해서는 공공성의 범위 안에서 교정교화의 과제가 수행되어야 한다는 사실이다. 성현창의 논문은 그 논의의 과정이 내포하고 있는 연구의 목적, 주제, 방법 등의 모든 요소들이 교정 인문 연구 범주 안에서 잘 상응하고 있다고 평가할 수 있다. 성현창의 논문은 공공성 개념의 관점에서 공공철학의 한 부분으로 교정의 문제를 화해의 문제로 연결시킨다. 그러한 시도는 매우 탁월한 논점이라고 필자는 평가한다. 그러나 성현창은 공공성의 개념을 설명하는 시도 중에서 그 개념이 적용될 수 있는 범위를 정확하게 한정하지 않고 있다. 더구나 공공성 개념은 사회철학이나 법철학의 관점에서 보면 그 배면에는 여러 측면의, 혹은 여러 갈래의 철학적 근거에 의해 제각기 다른 정당성을 확보할 수 있다. 영미법과 대륙법이 확연히 다르듯이 자신이 제시한 공공성은 어떤 방향에서, 혹은 어떤 철학적 근거에서 등장하였는지를 자신의 논지를 전개하기 전에 명시적으로 밝혔어야 한다. 교정 인문 연구의 역사적 · 해석학적 과학에 기초한 방법론적 관점이 조금 더 정치하게 적용되었어야 한다고 필자는 생각한다.

앞서 이미 언급되었듯이 회복적 사법의 이념은 이론적 차원에서 볼 때 매우 훌륭하지만, 그것을 실천하는 데에 있어서는 그 한계 또한 지적될 수도 있다. 조극훈의 연구논문 「사회갈등과 범죄에 대한 철학적 고찰」(2013)에서는 회복적 사법을 구현하는 데에 있어 "프로그램 참가자들의 이성적이며 합리적인 판단능력의 문제, 상호인정의 문제, 공동체의 성격의 문제"[313] 등이 가로 놓여 있다고 지적한다. 조극훈은 "대체 패러다임이 실질적으로 작동되기 위해서는 사회과학적 방법론에 철학 윤리와 같은 인문학적 정신"[314]이 필히 간여해야 한다고 주장한다. 구체적인 요소의 하나로 조극훈은 "언어미학의 전환"을 제의하면서, 교정 관련 언어 사용이 "폭력의 언어에서 평화의 언어로"[315] 전환되어야 한다는 점을 명시한다. 그러한 결과로 교정 관련 언어의 "전환과정을 통해 부정의 언어가 긍정의 언어로 바뀜으로써 미적인 언어공동체가 형성되면 사회갈등과 범죄 예방에 도움"[316]이 될 수 있다고 주장한다.

회복적 교정의 구체적 실천 문제를 언어 사용으로부터 언어미학의 관점으로까지 확대하여 다룬 조극훈의 논문은 해석의 맥락화를 매개 개념으로 사용하여 변증법적 논리 전개를 통해 정치한 교정 인문 연구를 수행했다고 필자는 평가한다. 특히 언어의 문제는 교도소 내의 물리적 폭력 이외 가장 큰 폭력의 문제로 등장하고 있다는 점에서 미루어 볼 때, 그러한 대상에 대한 관심은 교정 인문의 연구에 있어 매우 긴요한 주제라고 볼 수 있다. 조극훈의 논의 전개에서 문제시될 수 있는 점은 언어 개념에 대한 이해가 너무 상식적 관점에 머물고 있다는 사실이다. 필자가 보기에는 조극훈의 논의 안에서 단선적이고 일반적인 언어 이해를 넘어 또 다른 심화된 차원의 관점 - 소쉬르(F. de Saussure)의 언어학 이론과 프로이트(S. Freud)의 무의식을 통한 억압의 이론 등 - 을 지닌 언어 이해가 연계되었더라면 교정 인문 연구 안에서 더 좋은 연구 결과를 기대할 수 있었을 것이다.

언어 문제와 연관해서 회복적 사법의 실천 범주를 "갈등 해결의 한 방법"으로 보고 "수사학(rhetoric)의 설득(persuasion) 이론들을 활용하여 효과적인 가해자-피해자의 대화 방법의 틀을 제시"[317]하려는 시도는 이창훈의 연구논문 「'때린 거 미안해'와 '때린 건 미안한 일이야' - 갈등 해결을 위한 수사학(Rhetoric)과 회복적 사법의 융합」(2016) 안에서 다루어졌다. 그는 회복적 사법의 실천을 "효과적인 대화를 회복"하는 것을 출발점으로 상정하고 "갈등의 출발점인 가해자와 피해자의 접점, 즉 대화의 기법과 방법"[318]의 개발로 설명한다. 이창훈은 이러한 시도의 목적을 "대화 효과성 향상 및 회복적 사법 성공률 향상을 위한 방안을 모색"하는 것에 두면서 "상징적 상호주의(symbolic interactionism)와 정보처리이론(information processing theory)을 기반으로, 수사학(rhetoric), 특히 설득이론(persuasion theory)과 회복적 사법의 융합 모델"[319]을 제시한다. 이창훈은 후속 연구를 통해 자신이 제시한 이론적 틀을 사용하여 "실증적인 연구를 진행"[320]하여 '실제적 활용의 검증'을 확약하고 있다. 실제성의 유무를 떠나서 이창훈의 시도는 인문학과 교정이 접합된 아주 좋은 연구의 실례를 보여주고 있다고 필자는 생각한다. 물론 이창훈의 말대로 자신의 논지를 실증적인 연구를 통해 심화하는 것도 중요하지만, 해석학적 맥락을 통해 언어 철학적 연구의 대상으로 심화시킬 수도 있으리라고 필자는 생각한다.

김영식은 「교정 단계 회복적 사법 적용 사례에 관한 연구」(2013)를 통해서 교정 단계에서 적용되는 회복적 사법의 유형을 '공감, 배상, 갈등조정, 지역사회 프로그램' 등으로 분류하고, 국내 교정시설 적용 시행 사례로 '교화 라디오방송' 설치 운영을 들고 있다. 법무부가 2008년 자체 출연한 '보라미 교화방송국'은 재소자들을 위한 다양한 작품들을 제작 방송하는데, 김영식은 이러한 기획이 "우리나라만의 특이한 시도"[321]라는 점을 밝히고 있다. 특히 2012년 3월 '사과, 더 깊은 마음속 고백'이라는 특집 프로를 통해 회복적 사법에 관련해 "새로운 반향을 불러일으켰다"[322]라는 점을 실례로 들고 있다. 그 프로는 수용자의 사과 편지를 회복적 사법 조정인과의 상담 형식으로 방송한 것인데, "참회의 필요성, 피해자의 공감, 석방 후 관계회복에 대한 조언과 설명을 하는 방식"[323]으로 구성되어 있었다. 교정 인문 연구의 테두리 안에서 본다면 '교화 라디오방송' 시도는 회복적 사법의 실천을 적극적으로 개진한 보기 드문 성과라고 평가할 수 있을 것이다.

이러한 기획과 시행은 앞서 언급한 '언어미학의 전환' 및 '수사학 (rhetoric)의 설득(persuasion) 이론 개발'의 주제에 직접 연결되어 교정 인문의 고유한 실천적 전략의 구상 및 프로그램 개발에 커다란 기여를 할 것으로 기대할 수 있을 것이다.

수용자의 석방 후의 지역 공동체와의 관계회복 역시 회복적 사법 구현에 있어 중요한 실천적 요소가 되어야 한다는 점은 주지의 사실이다. 말하자면 출소자의 '교도소 밖'에서의 교정의 문제는 재범률을 낮춘다는 측면에서 본다면 '교도소 안'의 교정교화의 교육보다 더 비중이 높다고 할 수 있을 것이다. 박광민과 강지영의 연구논문 「교정 단계에서의 회복적 사법의 실현」(2007)에서 회복적 교정은 "교정 기관 내부의 특정한 업무영역에 한정되는 것이 아니"[324]라는 전제로 형기를 마친 출소자와 더불어 보호관찰, 혹은 가석방 대상자를 중심으로 한 "피해자 · 가해자 패널을 통한 대면프로그램의 도입"과 "회복적 교정프로그램 운영기관의 설립"[325]을 제안한다. 그 논문에서는 그러한 취지 및 실천의 의미를 밝히고 외국의 사례 및 현재 한국에서의 도입 시도의 사례 등을 제시하고 있다. 박광민과 강지영은 "거시적인 형사사법 전체의 시각에서" "회복적 사법 프로그램을 전담하여 관리 운영할 수 있는 제3의 기관이 필요하다"라는 사실이 "학계의 이견이 없"[326]다는 점에 특히 주목한다. 중요한 사실은 물론 '제3의 기관'이 법제에 근거한 교정 기관 및 그 유관기관이 아니며, 순수 민간 조직체일 수도 있다는 사실이다. 박광민과 강지영의 논문이 조금 더 교정 인문 연구의 목적에 접근하기 위해서라면 회복적 사법 실천의 궁극적 목적을 명시적으로 밝혔어야 한다. '회복적 사법이 그냥 좋은 것이다'라는 암묵적인 전제로는 논지를 담고 있는 논의의 완결성이 다소 느슨하게 보일 수 있다. 또한 본 연구에서는 실천의 구체적 전략과 연계해서 회복적 사법의 실현을 위한 실천의 주역으로서 '민간 조직체'의 가능성을 언급하고 있는데, 그것이 어떤 성격의 조직으로 어떻게 결정되는가에 대한 구체적인 언급이 부재하다. 박광민과 강지영의 연구논문에 연계시켜서 이러한 점이 부각된 연구는 조극훈의 논문 「헤겔 철학에서 상호인정 담론과 회복적 정의에 나타난 범죄와 형벌의 교정학적 의미」(2019)이다 조극훈은 "회복적 정의가 보편타당한 형사 사법의 대안으로 정립"되기 위해서는 "회복적 정의의 개념 및 이론 정립"[327]을 실천 이전의 선행 과제로 강조한다. 그러나 앞서 박광민과 강지영의 연구에서처럼 "회복적 정의는 개념화의 작업과 학문적 체계성과 이론화를 통한 학술적 개념이라기보다는 사회운동의 형식을 띠고 있는 담론의 성격"[328]에 주목한다.

물론 회복적 사법에 근거한 '회복적 가치'의 구현은 현실적으로는 사회운동으로 나타나지 못했을뿐더러, 아직 한국 교정계에서는 총체적 사회적 영역에까지 확산하지는 못하였다. 그러나 일부 교정시설에서는 이러한 이념에서 출발한 교정프로그램이 시행되고 있다. '회복적 교도소(restorative prison)'라는 교정프로그램이 바로 그것이다. 이미 2006년 법무부는 '회복적 사법'을 공식 언급하며, 일선 교정 기관들이 교정 단계에서 그 프로그램의 실시를 권고하고 있다.[329] 그리고 그 구체적 실천 방안은 '가족관계 회복프로그램', '가해자·피해자 화해 프로그램', '사회와의 관계회복 프로그램' 등으로 제시되었다. 그 이후 실제로 정읍, 장흥, 부산교도소 등 일부 교정시설은 직접 회복적 가치의 구현을 위한 '회복적 교도소' 프로그램 실행을 가동하고 있다. 물론 이러한 일선 교정시설에서의 회복적 프로그램의 구현에는 기존의 교정프로그램과의 상충으로 인한 명백한 실천의 한계가 있다.

이러한 한계를 극복할 수 있는 시도는 제도권이 아닌, 앞서 조극훈이 언급한 교도소 밖의 사람들의 자발적 참여가 주축이 된 '사회운동'으로 확장하는 일이다. '회복적 교도소(restorative prison)' 등과 같은 교정 프로그램과는 다르지만, 사회운동의 차원에서 '회복적 가치'를 추구를 추구한다는 면에서 얼 쇼리스(E. Shorris)의 '클레멘트 코스'는 회복적 교정의 좋은 실천 모델이 될 수 있을 것이다. 얼 쇼리스(E. Shorris)가 주도하고 2006년 현재 전 세계적으로 4개 대륙, 6개 나라(미국, 캐나다, 멕시코, 아르헨티나, 호주, 한국), 57개 지역에서 운영 시행되는 이른바 클레멘트 코스는 바로 이러한 민간 조직체에 의한 회복적 교정의 전형적인 실천 모습으로 소개할 수 있다.

이 코스의 창설자인 쇼리스는 전형적인 '르네상스적 지성인'으로 인문학에 대한 전문적 지식을 갖추었는데 그러한 지식을 결코 소유할 수 없는 '변두리 인생들'과 함께 나누고자 한다. 말하자면 자유 · 평등을 축으로 진행된 현대화의 과정에서 잊힌 계층에게 '인문학이라는 부(富)'를 같이 향유하고자 그는 클레멘트 코스를 만들었다고 설명한다. 그 창설의 모티브는 상당히 소박한 것으로 시작한다. 뉴욕시 베드포드 힐스 교도서의 재활 프로그램에 관여했던 쇼리스는 비니스 워커라는 여성 장기 수감자로부터 클레멘트 코스에 대한 영감을 얻게 된다. 즉 쇼리스는 그녀와의 대화를 통해 수감자들, 혹은 밖의 세계에 살면서 수감자들과 별로 다르지 않은 소외된 사람들에게 있어 진짜 가난의 의미가 무엇일까에 대해 깨닫게 되었다는 것이다. 쇼리스는 그러한 각성을 다음과 같은 체험담을 통해 우리에게 알려 준다: "그들에게는 거짓말과 고백, 범죄, 임신은 다반사였다. 그리고 언제나 외로움이 붙어 다녔다. 나는 그들의 가능성에 대해 역설했고, 그들에게 희망을 팔았다. 그리고 그들한테서 나는 가난을 새로운 관점에서 이해할 수 있는 법을 배웠다. 가난에 대처하기 위한 연방정부 지침서 같은 것들은 아무런 소용이 없었다. 입주형 쉼터, 사회복지 관련 기관, 무료 진료소, 임시 집단 거처, 최저 임금 일자리, 마약중독 치료프로그램, 푸드 뱅크 시설이 있지만 이 기관들이 가난을 막지는 못했다. 사람들은 스스로 가난하다고 시인하고 인정할 때, 그리고 그러한 상태에서 그들을 끄집어낼 정치적 대책이 전혀 없을 때 비로소 가난해지는 것이다."[330]

전석환의 「서평: '모든 사람을 위한 인문학적 향유': 얼 쇼리스(Earl Shoris)의『희망의 인문학-클레멘트 코스, 기적을 만들다』를 읽고」는 클레멘트 코스가 일반 교정교육과는 차이가 있지만, 사회적 운동의 차원에서 소외층과의 인문학적 소통을 시도했다는 데에 큰 의미가 있음을 밝히고 있다. 또한 서평자 전석환은 이러한 실천 모습은 민간 주도를 통한 회복적 교정이 어떻게 사회운동으로 발전해야 하는가를 보이는 실례라고 평가한다.

쇼리스에 의한 가난한 이들에게 인문학 강의는 "결론적으로 그들에게 더욱 절실하게 필요한 것은 '훈련'이 아니라, 영성이 깃든 '자율'이라는 지점"[331]에 세워져야 한다는 것이다. 클레멘트 인문학 코스에서 이른바 문·사·철(文史哲)의 체계를 유지하는 근거가 '시민의식과 성찰적 사유라는 세계에 들어서는 과정'이라는 이유는 각별한 의미가 담겨 있다. 앞서 살펴본 회복적 교정실천의 공공성과 연계해서 중요한 지점은 이 코스의 성공과 실패를 가르는 기준이 수강생들에게 '사적 삶'에서 '공적 삶'으로 변화해야 한다는 점을 전제한다는 사실이다. 쇼리스는 소외된 사람들에게 인문학의 역할을 "가족에서 이웃과 지역사회로, 그리고 한 걸음 더 나아가 국가로 이어지는 공적 세계public world로 끌어내는 것"[332]이라고 공언한다.

교도소 밖 출소자를 포함한 사회 안에서 소외된 사람들을 위한 클레멘트 인문학 코스는 상승일로 발전적 확산의 길목에 서 있다. 한국의 경우, 2005년 3월 광명시 평생학습원인 '광명시민대학(창업경영학과)'을 시작으로, 2005년 9월 '노숙인다시서기지원센터'의 '성프란시스대학'이 개설됐으며, 그 유사한 코스가 2006년 새롭게 두 곳이 더 생겼다.[333] 물론 외형은 달라도 클레멘트 코스의 쇼리스 정신을 이었다는 것은 두말할 나위가 없다.

클레멘트 코스는 일선 교정시설이 아닌 민간 주도의 사회운동으로서 교정의 실천적 관심을 촉구하는 데에 좋은 모델이 될 것이다. 즉 구체적으로 본다면 교정 인문 연구의 실천이론을 구상하는 데에 필히 참조하고 상고(詳考)해야 할 실천의 실제 사례가 될 것으로 필자는 평가한다.

라) 교도소 안의 교정 · 교화 교육의 실천: 인문 교양과 예술

조극훈은 논문 「인문학의 확장과 변용: 교정인문학의 방향과 전망」(2017)에서 2007년부터 2016년 12월까지 개최되었던 '아시아교정포럼' 학술대회를 살펴보면서, 인문 교양교육과 더불어 예술 관련의 주제역시 많았음을 밝히고 있다. 조극훈은 위에서 언급한 학술대회들을 3

개의 시기로 구분하고 점차로 '사회과학에 접근을 시도하는 인문학적 주제'로부터 "주제별 탐색기"를 거쳐 "영화와 미술, 오감(伍感) 회복"[334] 등의 구체적 토픽을 다루는 방향으로 학술 활동이 진행되었음을 확인하고 있다. 지면 관계상 3시기의 모든 주제들을 다 살펴볼 수는 없지만 본 절에서는 일단 교정 인문 연구목적에 가깝게 접근하고 있고 문학 및 미술 그리고 영화 및 연극을 통한 몇 가지의 중요한 연구들로 한정시켜 살펴보도록 한다.

전석환의 연구논문 「교정 과정 안에서 본 문학의 역할과 그 의미」(2016)는 문학을 통한 교정교육을 감각 회복의 문제가 아닌, '학습 과정의 일환'인 심리학적 동기화(motivation)의 문제로 접근하고 있다. 현대 심리학적 관점으로 본다면 그것은 '지적 호기심'으로 분류될 수 있는 '내발적 동기부여(instrinsic motivation)'로 규정할 수 있지만, 전석환은 문학을 통한 수용자의 교정교육의 목적을 플라톤(Platon)의 인간 영혼의 3가지 분류 중 하나인 '튜모스(thymos)'에 놓는다.[335] 튜모스 개념은 생존의 욕구를 넘어선 지점에서 파악할 수 있는 '타인으로부터 인정을 받고자 하는 인지의 욕구'이다. 전석환은 수용자의 의식 상태를 '튜모스의 상실'로 보고, 수용자는 바로 그 회복이 필요하며, 문학을 통한 각성은 그러한 극복을 도울 수 있는 매체라고 주장한다. 튜모스를 통한 재소자의 회복의 실례를 그는 70년대 『어둠의 자식들』이라는 작품으로 일약 증언 문학을 개척한 한국 작가 이철용과 『도둑일기』라는 작품으로 유명한 프랑스 작가 장 주네(Jean Genet)를 들고 있다.[336]

전석환의 논문은 교정 인문 연구 안에서 교정학을 대상으로 삼고 문학을 주제로 삼고 있다는 점에서 교정학에 대한 인문학적 접근을 아주 충일하게 시도하였다고 보인다. 또한 외국 작가와 한국의 작가를 하나의 범례로 등장시키고, 논의를 전개했다는 점에서 교정 인문 연구의 전형적 방법론에도 잘 부합한 연구라고 사료된다. 본 논문의 방법은 주로 분석적 범주 안에서 '비교', 해석적 범주 안에서 '맥락화'가 사용되었다. 본 연구에서 아쉽게 보이는 점은 비록 짧은 논문의 형식이었기 때문이기도 하지만, 조금 더 상이한 방향에서의 논의의 가능성을 제시하지 못했다는 사실이다. 장 주네와 이철용을 단순히 문학 작품의 선상에서만 볼 것이 아니라, 즉 그들의 삶의 경험이 단순한 '어두운 세계로부터 밝은 세계로의 귀환이라는 구조' 안에서만 보지 말고 그러한 행위에 대한 평가를 일상적 경험을 초탈해 보려는 '해체'적 관점에서도 볼 수 있었기 때문이다. 다른 주제와 대상을 다루면서 지금과 또 다른 방법적 관점의 후속 작업이 기대된다.

그 밖에 교정의 문제와 예술과의 관계를 미술과 음악 그리고 연극 및 영화를 통해 논의한 연구들도 적지 않다.

오민자는 「교정과 미술치료: 성폭력 수형자 미술치료 사례연구」(2008)를 통해 경험적 교육의 실제 과정을 프로토콜의 양식으로 제시하였다. 오민자는 12회기에 걸친 교육과정을 수행하고 미술치료의 효과가 '수형자의 정서감 향상, 자아정체성 회복, 자신감이나 자아존중감을 높이는 데 효과가 있었음'[337]을 밝히고 있다. 오민자의 논문은 보고서와 같은 형식으로 구성되어 있는데, 자신의 논의를 나름대로 분석적 연구방법에 접근시키면서, 재소자들에 대한 미술치료의 효과성을 제시하고 있다. 경험 분석적 연구를 지향하는 듯이 보이지만 자신의 논의를 객관적으로 논증할 수 있는 기반이 다소 부족한 듯이 보인다. 이러한 방향의 연구는 본서에서 제시했던 방법론 이외의 또 다른 방향의 연구 방법론의 개발이 필요하다.

한영선은 연구논문이 아닌 에세이 형식의 「쇼나 조각과 소년원 학생들」(2014)에서 짐바브웨 쇼나 부족 출신 조각가 Collen Madamombe의 작품을 소개하고 있다. 핵심의 내용은 원석의 돌(Lemon Opal)이 작가와의 '만남'을 통해 "돌이 품고 있는 스토리"[338]를 발화할 수 있는 계기가 만들어진다는 것이다. 이와 유비적으로 한영선은 소년원에 있는 학생들 역시 "가공되지 않는 원석"이며, "무한한 가능성을 가진 아이들이 (⋯) 다양한 자신만의 이야기"[339]를 지니고 있다는 것이다. 그는 그러한 실제 사례를 'SBS 궁금한 이야기 Y'에 소개되어 노래를 통해 유명해진 '웅빈이'를 통해 밝히고 있다. 한영선은 글의 말미에 이렇게 소회를 밝히고 있다: "쇼나 부족의 조각들은 투박하지만 정겹다. 그들의 작품에는 같은 이야기가 없다. 그래서 하나하나가 모두 소중하다. 소년원에는 웅빈이처럼 자신들의 이야기를 가진 원석들과 그들의 이야기를 멋지게 끌어내는 선생님들이 있다. 모두가 소중하다. 쇼나 조각이 알려준 새로운 기쁨이고 겸손함이다."[340] 비록 논문의 형식은 아니지만, 교정 인문 연구의 실천적 측면의 내용과 잘 상응하는 글이라고 할 수 있다.

이러한 예술을 대상으로 한 교정 인문 연구 방향은 교도소의 재소자나 소년원의 학생들에 대한 '관찰적 시선'이라는 규격에서 벗어나 또 다른 연구 방법의 관점을 확보하는 것이 교정 인문 연구의 목적에 더 부응하는 것으로 보인다. 다시 말해서 본서에서 제시한 해석이라는 관점은 어디까지나 관찰적 시선을 통해 대상을 객체화할 수밖에 없고, 관찰자의 주관적 해석을 결론으로 수용할 수밖에 없다. 재소자의 미술치료 이론 등에 대한 연구에서는 오히려 이러한 관찰자적 시선을 최소화 하면서, 관찰자와 피관찰자가 경험을 서로 공유한다는 사실을 전제로 해야 할 것이다. 다시 말해 '해석학적 렌즈'를 '내러티브적 탐구'와 같 은 느슨하게 꾸며진 한편의 '이야기(story)'로 꾸며보는 시도 역시 교정 인문 연구의 방법론적 확대 선상에서 기대해 볼 수 있을 것이다. 주지 하다시피 현존하는 인문적 사회과학에서 많이 사용하는 '내러티브 탐 구(narrative inquiry)'는 맨 처음 질적 교육 연구 방법의 하나로 개념화되 면서 등장하였다.[341] 교정 인문 연구 안에서도 이러한 '내러티브 탐구' 라는 연구 방법론을 하나의 연구 방법으로 수용하고 적절하게 잘 활용 해야 할 것이다.

다음에 소개될 전한호는 연구논문 「벗겨진 가죽, 벗겨진 죄 – 〈캄비 세스 왕의 재판〉에 나타난 죄와 벌」(2014)은 앞에서 언급한 해석의 연 구 방법, 즉 역사적 사실을 죄와 형벌의 문제를 통해 맥락화하면서 분석 논리가 아닌 재미있는 '이야기'로 제시하고 있다. 전한호는 1498년에 제작 완성된 헤라르트 다비트(Gerard David)가 그린 두 폭의 패널화 〈캄비 세스 왕의 재판〉을 대상으로 삼고 '죄와 벌'이라는 개념을 매개로 하여 그 내용을 설명한다. 고대 페르시아 캄비세스(B.C. 6세기 경) 왕은 독직죄 로 체포된 판관 시삼네스(Sisamnes)의 가죽을 벗기는 형벌을 내렸고, 다 비트는 브뤼헤(Brugge)시의 요청에 따라 이 장면을 재현했다. 전한호는 그림의 내용을 하나의 죄와 벌로 대상화시킨 텍스트로 전제하고, 그림 속 이야기를 분석하고 교정 인문 연구의 문맥에서 맥락화를 시도한다. 전한호는 부정 때문에 가죽 벗김을 당하는 모습이 묘사된 다비트의 그 림이 일반적으로 교화의 목적으로 한 '성인의 순교 장면을 담은 그림들'과는 차별성이 있다는 점을 이렇게 설명한다: 순교 당하는 "성인들은 잔혹한 체벌에도 불구하고 고통을 호소하기보다 오히려 인내하는 의연한 모습으로 묘사"[342]되었지만, "죄로 인한 형벌의 희생자와 절대로 동일시되어서는 안 된다는 의도에서 시삼네스의 처형은 따르지 말아야 할 전형"[343]을 보여주고 있다는 것이다. 즉 다비트의 그림은 "처벌의 기록이라는 의미보다 공공질서의 확립과 유지를 메시지로 삼고" 있고, "죄나 벌과 같은 추상적 개념들을 진부한 계도의 방식이 아니라 구체적인 대상으로 눈앞에 제시"[344]했다는 점에서 그 특징을 완연히 드러낼 수 있다는 것이다.

전한호의 연구는 예술과 관련된 교정 인문 연구의 모델이라고 지칭할 수 있는 방법적 관점을 잘 구현하고 있다고 필자는 평가한다. 아쉬운 것은 지면상의 관계로 논문 게재지 안에서 다비트 및 그 외의 그림들의 모습이 실리지 못하고 도판 목록의 소개로만 그친 까닭에 논문을 완전하게 이해하는 데에 결함이 있다는 점이다. 그럼에도 불구하고 교정 인문 연구 안에서는 지속적으로 이런 방향을 염두에 둔 다양한 후속 연구가 기대되는 바이다.

미술 영역에서도 마찬가지겠지만 음악과 같은 예술 장르는 교정학 연구 혹은 교정 인문 연구와 같은 이론적 차원이 아닌 재소자들을 위한 공연과 같은 실제적 차원의 직접적 실천 역시 중요하다고 할 수 있다. 그렇지만 음악을 통한 교정교화의 측면에서의 교육 및 치유 효과에 대한 연구, 혹은 교도소에서의 음악 공연이 재소자의 정서 교육에 미치는 효과 등은 이론적 연구의 대상으로 여전히 그 필요성이 요청된다.

김명한과 한길화의 논문 「합창과 인성교육: 합창을 통한 인성교육 프로그램 개발」(2011), 김주풍의 논문 「선별된 악기연주 및 앙상블을 통한 비행 청소년들의 음악적 치유」(2014), 김지현의 논문 「교정시설의 문화예술 프로그램 순회사업 분석」(2017), 김혜미와 강경숙의 논문 「밴드합주 활동이 비행 청소년의 회복 탄력성에 미치는 영향」(2020), 안미나의 논문 「표현예술치료가 스마트폰/인터넷 게임중독 청소년에게 미치는 효과에 관한 연구」(2015), 정현주와 원혜경과 강현정의 논문 「조건부 기소유예 청소년의 예술 정서 지원을 위한 관·산·학 협력구조 모델 구축」(2019) 등은 음악을 통한 교정프로그램 개발, 음악 치료의 효과, 음악 등의 예술을 통한 교정프로그램의 운영 현황 등을 주제로 다룬 연구들이다. 특히 그러한 연구의 방법론은 대체로 '경험적·분석적 과학'의 측면에서 음악 등을 포함한 예술이라는 주제가 대상화되었다. 영역별 교정 인문 연구의 범주 안에서 이해하고 음미해 보기에는 그 시각이 다소 낯설다고 할 수 있다. 그렇다고 그러한 연구들이 무의미하다고 평가할 수는 없다. 앞으로의 교정 인문 탐구 안에서의 연구 향방은 이러한 선행연구들을 인문학적 이론에 접속시키면서 예술 철학적, 혹은 미학적 관점으로 지양시키는 것이 강력히 요청된다. 교정 전문 연구자와 더불어 예술철학 혹은 미학 전공자의 긴밀한 협업이 필요한 영역이라고 할 수 있을 것이다.

이러한 협업을 필요로 하는 교정 인문의 연구 영역은 예술의 장르 안에서 무궁무진하지만 특히 연극과 영화 매체는 교정 인문에 대한 전문가들의 연구 확산과 더불어 대중의 관심 확대를 가져올 수 있는 효과 있는 연구의 대상이 될 수 있을 것이다.

신겸수의 논문 「영국 및 미국 교도소의 셰익스피어 연극 프로그램」

(2008)과 「영미 교도소 연극 프로그램의 활용 방안」(2011)은 셰익스피어 연극이 영국과 미국 교정의 현장에서 실제로 어떻게 활동하고 있는지를 소개한다.[345] 그러한 결과의 효과성에 대하여 그는 "많은 사람들은 셰익스피어 연극 속에 범죄자의 마음을 파고들어 변형시키는 힘이 있다고 믿"고 있으며, "이런 도덕적 변화의 효과는 셰익스피어를 체험한 많은 재소자들에게 확인"된다는 의미에서 셰익스피어 연극이 "재소자에게 일종의 교육의 기회의 장"[346]이 될 수 있다는 점을 부각한다.

비록 신겸수의 논문은 영국와 미국의 사례들을 주제화하고 있지만, 그것들과의 대비를 통해 한국 교도소 내에서 연극을 통한 교정교화의 가능성을 찾는 시도 역시 담고 있다. 그리고 신겸수는 교정 연구와 관련해서 자신이 직접 참여했던 실제 교정 현장에서의 연극 상연의 체험을 통해 '한국 교도소에서의 연극 활용 가능성과 그 한계'를 제시하고 있다.

또한 신겸수는 한국연구재단 지원 하의 '인문주간행사'의 일환으로 2008년 10월 10일 여주교도소에서 교수연극단 '셰익스피어의 아해들'의 '햄릿' 공연은 연극 공연이 교정교화에 얼마나 크게 기여할 수 있는가를 확인해 볼 수 있었던 계기가 되었다고 밝히고 있다.[347] 그는 "한국 교도소에서 연극 프로그램이 성공적으로 정착될 수 있을지는 현재로서는 속단할 수 없다"라고 말하면서 현 단계에서는 무엇보다 먼저 "연극을 통한 교정교화 프로그램의 성공 여부는 교정 관계자들의 연극에 대한 인식과 이해에 상당히 의존할 수밖에 없다"[348]라고 주장한다. 신겸수는 셰익스피어 연극에 초점을 맞추어 "재소자들을 셰익스피어 연극의 프로그램 참여자로 만들기 위해서는 더욱 세심한 정책적 검토가 필요"하다는 전제로 미시적 차원의 문제 제기를 다음과 같이 하고 있다: "셰익스피어 연극의 정체성 문제", "교도소 내 재소자를 연극 관객으로 참여시킴에 수반되는 관리 행정적 문제점", "연극이 지니는 전복적 메시지의 극복 방안"[349] 등. 신겸수의 연구는 연극 매체를 통한 교정의 효과를 실제적 차원에서 다루었다는 데에서 매우 큰 의미가 있다. 그렇지만 본 논문들은 연극이 재소자를 대상으로 교정교화에서 끼칠 수 있는 심리적 측면 혹은 철학적 측면의 조명은 매우 부족해 보인다. 신겸수의 연극에 대한 연구가 교정 인문의 연구에 상응하는 연구 내용을 담기 위해서 조금 더 주제가 확장되고 심화된 후속 연구에 기대를 걸 수밖에 없을 터이다.

정재훈과 박지은의 논문 「영화 속에 나타난 범죄의 사회적 의미 – 근대국가체제 국민 보호 기능 분석을 중심으로」(2014)는 '교도소 문제 – 교정이론'에 직접 연계되어 있지는 않은 연구이다. 그러나 정재훈과 박지은은 광의의 범주 안에서 교정이론에 담을 수 있는 '권력'과 '범죄', 그리고 '가해자-피해자'의 구도 등에서 발생하는 문제를 영화를 통해 분석의 대상으로 삼으면서 '한국 현실 안에서 범죄에 대응한 국가의 보호 기능'에 물음을 던진다. 이 논문은 어쩌면 '교도소 안'에서의 문제가 아니라 '교도소가 왜 생기고, 왜 재소자가 더 늘어나야 하는가'에 대한 '교도소 밖'의 관점에서 범죄 발생에 대한 우회적인 비판을 담고 있다고 할 수 있을 것이다. 정재훈과 박지은은 2011년 출시된 윤종빈 감독의 영화 '범죄와의 전쟁'을 대상으로 그러한 문제를 제기한다. 즉 국가는 "무기력하고 부패한 모습"으로, 그리고 그 국가 안의 사회의 흐름은 국가보다는 "집안·문중의 이해관계"를 통해 작동되고, 사회

안 여러 층위의 사람들 각각은 부정적인 "상호의존성"[350]으로 형성되어 있다는 것이다. 그러한 인간의 관계는 "수단적 의존관계", "돈과 권력의 의존관계" "착취적 의존관계", "협조적 의존관계"[351]로 나열될 수 있고, 각각의 관계 안에서는 결국 한 국가 안에서 그 구성원들(국민)끼리의 "거시적 연대 실천은 불가능"[352]하다는 결론이 도출될 수밖에 없다는 것이다. 여기서 중요한 핵심 사안이 될 수 있는 것은 "국가가 부정ㆍ부패하고 범죄 가해자와 결탁할 때는 '가해자-피해자' 구도"는 상실되고 국가는 "오히려 범죄 가해자를 보호"[353]하는 모순에 처하는 아이러니가 발생한다는 사실이다. 두 공동 연구자는 '범죄와의 전쟁'이라는 영화가 함의한 의미가 "이미 지나간 1980년대의 서사가 아닌 우리 사회의 현재진행 중인 모습"을 전하는 "메시지"[354]라고 주장한다.

교정 인문 연구의 범주 안에서 볼 때 교도소 안에서의 이야기들이 많이 들어있지 않기 때문에 정재훈과 박지은의 논문은 그 기준과 규격에서 볼 때 그 한계가 노정될 수 있다. 그렇지만 교도소 '안과 밖' 모두를 아울러야 한다는 '교정 인문 – 교정 문화'라는 확대된 연구 범주를 고려한다면, 즉 예술 관련 교정 인문 연구 안에서 살펴볼 때 정재훈과 박지은의 논문은 보기 드문 성과라고 아니 할 수 없다. 앞에서도 이미 밝혔듯이 영화는 대중적 관심을 많이 끌 수 있는 매체이기 때문에, 영화를 통한 교정이론에 대한 연구들은 교정 인문 영역 안에서 적극적으로 수용되어야 할 것이다. 교정 인문 연구 안에서 영화 매체가 중요하다고 여겨지는 이유는 특히 교정 및 교화의 효과가 간접적인 해석이 아닌 현존하는 경험을 실제처럼 생생하게 전달할 수 있게 만드는 '내러티브'를 통해 구현되기 때문이다. 이러한 의미에서 페미니즘이라는 탐구 대상이 '페미니즘 연구 방법론'으로의 독특한 독자성을 구축했듯이, 영화 매체는 교정 인문 연구 안에서 독자적 연구 방법론으로 계발될 필요성이 있다고 사료된다. 영화 이론가 및 영화 비평가, 혹은 영화 제작자 등과 인문학자 그리고 교정학 전문가의 학제적 협력을 통해 '교정 인문 연구 – 연구 매체로서의 영화'라고 명명되는 연구 영역을 확대해야 할 것이다.

영화를 포함한 교도소 내 인문 교양과 예술의 역할은 주지하다시피 주로 재소자의 교정 · 교화 교육의 일환으로 실천되어야 한다. 출소 후 사회복귀를 돕는 교과교육, 재소자의 생활지도 교육, 인성교육, 직업 훈련 교육 등등이 있지만, 인문 교양과 예술 교육의 내용은 응보의 체제가 아닌, 특히 현대의 교정이념, 즉 회복적 교정의 틀에 상응되어 구성되어야 한다. 다시 말해 교도소 안의 교정 · 교화 교육의 실천은 '문화적 범죄학'[355] 내지 '철학적 범죄학'을 지향하는 가운데, 탈응보적 교정 · 교화의 가치관, 즉 '철학적 사유'와 '영성적 추구' 그리고 '예술적 가치의 지향'이 명시적으로 내포되어야 할 것이다.[356]

마) 종교를 통한 교정 · 교화 및 사형제도의 문제

김안식의 연구논문 「수형자의 교정교화와 종교의 역할」(2010)은 교도소 내의 종교 역할과 기능이 어떻게 작용하는가에 대한 유익한 정보를 제공하고 있다. 일단 김안식의 연구는 설문을 통한 분석 결과로 "종교 활동과 수용 생활적응 간의 관계"에서 볼 때, 재소자들의 "공적 종교 활동이 규칙준수에 대해 유의한 수준에서 정적(正的) 방향으로 영향을 주는 것"[357]으로 나타났다는 사실을 전제로 한다. 즉 종교의례를 통한 참여는 수용자들로 하여금 "시간 준수, 집회 질서 유지 등 규칙준수에 긍정적이고 유익한 영향을 준다"[358]라는 것이다. 더불어 "내재적 종교성향"이 높아진다면 교도소 내의 '순응'뿐만 아니라 "자기 계발의 정도"[359] 역시 강화될 수 있음을 주장한다. 조금 오래된 통계이기는 하지만 "2008년 말 통계는 전체 수형자(34,128 명) 중 81.6%가 종교를 갖고 있다"[360]라고 김안식은 밝히고 있다. 다수를 점하는 수용자들의 종교 활동을 위해 교정 당국은 공적인 종교 활동을 넘어서 재소자들이 "기도 · 명상 · 경전 읽기 등 사적 종교 활동을 활발하게 할 수 있도록 여건을 조성할 필요"[361]가 있으며, 또한 "목사 · 승려 · 신부를 (교정) 파견하는 형식의 교목(교회사) 제도를 신설하는 것이 바람직하다"[362]라고 제안한다. 김안식의 연구는 일반적인 종교 기능의 긍정적 측면을 부각하는 데에 주안점이 있다. 즉 종교의 기능이 재소자들의 교정교화에 크게 도움을 준다는 일반적 차원에서의 '인성계발'뿐만 아니라, 더 나아가 재소자들에 있어서 "종교가 삶의 도구가 아니고 삶의 궁극적 목표"[363]로의 전환 계기가 되도록 해야 한다는 것이다. 김안식의 논문은 대체로 교도소 내 종교의 기능적 측면에 대한 고찰로 여겨진다. 일단 김안식의 논문은 교도소 내 종교가 재소자들의 교정교화에 어떤 정도의 영향을 미치고 있는가를 알려 주고 있고, 지속적으로 종교가 재소자의 삶에 긍정적으로 기여할 수 있음을 밝히고 있다. 교정 인문 연구의 범주 안에서 살펴볼 때는 김안식의 논문은 종교라는 인문학적 주제를 경험적 · 분석적 방법론적 차원에서 다루었다고 분류할 수 있으며, 실증적 종교 사회학적 눈높이를 지니고 있다고 말할 수 있을 것이다. 일단 김안식의 논문은 '분석 - 교도소 내 종교적 기능, 분석의 결과 - 교도소 내 종교적 기능은 긍정적 효과'라는 단순한 구조 안에서 살펴볼 수 있다. 그래서 교정 인문 연구의 관점에서 평가하는 김안식의 논문은 교정 인문의 연구에 적극적으로 접속되지 못했다고 볼 수 있다. 그러한 접속을 강화하기 위해서는 교도소 내 종교의 기능에 대한 고찰 결과의 의미를 조금 더 맥락화하는 방법적 전략의 구사가 필요할 듯이 보인다. 예를 들면 종교 기능의 부정적 측면 또한 긍정적 측면 못지않게 크다는 전제 역시 맥락화 할 수 있다. 즉 필자가 볼 때 교도소 내 종교의 기능은 그 역할에서의 긍정적 측면에서 뿐만 아니라 그 역할이 부가하는 역기능 역시 연구자가 보는 반대 선상에 존재할 수 있으며, 그러한 방향의 교정 인문 연구 역시 필요하다는 것이다. 물론 한 연구자에 의해 동시에 다른 관점을 지닌 연구를 수행할 수는 없겠지만, 김안식의 연구를 필두로 교도소 내 종교의 문제는 앞으로 다른 연구자들에 의해 교정 인문 연구 안에서 지속적인 탐구의 주제로 부상되어야 함은 너무나 당연하다.

전석환의 연구논문 「수용자 처우에 있어서 종교의 역할과 기능에 대한 고찰 – 구조 변화의 의미를 중심으로」(2010)는 교도소 내의 종교의 역할과 기능을 교정·교화 교육의 차원에서 보지 않고, 문제점을 재소자들의 '자율적 종교선택의 연관'에서 보고 있다. 그는 2006년 8월 27일 '재소자의 종교선택의 유무 사항을 가석방 심사의 조건에서 제외시킨다'라는 입법 예고를 모티브로 하여 논문을 쓰게 되었음을 밝히고 있다.[364] 전석환은 그때까지의 교도소 내의 종교의 기능과 역할 등을 살펴보고, 종교 자체의 위상이 변모되는 모습을 서양의 '세속화'의 과정을 통해 설명하고, 그러한 문맥에서 벗어난 한국 종교의 변화 지형을 검토한다.[365] 이러한 변화된 지형을 바탕삼아 전석환은 가석방 심사의 조항에서 제외된 종교의 의미를 다음과 같이 평가한다: "일반적 관점에서 볼 때 현대사회 안에서 종교는 전통적으로 지니고 있던 규범성을 상실함에 따라 그 사회 안에서의 독자적 기능과 역할을 잃어버리고 있다고 보인다. 그러나 종교적 자유의 자율적 실천 측면에서 보자면 한국 교도소 내에서는 역설적으로 종교 영역은 그 독자성을 오히려 획득하고 있다고 할 수 있을 것이다. 그러한 근거에서 종교의 위상은 재소자들로 하여금 가석방 심사라는 조건을 고려하지 않고 자율적 선택에 맡겨진다는 점에서, 즉 스스로의 교화를 전제로 한 성숙한 결단을 하는 만큼 그 위상이 그만큼 더 높아질 수 있다는 것이다."[366]

그런데도 이러한 판단이 객관적 판단이 될지는 좀 더 심층적 논의가 필요하다는 점을 전석환은 덧붙인다. 즉 '가석방 심사 등에 관한 규칙 개정'의 의지가 "세속화를 전제하지 않은 일반적 관용의 이데올로기가 종교적 관용으로 자연스럽게 확산"한 것인지, 혹은 "종교의 자유라는 법제 운영상의 문제"[367]인지에 대해서는 좀 더 구체적 검토가 필요하다는 것이다. 이 연구가 함의하는 뚜렷한 메시지의 핵심은 수형자의 '자유의지'를 펼 수 있는 '계기'를 부여하는 것이 '더 높은 교정교화의 효과성을 높이는 것이 아닐까'라는 물음을 던진다는 사실이다. 다시 말해 교도소 내 "수형자의 내면적인 심성의 변화를 위해 종교 활동"[368]을 펴기보다는 재소자들에게 종교를 선택하기 위한 - 즉 종교를 선택할 것인가 혹은 선택하지 않을 것인가, 또한 종교를 갖게 된다면 어떤 종교를 선택해야 하는가 등 - 기회를 먼저 주어야 한다는 것이다.

전석환의 논문은 인간의 자율성, 혹은 자유의지 개념 등을 전제한 인간 이해를 바탕으로 종교의 내면적 가치는 오히려 이성적 바탕에서의 교정·교화에서보다 '오히려 의지를 전제한 인간 이해에서 더 잘 기능하지 않을까'라는 관점의 기초에서 맥락화의 방법을 잘 활용하고 있다고 볼 수 있다.

이러한 자유의지와 죄와 벌 그리고 선과 악의 관계 해명을 교정 개념을 매개로 하여 다룬 연구는 김지수와 김영철이 공동 집필한 논문 「철학적 사유에 내재하는 교정코드의 의미 - 아우구스티누스의 영혼을 중심으로」(2018)가 있다. 김지수와 김영철은 '코드(code)'란 "어떤 현상이나 사건 그리고 더 나아가 행위의 기준이나 척도"[369]이며, 이런 의미에서 철학적 사유에서 "인정한 패턴이나 원리"[370] 역시 코드라고 부를 수 있다고 정의한다. 김지수와 김영철은 인간에 있어서 "사유의 결핍 혹은 불완전성"은 "인간의 소외"를 야기하게 되고, 급기야는 이러한 귀결은 "범죄"[371]로 이어지게 됨을 설명하고 있다. 그리고 교정은 바로 응보 이념과 같은 보복의 과정이 아니어야 하며, 총체적으로 "인간 본질의 회복"[372]에 목표가 설정되어야 함을 주장한다. 김지수와 김영철은 그러한 목표 도달의 방법적 패러다임을 '아우구스티누스(Augustinus)의 영혼론'에서 찾는다. 즉 아우구스티누스의 "인간 범죄의 교정코드"는 "자기 자신에 내재한 본성의 회복"이자, "영혼(anima)에 내재한 능력의 회복"[373]이라고 김지수와 김영철은 설명한다. 그리고 아우구스티누스에 있어서 영혼이란 결국 "생각하는 능력"인데, 그것은 단순한 사고의 행위가 아니라 "자기 자신의 내면, 즉 자신의 깊은 내면인 심연을 보고 생각하는 능력"[374]이라고 부연한다. 그리고 "인간 자체가 자기본질 회복과 자기 정체성을 회복하기 위해서는 (…) 교정코드를 찾고 적용하는 것이 필요"[375]하다고 김지수와 김영철은 역설한다. 이러한 주장은 아우구스티누스의 '영혼론'에서 뚜렷이 각인된 '결핍이나 무(無)를 뜻하는 악'과의 단절, 그러한 실천을 위한 인간 스스로가 자신의 태도에 대한 책임을 져야 한다는 '자유의지' 개념이 그 핵심을 이룬다. 이러한 고대의 아우구스티누스의 주장은 현대 교정에 있어서도 조금도 축소되지 않은 채로 그 생명력을 유지할 수 있다고 필자는 생각한다. 김지수와 김영철의 공동 논문은 교정 인문 연구 안에서 교정의 측면으로 보는 철학사에 대한 지속적인 개발이 필요하다는 과제를 던져주고 있다. 교정 인문 연구 중 철학사를 매개를 한 연구 주제들은 무한하다고 볼 수 있다. 본 연구는 중세철학자 아우구스티누스를 교정 인문을 주제로 하여 윤리학적 측면에서 다루었지만, 그뿐만 아니라 각 시대 별로, 혹은 각 사조 별로 나누어 본 철학적 사상으로부터 인식론적, 형이상학적, 존재론적, 미학적 측면을 교정 인문 연구에 접속시키는 작업이 요청된다.

그러나 김지수와 김영철의 연구에서는 범죄자의 죄에 대한 대가로 인한 형벌로의 교정 과정까지 만을 다루고 있고 죽음, 즉 사형에 대한 언급은 빠져있다. 사형 개념과 사형제도에 대한 종교의 관심은 동서고금을 막론하고 오래된 연혁을 지니고 있다. 교정 인문의 연구 분야 역시 인문학에서뿐만 아니라 종교에 이르기까지의 교정 탐구에 대한 관심을 포괄하고 있는 까닭에 종교 측면에서 '죽음 – 사형제도'에 대한 주제들을 다룬 연구들은 낯설지 않은 연구 성과로 수용될 수 있었다.

김우성은 「가톨릭 생명윤리의 관점에서 본 사형의 비윤리성」(2010)에서 사형제도가 불필요할 뿐만 아니라, 가톨릭의 윤리에 위배된다는 점을 고찰하고 있다. 일단 김우성은 가톨릭의 생명 윤리관을 통해 현존하는 사형제도 존치론에 대한 반대의 견해를 피력한다. 그는 "근거 없는 사형의 위화력"과 "국민의 응보적 법 감정론", 그리고 "사회계약론에 비판"의 관점에서 사형 "존치론의 근거들이 한계가 명확"[376]하다는 점을 밝히고 있다. 가톨릭의 생명윤리와 현재 드러나 있는 사형제도 폐지론 – "인도주의적·종교적 입장의 폐지론", "오판의 이유로 폐지를 주장하는 이론", "악용·남용을 근거로 하는 폐지론", "형벌의 본질에 위배됨을 이유로 하는 폐지론"[377] – 과의 공유점이 있음을 설명한다. 김우성은 그러한 요소들을 "인간의 존엄성", "연대성 원리", "공동선 원리"[378]와 같은 성격으로 특징화한다. 그러나 김우성은 가톨릭의 교리 측면에서 사형제도에 반대하는 근거는 카톨릭만이 지니고 있는 고유한 '생명권' 사상에 놓여 있음을 밝히고 그 내용을 자세하게 설명한다. 무엇보다 먼저 가톨릭에서는 "인간 생명의 본질"은 "신의 모상(Imago Dei)"[379]으로부터 출현한다는 것을 그는 전제한다. 그리고 인간 생명은 "신이 자발적으로 인간에게 부여한 선물"[380]이며, 인간은 "자기 생명의 주인이 아니라 (…) 자기 생명을 관리하는 관리자"[381]에 불과하기 때문에 인위적인 행위를 통한 죽음 혹은 죽임은 '비윤리적'이라는 판단을 내릴 수밖에 없다는 것이다. 그러한 근본적인 생각은 확대되어 사형제도를 비롯한 일반적인 '살인'과 '안락사' 그리고 '낙태' 모두는 가톨릭의 생명관에 위배되어 인간 존엄성을 해치는 비윤리적 범주에 포함된다는 점을 김우성은 밝히고 있다.[382] 김우성은 외국에서의 사형제도 사례(브라질, 인도네시아, 이스라엘, 벨기에, 중국, 스위스 등)에 대하여 언급하면서 '사형제도를 점진적으로 제한하는 방법을 명시적으로 도입하여 시급히 사형폐지의 방향'을 틀 것을 제안하고 있다. 또한 그러한 전략으로 최고형이 "절대적 종신제"가 되고, 그다음 "사회적 변화에 따라 상대적 종신제로 전환" 등을 통하여, "사형제도의 점차 폐지"[383]를 김우성은 주장한다. 김우성의 연구는 한편의 논문에 담기 버거운 문제 및 이슈들을 많이 담고 있지만, 가톨릭이라는 종교적 이념을 뚜렷하게 부각하여 교정 인문의 주제를 잘 부각했다는 점에서 높이 평가할 수 있다고 필자는 생각한다.

불교의 관점에서의 사형제도 반대의 견해 또한 가톨릭 관점과 대비되어 설득력 있는 견해를 도출하고 있다. 진희권의 연구논문 「불교의 생명관을 통해서 바라본 사형제도」(2010)는 서양의 전통적 생명관인 "생기론"과는 상이하게 불교의 생명관은 "유기적 관계"에 놓여 있으며, "유기체로서의 개체 생명의 본질은 상호의존성 – 연기성 – 에 있다"[384]라는 사실을 전제하고 있다. 그러므로 연기적인 연관 안에서 결코 인위적인 일탈이 있을 수 없다는 점에서 "인간이 모든 생명에 대하여 이타적인 삶과 자비로운 삶을 살아야 한다는 윤리적 당위성"[385]이 확보된다고 진희권은 주장한다. 그런 까닭에 사형제도는 당연히 불교의 생명관에 위배되는 것이므로 그 반대의 근거로 필요 충분의 조건을 지니고 있다고 그는 주장한다. 국가가 여전히 사형제도를 존치하고 있는 것은 "개인의 복수감정을 풀어주는" 데에 한정되는 것일 뿐이며, 또한 그것은 "국가가 개인의 생명을 침해하는 논리적 모순적인 행위"이자 "국가폭력"[386]에 지나지 않는 행위라고 진희권은 주장한다. 그러므로 불교의 생명관에 연관하여 그는 개인의 "범죄행위는 오직 그 사람 혼자만에 의하여 형성되는 것이 아니다"[387]라는 사실에 관심을 환기시킨다. 진희권은 "그 행위는 수많은 인과 연에 의하여 만들어지는 것이고, 그 인연은 사회공동체를 구성하고 있는 모든 사람과 관련을 맺고 있는 것이다"[388]라는 사실로 환원될 수 있음을 역설한다.

앞서 살펴본 두 편의 논문 모두는 종교의 이념에 근거한, 즉 '사랑'과 '자비' 등의 개념에 기초한 용서를 근간으로 하여 사형제도 폐지에 찬성하는 견해를 지닌 것으로 보인다. 두 연구논문을 계기로 필자는 향후 두 가지 차원에서의 교정 인문 연구가 촉진해야 할 과제가 요청된다고 생각한다. 그것의 첫째는 불교와 가톨릭의 관점에서뿐만 아니라 기타 다른 종교 안에서 사형제도를 어떻게 보는가에 대한 연구들이 교정 인문 연구 안에 더 축적되어야 한다는 것이다. 둘째는 후기 현대의 달라진 종교적 지형을 전제로 세계 종교의 현재 흐름을 종교 사회학적으로 검토하고, 비교종교학적 차원에서 사형 내지 사형제도에 대한 공통된 생각은 무엇인가를 추출하는 연구들이 교정 인문 연구 안에 수용되어야 한다는 것이다. 더 나아가 필자는 궁극적으로 이러한 연구들이 사형제도가 인간의 원초적 본능에 반하는 것인가, 아닌가를 탐구하는 작업에 초점을 맞추면서 교정 인문 연구에 합류되기를 희망한다.

종교가 아닌 사형제도 폐지에 대한 다른 근거 역시 있을 수 있고, 귀를 기울일 필요가 있다. 현대사회의 탈종교적 기류를 고려한다면 종교 아닌 다른 근거로서의 사형제도 폐지의 견해가 더 중요하게 여겨질 수 있기 때문이다.

박병식의 연구논문 「교수형의 잔혹성 연구」(2013)는 사형제도 반대의 근거를 '잔혹성'이라는 개념을 통해 논의를 개진하고 있다. 박병식의 논의는 잔혹성을 고통의 개념 안에서 포괄하면서, 두 가지의 차원에서 그러한 고통이 형 집행에 의해 '가해의 요소'로 작용할 수 있음을 전제로 하고 있다. 그것은 바로 '사형을 집행 받는 사형수 입장에서의 고통이 하나이고, 두 번째는 사형을 집행하는 교도관, 사형판결을 내리는 법관, 그리고 사형제도에 반대하는 일반 국민'[389]의 입장에서 겪을 수 있는 고통이라는 것이다. 박병식은 생물학적 내지 생리학적 관점의 교수형의 고통을 조선 시대의 사형제도와 더불어 일본과 미국의 교수형 및 프랑스의 기요틴 사용의 실례에서 제시한다. 박병식은 "살아있는 인간을 죽이는 것 자체가 잔혹하다"[390]라는 주장을 전제로 교수형이라는 특정한 사형제도를 넘어선 보편적 차원에서의 사형 반대를 역설한다. 사형제도의 존치를 내세우는 근거, 즉 분석이 불가능한 "인류의 축적된 경험"[391]이기 때문에, "죄와 악이 실재하는 이 세상에서는 불가피한 제도"라는 주장에 명백한 반대를 표명하면서 박병식은 "사형제도는 「인류의 축적된 경험」이 아니라 「극복의 대상」"[392]일 뿐이라고 주장한다. 그리고 현재의 "유럽 국가들이 모두 사형을 폐지하고 세계적으로 폐지국이 훨씬 많은 것도 사형제도를 극복하려는 노력"[393]의 한 모습이라는 주장도 그는 덧붙인다. 박병식의 논문은 '고통'이라는 측면에서 사형제도에 반대하는 견해를 표명하고, 그러한 논증을 역사적 사례를 통해 시도하고 있다. 그렇지만 그러한 논증은 조금 자신의 논지를 증명해 보이기에는 역부족으로 보인다. 오히려 박병식은 고통에 대한 정당화를 철학적 배경을 통해 강화했었더라면 자신의 논지가 조금 더 설득력을 지닐 수 있었을 것이다. 말하자면 벤담(J. Bentham)과 밀(J. S. Mill) 등의 공리주의적 철학은 관념론적 이상주의에 반대하면서 '생명에 대한 공격이 나쁘다는 점'은 바로 고통을 주는 것이라는 점을 주장하고 있다. 이러한 전제로 박병식의 논문이 역사적 사례와 더불어 철학사적 배경을 자신의 논지를 강화하는 것에 사용했어야 한다. 물론 박병식의 논문은 교정 인문 연구목적 및 규격에 잘 상응하지만, 방법론적 차원에서 볼 때, 일반의 역사적 맥락을 철학사적 맥락으로 재맥락화하는 작업이 필요했었다고 필자는 평가한다.

박병식의 또 다른 논문「사형제도와 피해자감정: 일본의 형사사법제도를 매개로」(2011)에서는 일본의 형사제도를 연구 대상으로 삼으면서, '피해자감정' 개념을 매개로 사형제도에 대한 논의를 전개하고 있다. 비록 외국의 사례이지만 사형제도와 '피해자감정'이라는 미시적 차원의 연구 영역을 제시하고 검토했다는 데에 큰 의의가 있다고 할 수 있다. 특히 교정 인문 연구와의 연계를 전제로 교정심리학적 측면에서 이러한 종류의 주제들이 더 계발되고 심층적으로 탐구되어야 한다는 사실은 더 말할 나위가 없을 것이다.

교정 인문 연구 안에서 사형제도의 찬반 논쟁과 또 다른 차원에서 제기된 문제점 역시 살펴볼 수 있다. 윤창식의 논문「사형확정자 처우의 이해와 쟁점」(2010)은 '실질적 사형폐지국'인 한국에서 사형확정자의 사형집행을 하지 않기 때문에 발생하는 문제점들을 지적하며, 개선의 전망을 제시하고 있다. 잘 알려졌다시피 한국에서는 1997년 12월 30일 김영삼 정권에서 23명의 사형집행 이후 20년 넘게 사형집행을 하지 않고 있다. 윤창식은 그러한 문제를 '교정 처우'의 입장에서 살펴보면서, 무엇보다 중요한 문제의 하나는 사형확정자의 처우 환경, 즉 '사형확정자의 십금 혹은 분산 수용의 문제'[394]이고, 또 다른 문제는 교도소 내 '독거 내지 혼거 수용'[395]을 어떻게 결정해야 하는가에 있다고 지적한다. 윤창식은 이러한 문제가 정확하게 해결되어 있지 않기 때문에 일어나는 일선 교도소의 혼란을 내외국의 사례를 통해 소개하면서, 시급히 검토하여 실제의 교도 행정에서 해결해야 할 아젠다를 다음과 같이 제시하고 있다: 사형확정자는 일반 수형자와 구별될 수 없으므로 "차별적 조치(Segregation)보다는 통합전략(Mainstreaming: 차별금지조치, 주류로의 편입조치)이 더욱 교정이념에 부합"[396]한다. 지금 현 상태, 즉 "사형폐지에 대한 국내외적 상황과 집행에 대한 불투명성, 사형 관련 형사입법의 미개정 등이 존재하는 현재 상황"에서는 "고립전략에 대한 진지한 재검토"[397]가 필요하다. 이러한 근거로 사형확정자를 "법질서 실존의 증명에 그 목적을 두기보다는" 오히려 "일반 수형자와 같은 사회 복귀의 잠재적 가능성을 토대"[398]로 생각해야 할 것이다. 궁극적으로 통합전략은 "사형확정자에 대한 보안상 특단의 고려"가 전제되어야 한다는 조건에서 "입법적 해결방법을 모색"[399]해야 한다.

윤창식이 제기한 여러 문제 중에서 교정 인문 연구가 담지해야 할 부문은 아마도 교정 처우의 경험적·분석적 심리학의 관점에서 연계된 접근이다. 물론 윤창식의 논문은 벌써 이러한 관점을 활용하고 있으며, 전체 내용 전개의 윤곽 역시 심리학의 전제로 이해할 수 있다. 여기서 교정 인문 연구로의 적극적 접근을 염두에 둘 때 중요한 지점은 '사형확정자의 처우 환경 개선 문제 제기 중 독거 내지 혼거 수용의 문제'이다. 무엇보다 윤창식의 논문에서 먼저 주제가 확대되고 더 심화되어야 할 문제는 '인지 행동주의'로의 접근이라고 필자는 생각한다. 말하자면 교도소 내 독거 내지 혼거 수용의 문제는 법의 테두리 안에서 그 해법을 찾기 전에 '공간 행동'[400]의 연구 결과를 매개로 하여 조금 더 객관화된 시각을 지녀야 할 것이라고 필자는 생각한다. 공간 행동이라는 연구 분야는 공간 안에서의 인간 행동이 개인의 성향, 혹은 성별적 특성, 더 나아가 문화에 따라 상이하기 때문에 국내인 뿐만 외국인 재소자를 위한 교정 처우에도 역시 잘 활용될 수 있을 것이다. 교정 인문 연구는 그렇게 적용되어 연구된 결과들을 인류학적 혹은 철학적 인간학 등을 통해 재해석할 수 있고, 또한 역사적 문화적 차원의 관점을 통해 맥락화할 수 있을 것이다.

조금 다른 관점에서 사형에 관련된 문제에 접근할 수도 있다. 그것은 사형제도에 대한 새로운 법의 입법이나 법 개정의 문제이다. 무엇보다 먼저 입법이나 법 개정을 위해서라면 일단 국민의 법 감정을 고려해야 한다. 결국 이러한 거시적 차원의 문제는 사형제도나 혹은 사형과 연관된 문제들이 지니고 있을 '철학적 이해의 차원'을 국민의 정서 안에서 수용하게 만드는 계몽이 필요하다는 것이다. 다시 말해서 '교육'이 필요하다는 점을 덧붙일 수 있다. 즉 사형제도의 찬성과 반대 견해에 대한 국민적 합의를 끌어내는 시도 이전에 국민에게 죽음이라는 현상에 대하여 객관적인 이해를 시키려는 노력이 먼저 선행되어야 한다는 것이다. 이러한 의미에서 사형제도 존치에 연관된 구체적 법제의 문제를 적극적으로 다루기 전에 조금 추상적이기는 하지만 이론적 차원의 죽음의 문제를 교정 인문 연구에 산입시킬 수 있다.

김정희는 「죽음 교육을 통한 청소년 비행 예방: 사회적 불건강 예방 및 건강증진에 대한 재고」(2013)라는 논문에서 교정과 관련하여 죽음 교육에 대한 진지한 성찰을 통해 실천적 방법을 제안한다. 물론 이러한 주제를 청소년의 교육 범주 안에서만 다루었다는 한계가 있지만, 본 연구의 주제를 확대 심화한다면 죽음에 대한 올바른 관념을 국민 다수에게 교육할 수 있는 특별한 효과를 기대할 수도 있을 것이다. 김정희는 '죽음을 주제로 한 교육'을 "청소년들의 사회적 건강문제"의 차원에서 바라보면서 "건강문제들을 예방하고 건강증진의 방향으로 전환하려는 시도를 요청"[401]하는 것의 일환이라는 점을 밝히고 있다. 이러한 필요에 선행된 죽음 교육의 목표는 다름 아닌 "무지가 지배하는 죽음에 교육을 통한 기회를 제공하여 앎의 확보로 생명의 힘을 자생하게 하자는 것"[402]이라고 김정희는 주장한다. 또한 이론적이기는 하지만 그 자체를 실용적인 측면으로 전환시켜 본다면 "죽음 교육은 삶을 이치에 맞게 살기 위한 삶의 교육"[403]의 하나라는 점을 김정희는 주장한다. 더 나아가 김정희의 연구는 사회문제의 점점 더 큰 비중을 차지하는 청소년의 범죄에 대한 경각심을 높일 것을 제의하면서, 예방과 재활을 위한 하나의 방책으로 죽음 교육이 필요하다는 점을 설명한다. 또한 김정희는 죽음 교육은 "전 생애의 삶을 의미 있게 살기 위한 죽음에 대한 인식"을 강화하는 것이며, 사회의 구조 및 환경에 따라 다소 차이는 있겠지만 "초·중·고 연령의 청소년에게 실시 가능"하고, 이미 '외국에서는 그런 교육이 이미 실시되고 있음'을 밝히고 있다.[404] 김정희의 연구는 죽음 교육이라는 테두리에서 죽음에 대한 청소년의 의식 전환에 대해 논의하고 있지만, 이러한 논의가 교도소 내의 일반 재소자, 더 나아가 사형집행 확정자를 대상으로 하는 연구에는 못 미치고 있다. 죽음의 문제를 적극적으로 다룰 수 있는 계기를 교도소 내의 교정교화 영역 안에 마련하는 후속의 연구가 필요하다. 이미 교도소 내의 종교적 포교 활동 혹은 인문학 강좌 등에서도 시행하고 있겠지만 가능하다면 죽음의 문제만을 다루는 하나의 세션으로 교정교화 과정 안에서 특별히 설치하는 것이 바람직할 것이다.

전체적으로 '교도소 내 종교 - 사형제도 - 죽음'이라는 큰 주제는 인문학적 고찰을 통해 교정이라는 연구 대상에 깊이 간여될 수밖에 없는 주요 요소들이라고 볼 수 있다. 특히 이 부분은 종교를 통한 교정교화의 실제 현장 영역에서 직접 봉사하는 성직자들과 교정전문가 그리고 인문학자들 간의 통섭적 논의와 작업이 절실하게 요청되기 때문에 향후 교정 인문의 중요한 연구 영역으로 부상되어야 할 것이다.

(3) 실천적 탐구 측면에서 본 인문 교정 연구(Ⅲ): 지속적인 개발 및 계발이 필요한 연구의 주제들

① 회복적 사법 이념의 원초적 발상은 서구 합리주의적 전통에서 나온 것이 아니라, 각 문화권의 원시 부족사회의 분쟁 조정의 풍속에서 얻어진 것이라고 한다. 예를 들면 '피해자와 가해자 가족의 참여', 혹은 '지역사회의 구성원이 참여'하는 '가족집단회의체'와 '지역사회집단회의체'의 모델은 뉴질랜드 마오리(maori)족의 풍습에서 전래된 분쟁의 평화적 해결방법이 그 모체를 이룬다고 한다. 또한 회복적 사법에 의거한 '치료 서클(healing circles)' 혹은 '판결 서클(sentencing circles)'이라는 형태는 캐나다의 원주민과 미국의 나바호(Navajo)족의 풍습에서 유래했다고 한다.[405] 회복적 사법의 이념에 상응하는 한국의 전통사회 안에서 있었던 유사한 범죄 해결 방식을 역사적으로 고찰하고, 현 한국사회에 잘 적용될 수 있는 탈제도적 교정에 입각한 '한국적 교정이론'에 대한 계발이 필요하다. 인문학 중에서 한국사 탐구와 교정의 법제사 연구의 접

맥을 통해 그 성과를 기대할 수 있을 것이다.

② 사회가 점점 더 복잡해짐에 따라 교정학의 연구 대상을 확대해야 할 당위성은 분명히 있다. 특히 사회 영역에 대한 미시적 분류에 따라 교정이론 개발을 위한 관심 역시 더욱더 세분되어야 할 것이다. 특별한 상황 안에서의 재소자 혹은 피의자 신분으로의 구금 때문에 발생할 수 있는 인권침해의 문제에 초점을 맞추어 연구를 개진할 수 있다. '예외적으로 폐쇄된 공간 안'에서의 자유 박탈 현상 - 군무 중 군인,[406] 외국인 방문자 및 노동자, 북한 새터민 주민,[407] 성 소수자,[408] 공해상의 선원 및 승객, 비행기 운항 중 기장 및 스텝 그리고 승객 등 - 에 대해 법리적인 측면에 앞서 사회심리학적 측면에 선 교정학 연구의 관심이 요청된다. 교정 인문 연구는 교정의 문제에 연계된 이러한 미시적 탐구에 대한 문제 제기와 함께 그 진지한 해답을 구하는 구체적 연구에 적극적으로 조력할 수 있을 것이다.

③ 박정선은 2002년 미국에서 출간된 로버트 샘슨(R. Sampson)과 존 라웁(J. Laub)의 책 *"Shared Beginnings, Divergent Lives - Delinquent Boys to Age 70"*(『시작의 공유, 다양한 삶: 비행 소년에서 70세 노인까지』)에 대한 서평에서 범죄자의 '종단적인 연구'가 목적으로 하는 바는 "범죄자들은 일반인들과는 구별되는 생물학적, 심리학적 특성을 가진 채 평생 동안 다른 사람들과 구별되는 범죄행위를 저지르는 독특한 사람들"[409]이라는 편견에 대해 '도전장'을 던진 것이라고 평한다. 즉 기존 범죄학의 '횡단적 연구'에서처럼 "어떤 사람들이 지속적으로 범죄를 저지르는가 하는

질문에 답"을 찾는 것이 아니라, 샘슨과 라웁의 연구는 "인생 항로의 다양한 지점에서 전환점을 맞아 변화할 수 있음"[410]을 수용하는 새로운 관점의 범죄학 연구 패러다임을 제시하였다고 말한다.

박정선은 "어느 연구나 마찬가지이겠지만 연구에서 가장 중요한 것은 데이터(data)"라는 전제로 이 책의 성공 비결은 "청소년 시기의 자료를 추적하여 500명의 비행 청소년들이 70세에 이르기까지 경험한 다양한 범죄와 일상 활동을 세심하게 정리"[411]한 자료 모음의 활용에 있었다고 말한다. 이러한 주장을 타산지석(他山之石)으로 삼아 향후 교정 관련의 자료 축적의 필요성이 요청된다.

물론 학회 차원에서도 이미 교정 관련 '도서목록' 제작의 필요성을 이렇게 제의하고는 있다: 무엇보다 먼저 인문학과 교정 관련에서 "선과 악의 문제, 참회, 범죄. 형벌, 교정, 인간성 등 도서목록 선정의 기준이 될 만한 키워드" 하에 "연관된 도서를 취합"한다는 목표로 도서 내용의 "난이도나 현재성을 고려하여 도서를 선별"하여 "최종목록"[412]을 제작한다는 것이다. 그리고 그 최종목록은 "관련 연구자들 및 기관과 공유"해야 하며, 더불어 교정과 관련된 "영화 매체" 역시 수집 축적할 필요가 있다는 것이다.[413] 이러한 주장에 근거해 볼 때 교정 인문 연구의 주요한 프로젝트의 일환으로 교정 관련 자료 수집을 위한 '아카이브(Archive)'를 구축할 필요가 있다. 특히 사단법인 아시아교정포럼 인문교정연구소를 주축으로 하여 자료를 디지털화하여 한 곳에 집산하고 관리할 뿐만 아니라 그것을 손쉽게 검색 사용할 수 있는 체제 구축이 절실하게 필요하다. 향후 이러한 아카이브 활용을 통한다면 교정 인문의 연구는 더 효율적인 연구 성과를 기대할 수 있을 것이다.

④ 하버드대학교 교수 마이클 샌들(M. Sandel)은 "세상에는 돈으로 살수 없는 것들이 있다. 하지만 요즘에는 그리 많이 남아 있지 않다."라는 전제로 '대리모 서비스', '의사의 휴대전화 번호', '대기에 탄소를 배출할 권리' 등을 예로 든다.[414] 그중에서 교정과 관련되어 눈에 띄는 예시는 교도소 수용자가 돈을 지불하면 일반 감방 아닌 1박에 82달러에 '업그레이드 감방'[415]에서 지낼 수 있다는 사실이다. 말하자면 샌들이 제시한 돈을 주고 살 수는 없었지만 이제는 살 수 있는 것 중 하나라는 예시는 여러 눈높이에서 그 의미를 생각해 볼 수 있다. 결국 그 이야기는 좀 더 편안하고 안락함을 누리기 위해 '자유라는 비(非)물질적 가치'를 구매할 수 있다는 것에 초점이 맞추어져 있다.

여타의 여러 대부분의 나라들도 감방의 등급은 존재한다. 한국 교도소 역시 감방의 수준에 따라 S1에서 S4까지 등급이 매겨져 있다고 한다. 이러한 등급의 근거는 '형의 집행 및 수용자의 처우에 관한 법률' 제15조에 명시적으로 다음과 같이 규정되어 있기 때문이다: '(교도소) 소장은 수용자의 거실을 지정하는 경우에는 죄명·형기·죄질·성격·범죄전력·나이·경력 및 수용 생활 태도, 그밖에 수용자의 개인적 특성을 고려하여야 한다.'

그러나 이 법 조항의 감방 배정 조건 중에서 '돈의 여부'는 명시되어 있지 않다. 자유 제한 및 억압의 문제는 교도소 안에서 재소자들의 자유 박탈로 인해 생기는 정신적이고 육체적 고통의 단순한 것만은 아니다. 교도소 안에서 수용자들이 조금 더 자유를 누릴 수 있는지 없는지가 돈이나 권력에 의해 좌우될 수 있는 교정 처우의 불평등 문제 또한 수용 기간에 수용자들에게는 또 다른 괴로움이 될 수 있다. 불공평한 시스템의 유지보다는(혹은 현존하는 교정 처우의 방법이 불공정하다고 생각한다면) 법제에 근거 안에서 자유를 살 수 있는 여부를 논의하는 장(場)을 열어야 할 것이라고 필자는 생각한다. 더 나아가 자유를 하나의 가치체계 내지 메커니즘으로 전제한다면, 수용자의 자유 문제와 결부시켜 가치의 주제를 노동력에 결부시켜 논의한 마르크스(K. Marx), 그리고 가치를 인간의 욕망과 관련해서 논의한 짐멜(G. Simmel) 등의 사상을 연계시켜 연구할 필요가 있다. 그러한 주제는 특히 교정학 이론 탐구의 실천적 측면에 세워진 교정 인문의 철학적 연구와 잘 상응할 수 있으리라고 사료된다.

⑤ "포스트모더니즘은 모더니즘에서라면 표상 불가능한 것들을 표현 그 자체를 통해 표출하는 것일 것이다."[416] 프랑스 철학자 료타르(Jean-François Lyotard)의 주장이다. 이 주장에 가장 잘 들어맞는 것은 해체적 구상 안에서 "말은 단지 텍스트성(textuality), 혹은 원초적 글쓰기(arche writing)의 일종"[417]이라는 언명이다. 여기서 가장 주목해야 할 점은 텍스트는 언어만으로 이루어진 사물이 결코 아니며, 언어 자체가 텍스트에 반영된 요소라는 사실이다. 말의 이해는 '말이 언어로 구성되어 있기는 하지만 말은 언어적 재현의 모델'을 통해서만이 소통이 가능하기 때문이라는 것이다.[418] 이러한 전제로 언어 문제에 연계된 해체적 구상 안에서 본다면 전통적으로 우리가 의존했던 철학적 방법론이 향했던 방향은 그 수정이 불가피하다고 할 수 있을 것이다. 교정 인문 연구의 방법론에서도 앞서 이미 제시되었듯이 이러한 관점에서 결코 자유로울 수 없을 것이다. '분석'과 '해석'에 기반을 둔 지금까지의 교정 인

문 연구의 텍스트들을 '해체'의 관점에서 새롭게 뒤집어 볼 가능성은 무한하다고 필자는 본다. 아쉽게도 이러한 측면의 연구는 본서 안에서 단지 푸코(M. Foucault)를 소개하는 정도로 극히 제한된 연구에서만 접할 수 있었다. 교정 인문 연구를 풍성하고 다양성 있는 탐구영역으로 만들기 위해서라면 해체적 사유에 들어있는 방법적 매개 개념들[419] - 하이데거(M. Heidegger)의 '탈구축(Abbau)' 개념으로부터 시작하여 프로이트(S. Freud)의 〈꿈의 해석〉에서 주로 사용한 '환유(metonymy)' 개념, 혹은 라캉(J. Lacan)이 제기한 환유의 근거로서의 '욕망론', 데리다(J. Derrida)의 '차연(différance)'과 '삭제(erasure)' 개념 등 - 을 적극적으로 연구 과정 안에서 수용하여 활용하는 것이 바람직할 것이다.

모든 사람들은 속박을 회피한다. 속박에 점철된 삶의 전형적인 모습은 교도소 안의 재소자들의 모습에서 극명하게 그려진다. 오늘날 교정의 목표가 회복적 사법의 이름으로 죄에 대한 응징적 처벌이 아닌 재소자의 사회 복귀를 강력하게 표방하지만, 여전히 존재해야 할 교도소 안에서 시간을 보내야 하는 사람들의 삶은 아름다울 수 없다. 어떤 목적이든지, 혹은 어떤 다른 명칭을 붙여도 교도소 그 자체는 천국이 결코 될 수 없기 때문이다. 자유가 그곳에는 부재하기 때문이다. 교도소 안에서 재소자의 삶은 한 마디로 억압과 결핍으로 찌든 시간과의 싸움이다. 억압은 두말할 나위가 없이 물리적 제재에서 오는 자유의 한정이다. 결핍은 막힌 환경에서 오는 육체의 고통이 무엇보다 먼저다. 물론 더 큰 정신적 고통이라는 것을 사치스러운 예외로 친다고 하더라도.

본 저서 안에서 다루었던 내재적 문제의 핵심은 자유 개념에 관해 우리가 품고 있는 가치 부여의 문제와 그 가치에 대한 믿음, 그리고 실천이다. 이 문제를 교도소 안의 문제에 직접 적용해 보자. 첫 번째 물음은 이렇게 운을 뗄 수 있다. 교도소, 즉 사회적 시스템으로서의 자유 한 정이 우리 인간 공동체의 삶에 끼치는 영향을 어떻게 평가해야 하는 가? 이러한 시스템이 우리 공동체 삶에 있어서 선을 증진할지, 혹은 악을 소멸할지의 여부를 판가름하는 궁극적인 주체는 과연 누구인가? 이러한 물음에 답을 찾기 전에 중요한 핵심의 과제는 '교도소 밖'의 우리가 어떤 종류의 문화적 환경을, 구체적으로 말하자면 '어떤 종류의 교정문화를 만들어낼지'에 달려있다고 필자는 주장하고 싶다. 이러한 작업은 두 가지 차원에서 실천될 수 있고 그 내용이 바로 본서가 지향하는 목적이었다.

하나는 순수한 이론적 차원의 작업이다. 그러한 작업은 무엇보다 먼저 가설을 논리적 과정을 통해 합리적 결론에 도달시키고, 사용된 논증의 절차적 정당성을 확보하기 위한 노력을 경주하는 것이 전제된다. 그러나 더 중요한 것은 그러한 시도가 '하나의 특정한 결론이라고 간주되는 텍스트(text)'에 머물고 있으면 안 된다는 사실이다. 결과로 드러난 텍스트는 맥락화되어야 한다. 교정 인문 연구는 지금까지의 교정학 탐구를 하나의 텍스트로 본다면 그러한 텍스트를 컨텍스트(context)화 시켜야 할 것이다. 이러한 작업이 바로 인문학이 지향하는 '의미화'의 시도일 것이며, 더불어 교정학이라는 텍스트가 교정 인문 연구라는 컨텍스화를 통하여 새로운 교정문화로 지양(Aufheben)되는 변증법적 토대를 마련할 수 있다는 점을 함축한다.

두 번째는 지금까지 교정 관련 이론들의 성격을 밝히고, 그 근거의 정당화를 시도하는 일이다. 오늘날 사회과학의 이론에 맥을 대는 교정학 연구에 있어 큰 문제의 하나는 '그 이론의 근거가 박약하다'라는 우려에서 오는 정당성(Legitimation)의 문제가 제기됨을 앞에서 살펴보았다. 또 다른 문제는 사회라는 대상에 적용될 이론의 다양성이 부재하다는 비판이 제기되었다. 그러나 보다 더 큰 문제는 사회과학 이론 연구의 실천 자체를 과학성이라는 근거로 맹목적인 법치 교정에의 준수의 길로 향방을 틀 수 있다는 사실이다. 사회과학 이론의 연구와 개발이 국가 정책에 이바지하고 있다는 연구자 입장에서의 막연하지만 당연하다는 생각은 그 자체가 이데올로기화되어 악용될 수 있는 소지를 다분히 지니고 있다고 하겠다. 나치즘과 파시즘을 비롯한 일제 식민지 시대와 한국의 개발 독재 시대의 과학이 어떻게 악용되었는가를 하나의 실례로 들 수 있을 것이다. 교정학 연구 역시 이러한 흐름에서 결코 자유로울 수 없다. 교정이론의 계발과 교정프로그램 개발의 과정 안에서 비판적 사유가 필요한 이유이다. 사회과학적 측면에 선 교정학 연구자들 역시 인문학과의 조우를 통해 통섭의 '행복한 공존을 모색하는 일' 이외에도 그동안 '막연하지만 당연하게 여겨졌던 것들'에 대해 '낯설게' 바라보는 태도가 요청된다. 이러한 태도 변화가 구현해야 할 내용은 다름 아닌 교정학을 '교정과학'으로, '교정철학'으로, 그리고 '교정실천'으로의 면모를 지닌 학문으로 거듭나게 만드는 일이다. 그러한 계기 안에서 교정 인문 연구는 비로소 독자적 방법론을 지닌 학(學), 즉 '교정인문학'이라는 담론 공동체를 형성하게 될 것이다.

이런 생각들이 모여서 이 책 안에서 교정학은 인문학과 조우했다. 필자는 이 만남을 통해 교정 인문 연구가 이론적으로 정초되기를 희망한다. 이러한 시도는 결코 교정학에 그냥 단순히 '인문학적 장치를 부착했다'라는 사실을 의미하지는 않는다. 오히려 이 시도는 미래를 위한 새로운 학문 영역의 탄생 예고를 의미할 수도 있다. 교정 인문 연구를 통해 재구성된 교정학은 다가올 미래에 전래된 자유 개념의 확장과 심화를 증진하는 학문 공동체의 모습으로 거듭날 것이라고 필자는 감히 생각하는 바이다.

특히 마지막 장에서 다른 연구자들이 쓴 연구 성과를 살펴보는 작업은 나에게 매우 흥미로웠다. 내가 미진하다고 생각한 부분에 대해 보충해 볼 수도 있었고, 내가 미처 생각하지 못한 관점을 아주 다르게 보는 시각으로 발견할 수도 있었기 때문이었다. 그래서 각 과학론에 입각한 교정이론의 쟁점이 되는 문제들에 대해 서로 공감대를 얻는 경우도 있지만, 교정이론에 대하여 여전히 다른 생각들 역시 존재하고 있음을 필자는 확인하게 되었다. 그렇지만 시간이 흐르면서 다양한 연구가 축적되고 또한 일정한 이해 방향으로 물꼬가 트인다면 여기서 수행한 연구 역시 '통일과학'이라는 거대한 목표에 점차로 수렴하리라는 것을 필자는 믿는다. 그 믿음 위에서 필자는 '교정 인문 연구는 과연 무엇인가'라는 물음을 통해 그 첫 번째 화두를 던진다.

참고문헌

교정 관련 전문연구저널

아시아교정포럼, 〈교정 담론〉

한국경찰학회, 〈한국경찰학회보〉

한국공안행정학회, 〈한국공안행정학회보〉

한국교정교화사업연구소, 〈교정교화〉

한국교정학회, 〈교정 연구〉

한국법학회, 〈법학연구〉

한국보호관찰학회, 〈보호관찰〉

한국비교형사법학회, 〈비교형사법연구〉

한국심리학회, 〈한국심리학회지〉

한국피해자학회, 〈피해자학연구〉

한국형사정책연구원, 〈형사 정책연구〉

제1장 교정학의 정체성 문제

권향원, 「근거 이론적 방법의 이론화 논리에 관한 이해: 한국행정학의 비맥락성
　　　과 방법론적 편향성 문제를 중심으로」, 『한국행정학보』, 45(1), 2011.

김덕영, 『논쟁의 역사를 통해 본 사회학』, 한울, 2003.

김보환 · 김용준, 『교정학』, 교학사, 2005.

김영천, 『질적 연구 방법론 I Bricoleur』, 아카데미 프레스, 2016.

김영천, 『질적 연구 방법론 II Methods』, 아카데미 프레스, 2015.

김재중, 『형벌 제도 개선방안』, 한국학술정보(주), 2008.

김준현, 「행정사례연구 접근방법으로서 근거이론의 전망과 한계」, 『한국 사회와 행정연구』, 21(2), 2010.

김태길(외), 『현대사회와 철학』, 문학과 지성사, 1981.

김홍석, 『교정 및 형집행법의 이해』, 동방문화사, 2014.

라수정, 「사회과학으로서 행정학의 과학성에 대한 논의」, 『사회과학연구』, 제40집 제1호, 2014.

라투르, B., 『브뤼노 라투르의 과학 인문적 편지』, 이세진 옮김, 사월의 책, 2012.

리쾨르, P., 『텍스트에서 행동으로』, 박병수/남기영 편역, 아카넷, 2002.

법무부 교정본부, 『대한민국 교정사 I-III』, 2010.

브라운, H. I., 『논리실증주의의 과학철학과 새로운 과학철학』, 신중섭 옮김, 서울: 서광사, 1988.

양원규 · 정우열 · 장철영, 『현대사회와 범죄』, 지식인공동체 지식인, 2013.

오세혁, 『법철학사』, 세창(출), 2005.

윌슨, E., 『통섭』, 최재천 · 장대익 옮김, 사이언스북스, 2005.

윤건수, 「자연언어에 토대를 둔 조직연구 방법 - 스토리텔링 구조를 중심으로」, 『정부학연구』7(2)호, 2001.

윤건수, 「한국행정학의 질적 연구의 연구 방법에 대한 반성과 제안」, 『한국행정학보』 제39권 제2호, 2005 여름.

윤건수, 「인문학적 성찰과 행정학 방법론」, 「한국행정학회 학술발표논문집」, 2008. 4.

윤건수, 「경험의 의미와 질적 연구의 연구 과정 - 근거이론에 대한 사례를 중심으로」, 『한국정책과학학회보』17(2)호, 2013. 6.

윤옥경, 「〈교정 연구〉 게재논문 분석을 통해 본 교정학의 연구 영역과 연구 동향」, 『矯正研究』, 제22호, 2004.

이광주/이민호(편), 『역사와 사회과학』, 한길사, 1981.

이명숙 · 한영선 · 손외철,『교정의 심리학』, 솔과학, 2017.

이백철,「세계교정의 흐름과 한국교정: 포스트모더니즘 범죄학 이론을 중심으로」,『교정 연구』, 제21호, 2003.

이백철,『교정학』, 교육과학사, 2015.

이순래(외),『현대사회와 범죄』, 청목출판사, 2013.

이영철,「사회과학에서 사례연구의 이론적 지위: 비판적 실재론을 바탕으로」,『한국행정학보』40(1), 2006.

이영철,「보다 나은 사례연구: 논리와 예시」,『정부학연구』15(1), 2009.

이윤호,『형사정책 – 범죄 일반론 · 범죄대책론 · 교정론』, 박문각, 1995.

이윤호,『교정학』, 박영사, 2012.

임도빈,「질적 연구 방법의 내용과 적용전략: 양적인 질적 연구와 질적인 질적 연구」,『정부학연구』15(1), 2009.

임상곤,『공안교정학의 이해』, 백산출판사, 2014.

정진수,『교정학』, 진원사, 2014.

차인석(편),『사회과학의 철학』, 민음사. 1980.

천정환,『한국교정론』, 학술정보, 2008.

천정환 · 이동임,『교정학 개론』, 진영사, 2014.

최명숙,『교정교육학』, 창신사, 2000.

최훈 · 전석환 · 조극훈 · 권오상,『현대사회와 직업윤리』, 강원대학교 출판부, 2016.

크레스웰, J.,『질적 연구의 30가지 노하우』, 박영story, 2017.

터너, B.(엮음),『현대사회이론의 흐름』, 박형신 올김, 한울, 2010.

폴킹혼, D.,『사회과학의 방법론』, 김승현(외) 옮김, 일신사, 1998.

차머스, A. F.,『현대의 과학철학』, 신일철/신중섭 옮김, 서울:서광사, 1990.

한국법철학회(편),『현대 법철학의 흐름』, 법문사, 1996.

한인섭,『형벌과 사회통제』, 박영사, 2006.

허주욱, "교정학의 개념과 범위", 한국교정학회 학술발표논문집, No. 6, 2005.

허주욱, 『교정학』, 박영사, 2013.

헤스, 데이비드 J., 『과학학의 이해』, 김환석 옮김, 당대, 2007.

Adorno, Th. W. u. a. (Hrsg.), *Der Positivismusstreit in der deutschen Soziologie*, Sammulung Luchterhand, 1972.

Albert, H. und Topitsch, E.(Hrsg.), *Werturteilsstreit*, Darmstadt: Wissenschaftliche Buchgesellschaft, 1971/1990.

Brentano v. M., "Die unbescheidene Philosophie. Der Streit um die Theorie der Sozialwissenschafr", in: *Der Argument*, Nr.43, Heft 2/3. 1967.

Davies, J. J., *On the Scientific Method*, London: Longman, 1968.

Deininger, W. T., *Problems in Social and Political Thought - A Philosophical Introduction*, New York/London: The Macmillan Company, 1966.

Habermas, J. *Erkenntnis und Interesse*, Frankfurt am Main, 1973.

Hempel, C. G., *Philosophie der Naturwissenschaft*, übersetzt von Wolfgang Lenzen, Deutscher Taschenbuch Verlag GmbH & Co. KG, München, 1974.

Kaplan, H. F. *Ist die Psychoanalyse wertfrei?*, Bern, 1982.

Keat, R. & Urry, J., *Social Theory as Science*, London: Poutledge & Kegan Paul, 1975.

Martens, E./Schnädelbach, H.(Hrsg,), *PHILOSOPHIE - Ein Grundkurs Band 1*, Rowohlt Taschenbuch GmbH, Reinbeck bei Hamburg, 1991.

Popper, K. R., *Logik der Forschung*, Tübingen: J. C. B. More(Paul Siebeck), 1971.

Ruhloff, J., *Das ungelöste Normproblem der Pädagogik - Eine Einführung*, Heidelberg: Quelle & Meyer, 1979.

제2장 교정학과 인문학

나인호, 『개념사란 무엇인가 - 역사와 언어의 새로운 만남』, 역사와 비평사, 2011.

나카야마 겐, 『사고의 용어사전』, 박양순 옮김, 북바이북, 2012.

바르트, R., 『텍스트의 즐거움』, 김희영 옮김, 1997.

이상봉, 「인문학의 새로운 지평으로서의 '로컬리티 인문학' 연구의 전망」, 『로컬리티 인문학』(1), 부산대학교 한국민족문화연구소, 2009.

이석규(외), 『텍스트 언어학의 이론과 실제』, 박이정(출), 2001.

장회익(외), 『삶, 반성, 인문학 – 인문학의 인식론적 구조』, 태학사, 2003.

장회익, 『과학과 메타과학』, 현암사, 2012.

전석환, 「새로운 '인문학적 담론' 구상의 가능성과 그 한계 – '인문학적 상상력'에 대한 개념해명을 중심으로」, 『철학 · 사상 · 문화』, 2008.

조극훈, 「인문학의 확장과 변용: 교정인문학의 방향과 전망」, 『교정 담론』 제11권 제1호, 2017.

칸트, I., 『실천이성비판』, 백종현 옮김, 아카넷, 2003.

캐롤, 로버트 T., 『회의주의자 사전』, 한기찬 옮김, 잎파란, 2007.

텐부룩, F., 『막스 베버의 사회과학 방법론』, 차성환 (편역), 문학과 지성사, 1990.

파터, H., 『텍스트 언어학 입문』, 이성만 옮김, 한국문화사, 1995.

프라이스, T. 더글라스, 『고고학의 방법과 실제』, 이희준 옮김, 사회평론아카데미, 2013.

플루서, V., 『디지털 시대의 글쓰기』, 윤종석 옮김, 문예출판사, 1998,

한국문학평론가협회(편), 『문학비평 용어사전/하』, 국학자료원, 2006.

한국학술협의회(편), 『인문 정신과 인문학』, 아카넷, 2007.

Ceram, C. W., *Götter, Gräber und Gelehrte,* Rowolht: Hamburg, 1976.

Friedlein, C., *Geschichte der Philosophie*, Erich Schmidt Verlag, Berlin, 1992.

Habermas, J., *Technik und Wissenschaft als Ideologie*, Frankfurt am Main, 1973,

Hoffmeister, J., (Hrsg.), *Wörterbuch der philosophischen Begriffe*, Verlag von Felix Meiner in Hamburg, 1955.

Kropp, G., *Erkenntnistheorie I - Allgemeine Grundlegung*, Walter de Gruyter &

Co, Berlin, 1950,

Marx, K., "Die heilige Familie, oder Kritik der kritischen Kritik", in: *MEW. Bd.2.*

Ritter, J./Gründer, K./Gabriel, G.(Hrsg.), *Historisches Wörterbuch der Philosophie, Bd.12,* Schwabe AG Verlg Basel, 2004.

Schischkoff, G.(Hrsg.), *Philosophisches Wörterbuch,* Stuttgart: Alfred Kröner Verlag, 1957.

Timm, A., *Einführung in die Wissenschaftsgeschichte,* W. Fink Verlag, München, 1973.

Weingartner, P., *Wissenschaftstheorie I - Einführung in die Hauptprobleme,* Friedrich Fromman Verlag: Stuttgart-Bad Cannstatt, 1971.

제3장 교정 인문 탐구의 정초

그롤레, J., 「보이지 않는 것을 발견하는 일」, 모르, J., (외), 『무엇이 과연 진정한 지식인가』, 박미화 역, 더숲, 2012.

김경집, 『생각의 융합』, 더숲, 2016.

김영한, 『하이데거에서 리꾀르까지』, 박영사, 1987.

노리스, Ch., 『해체 비평 - 디컨스트럭션의 이론과 실천』, 이기우 옮김, 한국문화사, 1996.

니체, F. W., 『선악의 저편 · 도덕의 계보』, 니체 전집 14, 김정현 옮김, 책세상, 2009.

레이첼스, J., 『도덕철학의 기초』, 노혜련 · 김기덕 · 박소영 옮김, 나눔의집, 2010.

록크모어, T.(외), 『하버마스 다시 읽기』, 임헌규(편역), 인간사랑, 1995.

리꾀르, P., 『해석의 갈등』, 양명수 옮김, 아카넷, 2001.

빅터, E. 테일러(외), 『포스트모더니즘 백과사전』, 김용규(외 역), 경성대학출판부, 2007.

오성삼 (편저), 『메타분석의 이론과 실제』, 건국대학교 출판부, 2007.

이기상/구연상, 『『존재와 시간』 용어해설』, 까치, 1998.

이정문(외), 『언어과학이란 무엇인가』, 문학과지성사, 1977.

전석환/이백철, 「인문교정을 탐구하는 '방법'에 대한 논의 - '철학적 관점'을 중심으로」, 『교정 담론』, 제9권 제1호, 2015.

진중권, 『놀이와 예술 그리고 상상력』, 휴머니스트, 2005.

테일러, 빅터, E./윈퀴스트, 찰스, E.(편집), 『포스트모더니즘 백과사전』, 김용규(외) 옮김, 경성대학교출판부, 2007.

팔머, R., 『해석학이란 무엇인가』, 이한우 옮김, 문예출판사, 2001.

하이데거, M., 『존재와 시간』, 이기상 옮김, 까치, 2001.

한국문학평론가협회(편), 『문학비평 용어사전/상』, 국학자료원, 2006.

호르크하이머, M., 『도구적 이성 비판』, 박구용 옮김, 문예출판사, 2006.

Bohrer, K. H.(Hrsg.), *Mythos und Moderne*, Suhrkamp Verlag, Frankfurt am Main, 1983.

Engelmann, P.(Hrsg.), *Postmoderne und Dekonstruktion - Texte französischer Philosophen der Gegenwart*, Stuttgart, 1990.

Habermas, J., *Technik und Wissenschaft als Ideologie*, Frankfurt am Main, 1973.

Horster, D., *Jürgen Habermas Mit einer Bibliographie von Rene Görtzen*, J. B. Metzlersche Verlagsbuchhandlung, Stuttgart, 1991.

Hügli, A./Lücke, P., *Philosophie im 20. Jahrhundert, Bd.1/2*, Hamburg, 1992/1993.

Popper, C., *The Logic of Scientific Discovery*, New York: Basic Books, 1956.

Poser, H., *Philosophie und Mythos*, Berlin/New York, 1979.

Ritter, J./Gründer, K./Gabriel, G.(Hrsg.), *Historisches Wörterbuch der Philosophie, Bd.4*, Schwabe AG Verlg Basel, 2004.

Röd, W., *Dialektische Philosophie der Neuzeit 1/2*, München, 1974.

제4장 교정 인문 탐구의 이론적 구상: 가능성과 그 한계

강길봉/임안나, 「민영교도소의 공공성 탐색」, 『교정 담론』 제8권 제1호, 2014.

강현식, 『인문 · 사회과학의 새로운 연구 방법론 – 내러티브학 탐구』, 한국문화사, 2016.

고원, 「미셸 푸코와 인문교정학: 규율 권력에 대한 비판에서 자기 주체화의 탐색으로」, 『교정 담론』 제11권 제1호, 2017.

권석민, 『인간관계의 심리학』, 학지사, 2017.

김경집, 『인문학은 밥이다』, RHK, 2013.

김덕영, 『논쟁의 역사를 통해 본 사회학』, 한울, 2003.

김명한/한길환, 「합창과 인성교육: 합창을 통한 인성교육 프로그램 개발」, 『교정 담론』 제5권 제2호, 2011.

김무엘, 「우리나라 민영교도소의 프로그램과 향후 운영 방향: 아가페 민영교도소 시범 운영 프로그램을 중심으로」, 『교정 담론』, 창간호, 2007.

김성수, 「교정과 목민심서」, 『교정 담론』 제2권 제1호, 2008.

김성은, 「서평: 필립 짐바르도의 『루시퍼 이펙트』– 무엇이 선량한 사람을 악하게 만드는 것인가?」, 『교정 담론』 제4권 제1호, 2010.

김안식, 『수형자의 종교 활동 및 성향이 정신건강과 수용 생활적응에 미치는 영향』, 경기대학교 대학원 박사학위 논문, 2009.

김안식, 「수형자의 교정교화와 종교의 역할」, 『교정 담론』 제4권 제1호, 2010.

김우성, 「가톨릭 생명윤리의 관점에서 본 사형의 비윤리성」, 『교정 담론』 제4권 제1호, 2010.

김욱동(편), 『포스트모더니즘의 이해』, 문학과지성사, 2001.

김정희, 「죽음 교육을 통한 청소년 비행 예방: 사회적 불건강 예방 및 건강증진에 대한 재고」, 『교정 담론』 제7권 제2호, 2013.

김지수/김영철, 「철학적 사유에 내재하는 교정코드의 의미 – 아우구스티누스의 영혼을 중심으로」, 『교정 담론』 제12권 제1호, 2018.

김연권, 「서평:『감옥으로부터의 사색』- 인간과 세상을 읽는 텍스트로서의 감옥」, 『교정 담론』 제3권 제1호, 2009.

김영식, 「교정 단계 회복적 사법 적용 사례에 관한 연구」, 『교정 담론』 제7권 제1호, 2013.

김영식, 「소년수형자 교정 처우에 관한 연구」, 『교정 담론』 제11권 제3호, 2017.

김영윤, 「정신병질 특정 집단의 인지기능 연구」, 『교정 담론』 제8권 제2호, 2014.

김영윤, 「신경과학을 이용한 거짓말 탐지」, 『교정 담론』 제9권 제3호, 2015.

김영철, 「범죄-불완전한 인간 존재의 단면」, 『교정 담론』 제9권 제3호, 2015.

김영철, 「갈등 해결로서의 철학적 교정」, 『교정 담론』 제11권 제3호, 2017.

김영희, 「분석심리학적 관점에서 본 거울의 상징과 상담자의 태도 - 교정 상담현장에서」, 『교정 담론』 제6권 제2호, 2012.

김우성/김영희, 「왕양명의 '지행합일(知行合一)'論이 교정 상담에 갖는 함의」, 『교정 담론』, 제9권 제3호, 2015.

김주풍, 「선별된 악기연주 및 앙상블을 통한 비행 청소년들의 음악적 치유」, 『교정 담론』 제8권 제2호, 2014.

김지현, 「교정시설의 문화예술 프로그램 순회사업 분석」, 『교정 담론』 제11권 제1호, 2017.

김혜미/강경숙, 「밴드합주 활동이 비행 청소년의 회복 탄력성에 미치는 영향」, 『교정 담론』 제14권 제1호, 2020.

김태명, 「수형자에 대한 법 교육의 현황과 과제」, 『교정 연구』, 제46호, 2010.

류창현, 「비행 청소년의 재범률 감소를 위한 인지행동치료(CBT)와 웃음 치료(LT)의 장기적 효과」, 『교정 담론』 제9권 제1호, 2015.

류창현/연성진, 「범죄소년을 위한 분노조절 가상현실 인지행동치료(VR-CBT) 프로그램 개발과 함의」, 『교정 담론』 제9권 제3호, 2015.

민선홍/한선아, 「수형자 대상 인성교육 프로그램의 국내 연구 동향」, 『교정 담론』 제13권 제2호, 2019.

짐바르도, Ph. G.,『루시퍼 이펙트』, (주)웅진씽크빅, 2010.

박광민/강지영,「교정 단계에서의 회복적 사법의 실현」,『피해자학연구』제15권, 한국피해자학회, 2007.

박병식,「일본의 민영교도소 도입과 현황에 관한 연구」,『교정 담론』제5권 제2호, 2011.

박병식,「사형제도와 피해자감정: 일본의 형사사법 제도를 매개로」,『교정 담론』제4권 제1호, 2011.

박병식,「교정사고의 예방과 CCTV 계호에 대한 연구 – 헌법재판소 결정을 중심으로」,『교정 담론』제6권 제2호, 2012.

박병식,「교수형의 잔혹성 연구」,『교정 담론』제7권 제2호, 2013.

박선영,「교정의 측면에서 본 관계회복: 회복적 교정」,『교정 담론』제11권 제2호, 2017.

박연규,「교정윤리의 인간 관계적 접근: '교정윤리'의 규정과 윤리 도구 생성과정 – 미국의 사례를 중심으로」,『교정 담론』제2호, 2008.

박연규,「교정윤리의 인간 관계적 접근: 교정윤리 논의와 해결의 한 사례: 마이어스를 중심으로」,『교정 담론』제4권 제1호, 2010.

박연규,「교정윤리의 인간 관계적 접근: 교정윤리 강령의 이론적 기초와 체제」,『교정 담론』제5권 제1호, 2011.

박연규,「교정에서의 윤리원칙과 윤리적 의사결정 모임 – 상담과 사회복지 모형과의 비교를 중심으로」,『교정 담론』제8권 제2호, 2014.

박연규,「교정에서 회복적 정의의 관계윤리: 콜슨, 제어, 레비나스를 중심으로」,『교정 담론』제10권 제2호, 2016.

박연규,『교정윤리』, 시간여행, 2017.

박이문,『현상학과 분석철학』, 일조각, 1977.

성현창,「공공철학과 교정과의 만남을 위한 시론」,『교정 담론』제6권 제1호, 2012.

성현창,「교정에 있어서의 공공성」,『교정 담론』제7권 제1호, 2013.

신겸수,「영국 및 미국 교도소의 셰익스피어 연극 프로그램」,『교정 담론』제2호, 2008.

신겸수,「영미 교도소 연극 프로그램의 활용 방안」,『교정 담론』제5권 제1호, 2011.

신기숙,「아동 대상 성범죄자의 특성 및 집단치료 효과- 좋은 삶 모델을 중심으로」,『교정 담론』제11권 제2호, 2017.

신성수,「주역철학(周易哲學)의 관점에서 본 인문교정(人文矯正)」,『교정 담론』제10권 제2호, 2016.

안미나,「표현예술치료가 스마트폰/인터넷 게임중독 청소년에게 미치는 효과에 관한 연구」,『교정 담론』제9권 제2호, 2015.

앨리어리, 댄(Dan Ariely),『거짓말하는 착한 사람들 - 우리는 왜 부정행위에 끌리는가』, 이경식 옮김, 청림출판, 2013.

오민자,「교정과 미술치료: 성폭력 수형자 미술치료 사례연구」,『교정 담론』제2호, 2008.

오카모도 유이치로,『지금 세계는 무엇을 생각하는가』, 전경아 옮김, 한빛비즈, 2018.

유정우,「교도소 안의 관계회복 - 소망교도소 법률 고충 상담 운영을 통한 회복적 정의 원리의 한국화 시도」,『교정 담론』제11권 제2호, 2017.

윤가현(외),『심리학의 이해』, 학지사, 2000.

윤창식,「사형확정자 처우의 이해와 쟁점」,『교정 담론』, 제4권 제1호, 2010.

이규헌,「미셸 푸코와 교정의 만남:『감시와 처벌』을 중심으로」,『교정 담론』, 창간호, 2007.

이명숙,「범죄인의 신경생물학적 기능손상과 교정치료」,『교정 담론』제13권 제1호, 2019.

이영희,「개별처우 효과성 향상을 위한 분류심사 활용 방안: 교정심리검사를 중심으로」, 『교정 담론』 제4권 제1호, 2010.

이창훈, 「범죄학과 인간 본성론 I - 다면적 인간 본성의 재발견」, 『교정 담론』 제3 권 제2호, 2009. 이창훈, 「범죄학과 인간 본성론 II - 다면적 인간 본성의 범죄학 적용: 다면적 인간 본성의 역동적 개념화」, 『교정 담론』 제4권 제1 호, 2010.

이창훈, 「범죄학과 인간 본성론 III - 역동적 인간 본성론과 3차원적 분석법: 범 죄학 이론통합의 문제점과 대안」, 『교정 담론』 제4권 제2호, 2010.

이창훈, 「범죄에 대한 오해와 진실 - "그 놈이 그 놈이다"」, 『교정 담론』 제8권 제 1호, 2014. 이창훈, 「'때린 거 미안해'와 '때린 건 미안한 일이야' - 갈등 해결을 위한 수사학(Rhetoric)과 회복적 사법의 융합」, 『교정 담론』 제10 권 제1호, 2016.

이백철, 「교도소 민영화의 이론과 실제」, 『교정교화』, 제4호, 1992.

이백철, 「회복적 사법:대안적 형벌체계로서의 이론적 정당성」, 『한국공안행정학 회보』, 제13호, 2002.

이백철, 「교정학 담론의 인문학적 모색: 평화주의 범죄학과 회복적 사법」, 『교정 담론』, 창간호, 2007.

이백철, 「교정학 담론의 인문학적 모색: 평화주의 범죄학과 회복적 사법」, 『교정 담론』, 창간호, 2007.

이백철, 「'철학적 범죄학'의 정착을 위한 시론:교정학의 지향점」, 『교정 연구』, 제 41호, 2008.

이백철/전석환, 「'철학적 범죄학'의 연구 범주와 그 탐구 지평에 대한 소고(小 考)」, 『형사 정책연구』 제20권 제2호, 2009 · 여름호.

이백철, 「문화 범죄학: 범죄학의 새로운 지평」, 『교정 담론』, 제5권 제2호, 2011.

이백철, 「보호관찰 지도 감독 효율화 방안 연구 - 출석면담과 현장출장면담과의 재범 여부 비교분석연구」, 『교정 담론』, 제6권 제2호, 2012.

이백철, 「21세기 한국교정의 과제와 미래」, 『교정 담론』 제11권 제1호, 2017.

이백철 · 조극훈, 「공리주의 형벌론과 파놉티콘」, 『교정 담론』 제12권 제3호, 2018.

이송호, 「법가의 사회질서론에 관한 분석」, 『교정 담론』 제9권 제2호, 2015.

Ishizuka Shinichi, 「교정에서 종교의 역할 – 프로이센 감옥학이 일본의 교회(教誨)에 미친 영향」, 『교정 담론』 제6권 제1호, 2012.

이영희, 「개별처우 효과성 향상을 위한 분류심사 활용 방안: 교정심리검사를 중심으로」, 『교정 담론』 제4권 제1호, 2010.

이윤호, 「90年代 韓國矯正의 展望과 發展方向」, 『교정 연구』 제2호, 1992.

이종하, 『호르크하이머의 비판이론』, 북코리아, 2011.

이준호/이상임, 「중세 말에서 근대까지 유럽에서 범죄 발생의 기후적 배경 – '부랑자 법과 교정'을 중심으로」, 『교정 담론』 제10권 제3호, 2016.

이준호/이상임, 「조선 시대 기상이변에 따른 재해 발생과 공옥(空獄) 사상의 교정적 의미 고찰」, 『교정 담론』 제11권 제3호, 2017.

장규원/윤현석, 「민영교도소에 대한 비판적 고찰」, 『교정 연구』, 제54호, 2012.

선광수, 「다산 정약용의 형사사건 처리에 관한 판례연구 – 다산의 법철학적 인식과 법 윤리를 중심으로」, 『교정 담론』 제12권 제2호, 2018.

전석환, 「교정학의 인문학적 접근을 위한 시론: 규범 개념에 대한 논의를 중심으로」, 『교정 담론』 2007, 창간호.

전석환, 「서평: '모든 사람을 위한 인문학적 향유': 얼 쇼리스(Earl Shoris)의 『희망의 인문학-클레멘트 코스, 기적을 만들다』를 읽고」, 『교정 담론』 제2호 2008.

전석환, 「'죄'와 '형벌' 개념에 대한 반(反)정초주의적 비판에 대한 논의 – 니체(F. W. Nietzsche)의 『도덕의 계보』를 중심으로」, 『교정 담론』, 제4권 제2호, 2010.

전석환, 「수용자 처우에 있어서 종교의 역할과 기능에 대한 고찰 – 구조 변화의 의미를 중심으로」, 『경찰학 논총』 제5권 제1호, 2010.

전석환, 「교정공무원의 기능적 역할과 법적 지위에 대한 문제 - 막스 베버(Max Weber)의 '관료주의적 합리성' 개념에 대한 비판적 담론을 중심으로」, 『교정 담론』, 제5권 제1호, 2011.

전석환, 「교정과 로봇(robot) 사용의 연관 문제 - 소통 안에서 '구술적 감성(an orally constituted sensibility)'의 변모 과정을 중심으로」, 『교정 담론』, 제6권 제2호, 2012.

전석환, 「서평: 교도소 '밖으로부터 구원', 혹은 '교도소 안에서의 자각'? - 잭 자페의 『어느 날 당신이 눈을 뜬 곳이 교도소라면』을 읽고」, 『교정 담론』, 제7권 제1호 2013년.

전석환, 「인문 교정의 탐구 대상으로 본 정의(正義)」, 『시민 인문학』 제29호, 경기대학교 인문학연구소, 2015.

전석환, 「교정 과정 안에서 본 문학의 역할과 그 의미」, 『교정 담론』, 제10권 제2호, 2016.

전석환, 「'인간의 공격성(aggression)'에 대한 고찰 및 그 치유 가능성의 전망 - 인간학적 관점을 중심으로」, 『교정 담론』 제12권 제1호, 2018.

전한호, 「벗겨진 가죽, 벗겨진 죄 - 〈캄비세스 왕의 재판〉에 나타난 죄와 벌」, 『교정 담론』 제8권 제2호, 2014.

제어, H., 『회복적 정의란 무엇인가』, 손진 옮김, KAP, 2011.

제어, H., 『회복적 정의 실현을 위한 사법의 이념과 실천』, 조석균(외) 옮김, KAP, 2015.

정봉길, 「조선 시대 법전을 통해 본 행형의 인본주의적 성격」, 『교정 담론』 제8권 제2호, 2014.

정재훈/박지은, 「영화 속에 나타난 범죄의 사회적 의미 - 근대국가체제 국민 보호 기능 분석을 중심으로」, 『교정 담론』 제8권 제1호, 2014.

정현주/원혜경/강현정, 「조건부 기소유예 청소년의 예술 정서 지원을 위한 관·산·학 협력구조 모델 구축」, 『교정 담론』 제14권 제1호, 2019.

조극훈, 「교정행정에서의 전자기술 사용에 대한 인문학적 성찰」, 『교정 담론』 제6권 제2호, 2012.

조극훈, 「사회갈등과 범죄에 대한 철학적 고찰」, 『교정 담론』 제7권 제1호, 2013.

조극훈, 「교정학과 참회록, "인간은 누구나 부족한 존재이다" – 아우구스티누스의 〈참회록〉을 읽고」, 『교정 담론』 제7권 제2호, 2013.

조극훈, 「교정학의 학적 체계 정립 연구」, 『교정 담론』 제8권 제2호, 2014.

조극훈, 「인문교정 프로그램의 개발과 의의」, 『교정 담론』, 제9권 제3호, 2015.

조극훈, 「인문교정학의 형벌 철학적 기초」, 『교정 담론』 제10권 제3호, 2016.

조극훈, 「인문학의 확장과 변용: 교정인문학의 방향과 전망」, 『교정 담론』 제11권 제1호, 2017. 조극훈, 「서평: "재소자의 몸으로 풀어낸 교정윤리"」, 『교정 담론』 제11권 제2호, 2017.

조극훈, 「헤겔의 『법철학』에 나타난 범죄와 형벌의 교정학적 의미」, 『교정 담론』 제12권 제1호, 2018.

조극훈, 「헤겔 철학에서 상호인정 담론과 회복적 정의에 나타난 범죄와 형벌의 교정학적 의미」, 『교징 담론』 제13권 제3호, 2019.

조은미, 「독일의 ppp(Public-Private-Partnership) 민영교도소에 관한 연구」, 『교정 담론』 제6권 제1호, 2012.

진희권, 「불교의 생명관을 통해서 바라본 사형제도」, 『교정 담론』 제4권 제1호, 2010.

최순종, 「위험의 주관화와 현대인의 삶 – 위험한 것은 위험하지 않다」, 『교정 담론』, 제10권 제1호, 2016.

최인숙, 「현대사회와 칸트의 윤리이론」, 『교정 담론』, 제2권 제2호, 2008.

천정환/김기현, 「교도소출소자를 위한 사회적 기업의 교정적 의의」, 『교정 연구』 제48호, 2010.

콜슨, Ch., 『사람과 공동체를 회복시키는 정의』, 홍병룡 옮김, IVP, 2002.

푸코, M., 『감시와 처벌: 감옥의 역사』, 오생근 역, 나남(출), 2003.

프리스트, S., 『마음의 이론』, 박찬수(외) 옮김, 고려원, 1995.

한민경, 「전자감독 담당 직원의 업무부담 측정에 관한 연구: 사건 수를 기준으로」, 『교정 담론』 제13권 2019. 제2호,

한영선, 「쇼나 조각과 소년원 학생들」, 『교정 담론』, 제8권 제1호, 2014.

한윤정/김경숙, 「음악치료를 활용한 진로 집단 상담 프로그램이 비행 청소년의 분노조절, 공격성 및 진로성숙도에 미치는 영향」, 『교정 담론』 제10권 제3호, 2016.

황일호, 「우리나라에서의 민영교도소의 확대방안」, 『교정 연구』 제48호, 2010.

Hall, E. T., *The hidden dimension*, New York: Doubleday, 1966.

Marquart, J. W. & Sorensen, J. B. *Correctional Contexts - Contemporary and Classical Readings*, Los Angeles, California: Roxbury Publishing Company, 1999.

Ritter, J./Gründer, K./Gabriel, G.(Hrsg.), *Historisches Wörterbuch der Philosophie, Bd.3*, Schwabe AG Verlg Basel, 1974.

Zecha, G., *Für und wider die Wertfreiheit der Erziehungswissenschaft*, Paderborn, 1984.

제1장 교정학의 정체성 문제

1 기존 교정학 개론에 대한 저서들은 이러한 정의(定義) 작업을 담고 있다. 그러한 저서 들은 다음과 같다: 김보환, 『교정학』, 교학사, 2005. 김홍석, 『교정 및 형집행법의 이해』, 동방문화사, 2014. 이백철, 『교정학』, 교육과학사, 2015. 이윤호, 『형사정책』, 박문각, 1999. 이윤호, 『교정학』, 박영사, 2012. 임상곤, 『공안교정학의 이해』, 백산출판사, 2014. 정진수, 『교정학』, 진원사, 2014. 천정환, 『교정학 개론』, 진영사, 2014. 허주욱, "교정학 의 개념과 범위", 한국교정학회 학술발표논문집, No. 6, 2005. 허주욱, 『교정학』, 법문 사, 2013. 본 절에서 필자는 허주욱, 이윤호, 이백철이 제시한 교정과 교정학의 개념을 중심으로 서술한다.

2 이윤호, 『형사정책』, 박문각, 1999, 629쪽.
   이윤호, 『교정학』, 박영사, 2012, 3쪽.

3 이윤호, 『형사정책』, 박문각, 1999, 631쪽.
   이윤호, 『교정학』, 박영사, 2012, 5쪽.

4 이백철, 『교정학』, 교육과학사, 2015, 7쪽.

5 같은 책, 같은 쪽.

6 같은 책, 같은 쪽.

7 같은 책, 같은 쪽.

8 같은 책, 같은 쪽.

9 허주욱, 『교정학』, 법문사, 2013, 3-5쪽 참조.
   허주욱, "교정학의 개념과 범위"(기조 강연), 한국교정학회 학술발표논문집, No. 6, 2005, 2-3쪽 참조.

10 허주욱, "교정학의 개념과 범위"(기조 강연), 한국교정학회 학술발표논문집, No. 6, 2005, 4쪽.

11 같은 책, 같은 쪽.

12 허주욱, 『교정학』, 법문사, 2013, 6쪽.

13 같은 책, 5쪽 참조.

14　이윤호, 『형사정책』, 박문각, 1999, 631-637쪽 참조.
　　이윤호, 『교정학』, 박영사, 2012, 5-11쪽.

15　이백철, 『교정학』, 교육과학사, 2015, 10쪽-12쪽 참조.

16　허주욱, 「교정학의 개념과 범위」, 한국교정학회 학술발표논문집, No. 6, 2005, 5쪽.
　　허주욱, 『교정학』, 법문사, 2013, 125쪽.

17　이윤호, 『형사정책』, 박문각, 1999, 631쪽.
　　이윤호, 『교정학』, 박영사, 2012, 5쪽.

18　이윤호, 『형사정책』, 박문각, 1999, 631쪽.

19　같은 책, 같은 쪽.

20　같은 책, 631-637 참조.

21　이윤호, 『교정학』, 박영사, 2012, 10-11쪽 참조.

22　이백철, 『교정학』, 교육과학사, 2015, 10쪽/12쪽.

23　이윤호, 『형사정책』, 박문각, 1999, 632쪽.
　　이윤호, 『교정학』, 박영사, 2012, 6쪽.

24　교도소의 부문화를 조망하는 사회학적 관점은 두 가지 측면으로 나누어진다. 교도소라는 폐쇄적인 환경에서 통제의 적응을 위해 형성되었다는 이론에 기초해서 '박탈모형(deprivation model)'과 교도소 밖 자유 세계의 왜곡된 거울의 반영이 된다는 '유입모형(importation model)'이 그것이다. 이러한 사회과학적 관점의 교정학에 대한 적용은 본서 제1장 2절에서 자세히 다루게 된다. 이윤호, 『형사정책』, 박문각, 1999, 634-635쪽 참조. 이윤호, 『교정학』, 박영사, 2012, 7-8쪽 참조.

25　이윤호, 『형사정책』, 박문각, 1999, 635쪽.

26　같은 책, 같은 쪽.

27　같은 책, 같은 쪽.

28　이명숙·한영선·손외철, 『교정의 심리학』, 솔과학, 2017, 8쪽.

29　이윤호, 『교정학』, 박영사, 2012, 10-11쪽 참조.

30　이백철, 『교정학』, 교육과학사, 2015, 481-499쪽 참조. 이윤호, 『형사정책』, 박문각, 1999, 726-728쪽 참조. 이윤호, 『교정학』, 박영사, 2012, 255-291쪽 참조. 최명숙, 『교정교육학』, 창신사, 2000 참조.

31　분류된 내용은 주로 다음과 같은 연구서를 통해 참조 제시되었다: 이백철, 『교정학』, 교육과학사, 2015. 이윤호, 『형사정책』, 박문각, 1999. 이윤호, 『교정학』, 박영사, 2012. 허주욱, 『교정학』, 법문사, 2013. 윤옥경, 「〈교정 연구〉 게재논문 분석을 통해 본 교정학의 연구 영역과 연구 동향」, 『矯正研究』, 제22호, 2004.

32 허주욱, 『교정학』, 박영사, 2013, 17쪽.

33 같은 책, 같은 쪽.

34 같은 책, 같은 쪽.

35 한인섭, 『형벌과 사회통제』, 박영사, 2006, 251쪽.

36 같은 책, 259쪽.

37 이순래(외), 『현대사회와 범죄』, 청목출판사, 2013, 540쪽.

38 같은 책, 같은 쪽.

39 이백철, 「세계교정의 흐름과 한국교정: 포스트모더니즘 범죄학 이론을 중심으로」, 『교
    정 연구』, 제21호, 2003, 35쪽.

40 같은 책, 39쪽.

41 허주욱, 『교정학』, 박영사, 2013, 15쪽.

42 같은 책, 같은 쪽.

43 같은 책, 같은 쪽.

44 이윤호, 『교정학』, 박영사, 2012, 5쪽.

45 같은 책, 같은 쪽.

46 윤옥경, 「〈교정 연구〉 게재논문 분석을 통해 본 교정학의 연구 영역과 연구 동향」, 『矯
    正硏究』, 제22호, 2004, 66-67쪽.

47 같은 책, 67쪽.

48 같은 책, 같은 쪽.

49 같은 책, 69쪽.

50 윤건수, 「한국행정학의 질적 연구의 연구 방법에 대한 반성과 제안」, 『한국행정학보』
    제39권 제2호, 2005 여름, 12쪽.

51 같은 책, 13쪽.

52 같은 책, 같은 쪽.

53 자연과학과 정신과학 간의 반실증주의 논쟁(딜타이, 신칸트학파, 후설 등의 자연과학
    에 대항한 정신과학의 고유성을 옹호한 논쟁), 경제학 방법론 논쟁(역사경제학과 이론경
    제학의 대결), 역사학 방법론 논쟁(칼 람프레히트와 짐멜, 림프레히트의 막스 베버아의 논
    쟁), 가치판단 논쟁(독일 영사학파 경제학 제2세대와 제3세대 간 논쟁), 형식사회학과 이
    해사회학 간의 논쟁(짐멜과 베버의 대결), 지식사회학 논쟁(칼 만하임에 대한 그 당대의
    정신과학자와 사회학자 간의 논쟁적 비평), 실증주의 논쟁(아도르노와 포퍼, 그리고 하버
    마스와 한스 알베르트 간의 논쟁), 사회이론과 사회공학 간의 논쟁(하버마스와 루만 간
    의 논쟁). 이러한 논쟁사에 대한 이해는 다음과 같은 연구들을 참조할 수 있다: 김덕

영,『논쟁의 역사를 통해 본 사회학』, 한울, 2003. 이광주 · 이민호(편),『역사와 사회과학』, 한길사, 1981. Th. W. Adorno, u. a. Hrsg., *Der Positivismusstreit in der deutschen Soziologie*, Darmstadt und Neuwied: Sammulung Luchterhand, 1972. H. Albert und E. Topitsch(Hrsg.), *Werturteilsstreit*, Darmstadt: Wissenschaftliche Buchgesellschaft, 1971/1990. H. F. Kaplan, *Ist die Psychoanalyse wertfrei?*, Bern Stuttgart Wien: Verlag Hans Huber, 1982.

54 이명현, "사회과학의 방법론", 김태길(외),『현대사회와 철학』, 문학과 지성사, 1981, 59-61쪽 참조. W. T. Deininger, *Problems in Social and Political Thought - A Philosophical Introduction,* New York/Lordon: The Macmillan Company, 1966, 16-41쪽 참조. E. Martens/H. Schnädelbach(Hg.), *PHILOSOPHIE - Ein Grundkurs Band 1,* Rowohlt Taschenbuch GmbH, Reinbeck bei Hamburg, 1991, 198-205쪽 참조.

55 M. von Brentano, "Die unbescheidene Philosophie. Der Streit um die Theorie der Sozialwissenschaft", in: *Der Argument*, Nr. 43, Heft. 2/3. 1967, 105-106쪽 참조.

56 최훈 · 전석환 · 조극훈 · 권오상,『현대사회와 직업윤리』, 강원대학교 출판부, 2016, 168-169쪽 참조.

57 K. R. Popper, *Logik der Forschung*, Tübingen: J. C. B. More(Paul Siebeck), 1971 참조.

58 K. R. Popper, "Die Logik der Sozialforschung", in: Adorno, Th. W. u. a. Hrsg., *Der Positivismusstreit in der deutschen Soziologie*, Sammulung Luchterhand, 1972, 104 쪽/106쪽.

59 K. R. Popper, *Conjectures and Refutations: The Growth of Scientific Knowledge*, New York/Evanston: Haper & Row Publishers, 1965, 33-65쪽/336-347쪽 참조.

60 H. Albert, "Der Mythos der totalen Vernunft", in: Adorno, Th. W. u. a. Hrsg., *Der Positivismusstreit in der deutschen Soziologie*, Sammulung Luchterhand, 1972, 205쪽 참조.

61 같은 책, 233쪽.

62 Th. W. Adorno, "Soziologie und empirische Forschung", in: Adorno, Th. W. u. a. Hrsg., *Der Positivismusstreit in der deutschen Soziologie*, Sammulung Luchterhand, 1972, 84-92쪽 참조/101쪽.

63 J. Habermas, "Analytische Wissenschaftstheorie und Dialektik", in: Adorno, Th. W. u. a. Hrsg., *Der Positivismusstreit in der deutschen Soziologie*, Sammulung Luchterhand, 1972, 170쪽.

64 같은 책, 171쪽.

65 같은 책, 155쪽.

66 H. Albert, "Der Mythos der totalen Vernunft", in: Adorno, Th. W. u. a. Hrsg., *Der Positivismusstreit in der deutschen Soziologie*, Sammulung Luchterhand, 1972, 214쪽.

67 D. 폴킹혼, 『사회과학의 방법론』, 김승현(외) 옮김, 일신사, 1998, 296쪽.

68 라수정, 「사회과학으로서 행정학의 과학성에 대한 논의」, 『사회과학연구』, 제40집 제1호. 2014, 98쪽 참조.

69 같은 책, 92쪽/96쪽 참조.

70 J. Habermas, *Erkenntnis und Interesse*, Frankfurt am Main, 1973. 하버마스는 총체적 인식의 형태를 empirisch-analytische Wissenschaft(경험·분석적 과학)와 historisch-hermeneutische Wissenschaft(역사적·해석학적 과학), 그리고 kritisch-dialektische Wissenschaft(비판적·변증법적 과학)로 구분한다. 또한 '실증주의적 표준과학관'과 '해석적 사회과학관', 그리고 '비판적 사회과학관'으로도 계열화할 수 있을 것이다. 김경동·이온죽·김여진, 『사회조사연구 방법-사회연구의 논리와 기법』, 박영사, 2009, 8-11쪽 참조.

71 윌리엄 아우스웨일, 「사회과학의 철학」, 터너, B.(엮음), 『현대사회이론의 흐름』, 박형신 옮김, 한울, 2010, 101쪽.

72 H. I. 브라운, 『논리실증주의의 과학철학과 새로운 과학철학』, 신중섭 옮김, 서울:서광사, 1988, 201-228쪽 참조.

73 데이비드 J. 헤스, 『과학학의 이해』, 김환석 옮김, 당대, 2004, 39쪽.

74 E. 윌슨, 『통섭』, 최재천·장대익 옮김, 사이언스북스, 2005, 112쪽.

75 같은 책, 113쪽.

76 J. J. Davies, *On the Scientific Method,* London: Longman, 1968, 8쪽.

77 A. F. 차머스, 『현대의 과학철학』, 신일철/신중섭 옮김, 서울:서광사, 1990, 52-53쪽 참조. J. Ruhloff, *Das ungelöste Normproblem der Pädagogik - Eine Einführung*, Heidelberg: Quelle & Meyer, 1979, 13-29쪽 참조.

78 I. Lakatos, "Falsification and the Methodology of Scientific Research Programmes", in *Criticism and the Growth of Knowledge*, ed. I. Lakatos and A, Musgrave, Cambridge:Cambridge University Press, 1974, 91-196쪽 참조. 여기서는 A. F. 차머스, 신일철/신중섭 옮김, 『현대의 과학철학』, 서울:서광사, 1990, 132-149쪽 참조, 재인용.

79 T. S. Kuhn, *The Structure of Scientific Revolution*, Chicago: University of Chicago Press, 1970 참조. 여기서는 A. F. 차머스, 신일철/신중섭 옮김, 『현대의 과학철학』, 서울:서광사, 1990, 150-167쪽 참조.

80 A. F. 차머스, 신일철/신중섭 옮김, 『현대의 과학철학』, 서울:서광사, 1990, 215쪽.

81 같은 책, 215쪽/216쪽.

82 P. Feyerabend, *Against Method: Outline of an Anarchistic Theory of Knowledge*, London: New Left Books, 1975, 216쪽. 여기서는 A. F. 차머스, 신일철/신중섭 옮김, 『현대의 과학철학』, 서울:서광사, 1990, 196쪽 재인용.

83 P. Feyerabend, *Against Method: Outline of an Anarchistic Theory of Knowledge*, London: New Left Books, 1975, 295-296쪽. 여기서는 A. F. 차머스, 신일철/신중섭 옮김, 『현대의 과학철학』, 서울:서광사, 1990, 215쪽 재인용.

84 B. 라투르, 『브뤼노 라투르의 과학 인문적 편지』, 이세진 옮김, 사월의 책, 2012, 135-136쪽.

85 C. G. Hempel, *Philosophie der Naturwissenschaft*, übersetzt von Wolfgang Lenzen, Deutscher Taschenbuch Verlag GmbH & Co. KG, München, 1974, 27쪽.

86 같은 책, 같은 쪽.

87 A. F. 차머스, 신일철/신중섭 옮김, 『현대의 과학철학』, 서울:서광사, 1990, 49쪽.

88 R. Keat & J. Urry, *Social Theory as Science*, London: Poutledge & Kegan Paul, 1975, 4-65쪽 참조. 여기서는 차인석, "사회과학의 과학론", 차인석(편), 『사회과학의 철학』, 민음사, 1980, 22쪽 참조.

89 윤건수, 「경험의 의미와 질적 연구의 연구 과정 - 근거이론에 대한 사례를 중심으로」, 『한국정책과학학회보』 17(2)호, 2013, 163쪽 참조. 권향원, 「근거 이론적 방법의 이론화 논리에 관한 이해: 한국행정학의 비맥락성과 방법론적 편향성 문제를 중심으로」, 『한국행정학보』, 45(1), 2011. 김준현, 「행정사례연구 접근방법으로서 근거이론의 전망과 한계」, 『한국사회와 행정연구』, 21(2), 2010. 윤건수, 「한국행정학의 질적 연구의 연구 방법에 대한 반성과 제안」, 『한국행정학보』 제39권 제2호, 2005 여름. 윤건수, 「자연언어에 토대를 둔 조직연구 방법 - 스토리텔링 구조를 중심으로」, 『정부학 연구』 7(2), 2001. 이영철, 「사회과학에서 사례연구의 이론적 지위: 비판적 실재론을 바탕으로」, 『한국행정학보』40(1), 2006. 이영철, 「보다 나은 사례연구: 논리와 예시」, 『정부학 연구』15(1), 2009. 임도빈, 「질적 연구 방법의 내용과 적용전략: 양적인 질적 연구와 질적인 질적 연구」, 『정부학 연구』15(1), 2009.

90 J. 크레스웰, 『질적 연구의 30가지 노하우』, 박영 story, 2017, 51-64쪽 참조. 크레스웰은 '가치서술'을 "질적 연구의 배후에 있는 철학"으로 간주하면서, 그것을 6가지 갈래로 나누어 제시한다: 1) 철학은 질적 연구자들에 의해 어떻게 형성되어 왔는가?, 2) 이러한 철학적 가정은 무엇인가? 무엇이라고 불리며, 어떻게 시작되었나?, 3) 어떻게

패러다임, 또는 세계관이 우리의 연구를 형성하는가?, 4) 철학적 학파에는 어떤 것이 있는가?, 5) 패러다임들(또는 세계관)의 기본 가정은 무엇인가?, 6) 이러한 신념은 네 개의 패러다임 간 어떻게 다른가? 그리고 크레스웰은 '네 패러다임에 상응하는 세계 관'을 '후기 실증주의 패러다임', '비판이론 패러다임', '구성주의 패러다임', '참여주의 패러다임' 등으로 대별하고, '존재론', '인식론', '가치론', '방법론', '수사학'의 관점에 서 패러다임에 들어있는 요소들의 특징을 상론하고 있다.

91 김영천, 『질적 연구 방법론 I Bricoleur』, 아카데미 프레스, 2016 참조. 김영천, 『질적 연구 방법론 II Methods』, 아카데미 프레스, 2015 참조.

92 윤건수, 「인문학적 성찰과 행정학 방법론」, 「한국행정학회 학술발표논문집」, 2008, 4, 522-530쪽 참조.

93 같은 책, 528쪽. 이와는 조금 다르게 리쾨르는 "인간 경험의 역사성은 거리두기 속에 있는 또 거리두기에 의한 소통"이라는 전제로 '거리 좁히기'는 역설적으로 결국 정교 한 의미의 '또 다른 거리두기의 해석학적 기능'이라고 주장한다. 그러한 과정은 "담 론으로서의 언어의 실행", "작품으로서의 담론", "파롤과 문자", "텍스트의 세계", "작 품으로서의 이해"라는 단계를 통해 궁극적으로는 "독자의 주관성" 이해에 도달하는 것이라고 설명한다. P. 리쾨르, 『텍스트에서 행동으로』, 박병수/남기영 편역, 아카넷, 2002. 113-134쪽 참조.

제2장 교정학과 인문학

1 Georgi Schischkoff(Hrsg.), *Philosophisches Wörterbuch*, Stuttgart: Alfred Kröner Verlag, 1957, 251-253쪽 참조.

2 정호근, 「인문학의 위상 변화와 가능한 인문학 및 그 기능」, 장회익(외), 『삶, 반성, 인문학 - 인문학의 인식론적 구조』, 태학사, 2003, 272쪽.

3 같은 책, 같은 쪽.

4 같은 책, 267쪽.

5 같은 책, 271쪽.

6 빌렘 플루스, 『디지털 시대의 글쓰기』, 윤종석 옮김, 문예출판사, 1998, 89쪽.

7 같은 책, 77쪽.

8 같은 책, 81쪽.

9 logos의 두 가지 측면 외에 변증술의 의미를 좀 더 폭넓게 해석할 수도 있다. 즉 변

증술의 내용 안에 방법과 논리 (Methode und Logik) 외에 존재론(Ontologie)과 경험구조(Erfahrungsstruktur) 또한 포함 시킬 수도 있다. W. Röd, *Dialektische Philosophie der Neuzeit 1 - Von Kant bis Hegel,* München, 1974, 10-14쪽 참조.

10 이태수, 「인문학의 두 계기 - 진리 탐구와 수사적 설득」, 장회익(외), 『삶, 반성, 인문학 - 인문학의 인식론적 구조』, 태학사, 2003, 95쪽. 로베르트 하이스, 『변증법이란 무엇인가』, 황문수(역), 서문당, 1976, 35쪽 참조.

11 같은 책, 107쪽.

12 같은 책, 같은 쪽.

13 같은 책, 같은 쪽.

14 같은 책, 같은 쪽.

15 같은 책, 103쪽.

16 같은 책, 같은 쪽.

17 하인츠 파터, 『텍스트 언어학 입문』, 이성만 옮김, 한국문화사, 1995 참조. 이석규(외), 『텍스트 언어학의 이론과 실제』, 박이정(출), 2001 참조.

18 롤랑 바르트, 『텍스트의 즐거움』, 김희영 옮김, 1997, 27-36쪽 참조.

19 한국문학비평가협회(편), 『문학비평 용어사전/하』, 국학자료원, 1011쪽.

20 전석환, 「새로운 '인문학적 담론' 구상의 가능성과 그 한계 - '인문학적 상상력'에 대한 개념해명을 중심으로」, 『철학 · 사상 · 문화』, 제6호, 2008, 105쪽 참조.

21 정호근, 「인문학의 위상 변화와 가능한 인문학 및 그 기능」, 장회익(외), 『삶, 반성, 인문학 - 인문학의 인식론적 구조』, 태학사, 2003, 287쪽. 이러한 인문학에 대한 미래 전망은 꼭 서양의 관점에서만 있는 것은 아니다. 이승환, 「동양의 학문과 인문 정신」, 김영식, 「동양 전통 학문 속에서의 '자연과학'과 '인문학'」, 백종현, 「한국 인문학 진흥의 한 길」, 한국학술협의회(편), 『인문 정신과 인문학』, 아카넷, 2007 참조.

22 전석환, 「새로운 '인문학적 담론' 구상의 가능성과 그 한계 - '인문학적 상상력'에 대한 개념해명을 중심으로」, 『철학 · 사상 · 문화』, 2008, 104-108쪽 참조.

23 조극훈, 「인문학의 확장과 변용: 교정인문학의 방향과 전망」, 『교정 담론』 제11권 제1호, 2017, 78-79쪽.

24 같은 책, 68쪽.

25 물론 특정 방법론이 분화 발전하여 하나의 학(學)으로 독립하여 성립될 수도 있다. 예를 들면 유물 발굴 작업을 통한 역사 연구는 역사학으로부터 고고학을 독립시켰을 뿐만 아니라 고고학적 방법론을 독자적인 하나의 학(學)의 수준으로까지 승격시킬 수

있었다. C. W. Ceram, *Götter, Gräber und Gelehrte,* Rowohlt: Hamburg, 1976, 25-29쪽 참조. T. 더글라스 프라이스, 『고고학의 방법과 실제』, 이희준 옮김, 사회평론아카데미, 2013 참조.

26 J. Hoffmeister (Hrsg.), *Wörterbuch der philosophischen Begriffe*, Verlag von Felix Meiner in Hamburg, 1955, 171쪽 참조. G. Schischkoff (Hrsg.), *Philosophisches Wörterbuch,* Alfred Kröner Verlag Stuttgart, 1957, 115쪽 참조. 나카야마 겐, 『사고의 용어사전』, 박양순 옮김, 북바이북, 2012, 375-379쪽 참조.

27 나인호, 『개념사란 무엇인가 - 역사와 언어의 새로운 만남』, 역사와 비평사, 2011, 40쪽.

28 같은 책, 41쪽.

29 같은 책, 같은 쪽.

30 푸코의 해체적 사유에 대한 반향 안에서 푸코 및 포스트 모더니스트들과 하버마스와의 논쟁, 후쿠야마의 '역사는 끝났는가'라는 책으로부터 촉발된 역사 대 탈역사 대한 논쟁, 브르디외의 '문화 자본'과 '구별 짓기'를 중심으로 한 권력 담론 등을 20세기 말에 일어났던 주요 담론으로 간주할 수 있다. 김덕영, 『논쟁의 역사를 통해 본 사회학』, 한울, 2003 참조. 오카모도 유이치로, 『지금 세계는 무엇을 생각하는가』, 전경아 옮김, 한빛비즈, 2018, 29-70쪽 참조.

31 이상봉, 「인문학의 새로운 지평으로서의 '로컬리티 인문학' 연구의 전망」, 『로컬리티 인문학』(1), 부산대학교 한국민족문화연구소, 2009, 66쪽.

32 같은 책, 64쪽.

33 같은 책, 66쪽.

34 전석환, 「새로운 '인문학적 담론' 구상의 가능성과 그 한계 - '인문학적 상상력'에 대한 개념해명을 중심으로」, 『철학·사상·문화』, 2008, 104-108쪽 참조.

35 Timm A., *Einführung in die Wissenschaftsgeschichte,* W. Fink Verlag, München, 1973, 95-140쪽 참조. 한국에서 문·이과의 구분은 일제시대의 잔재를 답습하고 있다. 이러한 교육체제는 1918년 제2차 고등학교령에서부터 시작되었다. 인문과학 계열과 자연과학 및 공학 계열 구분의 기준도 서구의 근대과학에 기초한 대학별 학문 계열의 표준화 내용과 거리가 멀다. 아직도 영국에서는 이론물리학을 '자연철학(natural science)'으로 명명하면서 인문과학적 탐구의 부분이라고 생각한다. 김태호, '문과와 이과의 구분은 어디서 비롯되었나', m.weekly.khan.co.kr, 2018.10.29 참조.

36 C. Friedlein, *Geschichte der Philosophie,* Erich Schmidt Verlag, Berlin, 1992, 51쪽 참조.

37 G. Kropp, *Erkenntnistheorie I - Allgemeine Grundlegung,* Walter de Gruyter & Co, Berlin, 1950, 107쪽 참조.

38 같은 책, 같은 쪽.

39 김태호, '문과와 이과의 구분은 어디서 비롯되었나', m.weekly.khan.co.kr, 2018.10.29 참조.

40 철학이라는 학문은 그 범위 안에서 좀 더 구체적인 탐구영역들을 규정할 수 있는 방대한 학문 분야라고 할 수 있다. 그 안에서 분류되는 여러 영역들은 각각의 물음의 특성에 근거해서 형성되어 왔다. 특히 '지식이 무엇인가'라는 물음은 철학적 물음이지만, 결국 학문 전체의 구조를 해명하는 작업이라고도 할 수 있다. Kant, Fichte, Hegel, Bolzano 등의 저술에서 명확히 드러난 Wissenschaftstheorie, 혹은 Wissenschaftslehre 은 '학문론', '지식학', 과학론 등의 한국어로 번역되었다. 본 저서 안에서는 학문론과 지식학 등의 용어는 너무 추상적인 성격으로 보일 수 있고, 과학론이라는 용어는 너무 '자연과학적'이나 공학적 성격으로 보일 수 있다. 그러나 대체로 많은 사람들이 '과학론'이라는 용어를 사용하고 있기 때문에 '과학론'이라는 용어를 차용하기로 한다. 박종홍, 「학문과 인간 형성」, 『현대인강좌 3 - 학문과 예술』, 박우사, 1962, 9-20쪽 참조. 차인석(편), 『사회과학의 철학』, 차인석, 「사회과학의 과학론」, 11-14쪽 참조, 민음사, 1980. 장회익, 『과학과 메타과학』, 현암사, 2012 참조.

41 G. Fichte, "Ueber den Begriff der Wissenschaft der sogennanten Philosophie"(1794), 여기서는 Ritter, J./Gründer, K./Gabriel, G.(Hrsg.), *Historisches Wörterbuch der Philosophie*, Bd.12, Schwabe AG Verlg Basel, 2004, 965쪽.

42 같은 책, 965-966쪽.

43 같은 책, 967쪽 참조.

44 같은 책, 같은 쪽.

45 R. T. 캐롤, 『회의주의자 사전』, 한기찬 옮김, 잎파란, 2007, 654쪽 참조.

46 장회익, 『과학과 메타과학』, 현암사, 2012, 42쪽.

47 같은 책, 같은 쪽.

48 P. Weingartner, *Wissenschaftstheorie I - Einführung in die Hauptprobleme*, Friedrich Fromman Verlag: Stuttgart-Bad Cannstatt, 1971, 124-148쪽 참조.

49 E. 윌슨, 『통섭』, 최재천 · 장대익 옮김, 사이언스북스, 2005, 113쪽.

50 같은 책, 111쪽.

51 같은 책, 같은 쪽.

52 같은 책, 120쪽.

53 J. Ritter/K. Gründer/G. Gabriel(Hrsg.), *Historisches Wörterbuch der Philosophie*, Bd.12, Schwabe AG Verlg Basel, 2004, 967쪽.

54 F. 텐부룩, 「막스 베버의 저작: 방법론과 사회과학」, 프리드리히 텐부룩, 『막스 베버의 사회과학 방법론』, 차성환 (편역), 문학과 지성사, 1990, 136쪽.

55 J. Ritter/K. Gründer/G. Gabriel(Hrsg.), *Historisches Wörterbuch der Philosophie*, Bd.4, Schwabe AG Verlg Basel, 2004, 494쪽 참조.

제3장 교정 인문 탐구의 정초

1 M. 호르크하이머, 『도구적 이성 비판』, 박구용 옮김, 문예출판사, 2006, 43쪽.

2 같은 책, 41쪽.

3 같은 책, 같은 쪽.

4 이좌용, 「지식의 체계성과 적합성」, 한국사회과학연구소(편), 『사회과학의 철학』, 민음사, 1980, 163쪽 이하 참조.

5 J. Habermas, "Die Verschlingen von Mythos und Aufklärung, Bemerkung zur Dialektik der Aufklärung - nach einer erneuten Lektüre", Bohrer, K. H.(Hrsg.), *Mythos und Moderne*, Suhrkamp Verlag, Frankfurt am Main, 1983, 429쪽.

6 J. Ritter/K. Gründer/G. Gabriel(Hrsg.), *Historisches Wörterbuch der Philosophie*, Bd.4, Schwabe AG Verlg Basel, 2004, 493쪽 참조.

7 H. Ottmann, "인지적 관심과 자기반성, 『인식과 관심』에서 인지적 관심의 위치와 체계적 연관성" T. 록크모어(외), 『하버마스 다시 읽기』, 임현규(편역), 인간 사랑, 1995, 65쪽.

8 K. Marx, "Die heilige Familie, oder Kritik der kritischen Kritik", in: MEW. Bd. 2. 85쪽.

9 I. 칸트, 『실천이성비판』, 백종현 옮김, 아카넷, 2003, 254쪽.

10 J. Habermas, "Erkenntnis und Interesse", in: Habermas, J. *Technik und Wissenschaft als Ideologie*, Frankfurt am Main, 1973, 162쪽.

11 같은 책, 159쪽.

12 같은 책, 163쪽.

13 H. Ottmann, 록크모어, T.(외), "인지적 관심과 자기반성. 『인식과 관심』에서 인지적 관심의 위치와 체계적 연관성", 임현규(편역), 『하버마스 다시 읽기』, 인간 사랑, 1995, 65쪽.

14 J. Habermas, "Erkenntnis und Interesse", in: Habermas, J. *Technik und Wissenschaft als Ideologie*, Frankfurt am Main, 1973, 146-168쪽 참조.

15 같은 책, 162쪽.

16 같은 책, 167쪽.

17 같은 책, 164쪽.

18 D. Horster, *Jürgen Habermas Mit einer Bibliographie von Rene Görtzen,* J. B. Metzlersche Verlagsbuchhandlung, Stuttgart, 1991, 42쪽 참조.

19 전석환 · 이백철 「인문 교정을 탐구하는 '방법'에 대한 논의 - '철학적 관점'을 중심으로」, 『교정 담론』 제9권 제1호, 2015, 16-17쪽 참조.

20 C. G. Hempel, *Philosophie der Naturwissenschaft,* übersetzt von Wolfgang Lenzen, Deutscher Taschenbuch Verlag GmbH & Co. KG, München, 1974, 94-95쪽.

21 O. Marquard, "Lob des Polytheismus", H. Poser, *Philosophie und Mythos,* Berlin/New York, 1979, 참조. J. Taubes, "Zur Konjuntur des Polytheismus", K. H. Bohrer(Hrsg.), *Mythos und Moderne,* Suhrkamp Verlag, Frankfurt am Main, 1983, 참조

22 J. 그롤레, 「보이지 않는 것을 발견하는 일」, 요아힘 모르, (외), 『무엇이 과연 진정한 지식인가』, 박미화 옮김, 더숲, 2012, 89-99쪽.

23 같은 책, 89쪽.

24 같은 책, 91쪽.

25 '상상력을 학습하는 13가지의 생각 도구'를 두 저자는 다음과 같이 제시한다: 관찰, 형상화, 추상화, 패턴인식, 패턴형성, 유추, 몸으로 생각하기, 감정이입, 차원적 사고, 모형 만들기, 놀이, 변형, 통합 등을 통해서 상식적이나 학문 탐구의 방법으로 주류를 이루는 자연과학적 사고나 실증주의적 사고에 대항하여 '무엇을 생각하는가에서 어떻게 생각하는가'로의 전환을 요청하고 있다. R. 루트번스타인/M. 루트번스타인, 『생각의 탄생』, 에코의 서재, 2007, 33-54쪽 참조.

26 같은 책, 20쪽.

27 정호근, "인문학의 위상 변화와 가능한 인식론적 구조", 장회익(외), 『삶, 반성, 인문학 - 인문학의 인식론적 구조』, 태학사, 2003, 271쪽.

28 진중권, 『놀이와 예술 그리고 상상력』, 휴머니스트, 2005, 10쪽.

29 E. 테일러 빅터, (외), 『포스트모더니즘 백과사전』, 김용규(외 역), 경성대학출판부, 2007, 373쪽 참조.

30 오성삼 (편저), 『메타분석의 이론과 실제』, 건국대학교 출판부, 2007, 14쪽.

31 같은 책, 15쪽 참조.

32 전석환/이백철, 「인문 교정을 탐구하는 '방법'에 대한 논의 - '철학적 관점'을 중심으로」, 『교정 담론』 제9권 제1호, 2015, 9-10쪽 참조.

33 인문학 자체도 인문과학으로 엄연히 하나의 과학이지만 한국어에서는 natural science

와 technology만을 과학이라고 명명하는 경향이 있다. 본서 안에서는 일반적인 용례에 따라 인문학에 대비된 자연과학 및 공학을 지시하는 용어를 예외적인 경우를 제외하고 '과학'이라는 용어로 통칭하여 사용하기로 한다.

34 김경집, 『인문학은 밥이다』, RHK, 2013, 23-25쪽 참조. 전석환/이백철, 「인문 교정을 탐구하는 '방법'에 대한 논의 - '철학적 관점'을 중심으로」, 『교정 담론』 제9권 제1호, 2015, 5-9쪽 참조.

35 박이문, 『현상학과 분석철학』, 일조각, 1977, 2-3쪽 참조 .E. Martens/H. Schnädelbach (Hrsg.), *PHILOSOPHIE - Ein Grundkurs Band 1*, Rowohlt Taschenbuch GmbH, Reinbeck bei Hamburg, 1991, 12-28쪽 참조.

36 박이문, 『현상학과 분석철학』, 일조각, 1977, 3쪽 참조. E. Martens/H. Schnädelbach (Hrsg.), *PHILOSOPHIE - Ein Grundkurs Band 1*, Rowohlt Taschenbuch GmbH, Reinbeck bei Hamburg, 1991, 31-35쪽 참조.

37 자연과학에서의 메타적 관점 활용은 '의미기반과 상황진술', 혹은 '형식이론(formal theory)과 지지이론(supporting theory)'을 통해 다음과 같이 설명된다: 원시사회 안에서의 과학이론의 의미기반은 일상적 언어를 사용할 수 있다. 그러나 과학이론이 발전함에 따라 의미기반은 좀 더 복잡한 구조가 되며, 종국에는 또 하나의 이론이 필요하게 된다. 이러한 이론을 '형식이론'에 대비해서 '지지이론'이라고 할 수 있다. 수학과 물리학의 발전 과정에서 그 실례를 찾아볼 수 있다. 예를 들면 미적분학이라고 하는 하나의 특정 이론체계는 고전역학의 '의미기반' 아래서 또 하나의 심층적 의미기반으로 기능하고 있음을 볼 수 있다. 즉 미적분학은 고전역학을 구성하는 '지지이론'의 한 부분이라고 할 수 있다. 장회익, 『과학과 메타과학』, 현암사, 2012, 103-104쪽, 373쪽 참조.

38 E. 테일러 빅터, (외), 『포스트모더니즘 백과사전』, 김용규(외 역), 경성대학출판부, 2007, 389쪽 이하 참조.

39 J. 레이첼스, 『도덕철학의 기초』, 노혜련 · 김기덕 · 박소영 옮김, 나눔의집, 2010, 54쪽.

40 R. Jacobson, 「언어학과 시학」, 김태욱 역, 『언어과학이란 무엇인가』, 이정문(외), 문학과지성사, 1977, 152쪽 이하 참조.

41 한국문학평론가협회(편), 『문학비평 용어사전/상』, 국학자료원, 2006, 595쪽 참조.

42 W. Röd, *Dialektische Philosophie der Neuzeit 1*, München, 1974, 183-190쪽 참조.

43 여기서는 일단 텍스트란 리쾨르(P. Ricoeur)의 정의에 따라 "글쓰기에 의하여 고정된 모든 종류의 담화(a text any discourse fixed by writing)"라는 정도로 한정해 사용한다. P. 리쾨르 『텍스트에서 행동으로』, 박병수/남기영 편역, 아카넷, 2002, 160쪽.

44 P. 리쾨르, 『텍스트에서 행동으로』, 박병수/남기영 편역, 아카넷, 2002, 198쪽.

45 같은 책, 42-52쪽 참조.

46 김영천, 『질적 연구 방법론 II Methods』, 아카데미 프레스, 2015, 353쪽 참조.

47 P. 리쾨르, 『텍스트에서 행동으로』, 박병수/남기영 편역, 아카넷, 2002, 198-199쪽

48 질적 연구의 근간이 되는 이론적/방법론적/학문적 배경이 된 지적 전통은 다음과 같이 제시될 수 있다: 1) 시카고 사회학(도시 연구, 현장 작업, 다양한 질적 방법의 실천), 2) 현상학(살아 있는 경험, 생활세계, 행위자의 의도, 의미, 판단중지, 경험의 본질), 3) 상징적 상호 작용(사회적 상호 작용과 상징, 상징으로서 언어, 사회 세계), 4) 생태학적 심리학(인간발달에서 환경의 중요성, 다양한 환경 체계), 5) 민속 방법론(사회 실재의 성취, 언어적 상호 작용, 질서의 생산, 대화 분석), 6) 문화 기술지(문화, 일상생활, 내부자적 관점, 심층적 묘사), 7) 비판문화 기술지(억압, 저항, 헤게모니, 차별과 권력의 문제-계층/인종/젠더/성 취향, 불평등, 해방, 사회정의, 연구/이론과 실천 간의 관계), 8) 페미니스트(남성적 이데올로기로서 사회과학 연구와 결과에 대한 비판, 여성 해방적 연구), 9) 질적 연구(방법론, 연구윤리), 10) 포스트모더니즘(절대적 지식과 메타내러티브의 거부, 권력과 지식, 지식 생산의 방법으로서 언어의 불완전성, 타자에 대한 글쓰기, 연구 방법에 대한 해체적 반성, 탈식민주의 질적 연구) 김영천, 『질적 연구 방법론 I Bricoleur』, 아카데미 프레스, 2016, 15-52쪽 참조.

49 윤옥경, 「〈교정 연구〉 게재논문 분석을 통해 본 교정학의 연구 영역과 연구 동향」, 『矯正研究』, 제22호, 2004, 82쪽 참조.

50 P. 리쾨르, 『해석의 갈등』, 양명수 옮김, 아카넷, 2001, 20쪽 참조.

51 R. 팔머, 『해석학이란 무엇인가』, 이한우 옮김, 문예출판사, 2001, 21쪽.

52 같은 책, 63-79쪽 참조. 근대 이후 발전 전개된 해석학적 분야는 다음과 같다: 1) 성서 주석의 이론, 2) 일반적인 문헌학적 방법론, 3) 모든 언어 이해에 관한 연구, 4) 정신과학의 방법론적 기초, 5) 실존과 실존론적 이해의 현상학, 6) 신화나 상징의 배후에 있는 의미를 도달하기 위하여 사용되는 회상적이고 우상 파괴적인 해석의 체계들.

53 U. 에코, 『기호-개념과 역사』, 김광현 옮김, 열린 책들, 2002, 202쪽.

54 김영한, 『하이데거에서 리쾨르까지』, 박영사, 1987, 299-314쪽 참조. P. 리쾨르, 『텍스트에서 행동으로』, 박병수/남기영 편역, 아카넷, 2002, 313쪽 참조.

55 이상훈(외), 『종교와 민족』, 한국정신문화연구원, 2001, 144쪽.

56 김경집, 『생각의 융합』, 더숲, 2016, 9쪽.

57 I. Kant, *Die Metaphysik der Sitten*, Immanuel Kant Werke in Sechs Bänden, hrsg. Wilhelm Weischedel Bd.4 Darmsadt, 1963, 455쪽.

58 이상영/이재승, 『법사상사』, 한국방송통신대학교 출판부, 2007, 197쪽.

59 J. Ruhloff, *Das ungelöste Normproblem der Pädagogik - Eine Einführung*, Heidelberg:
Quelle & Meyer, 1979, 30-65쪽 참조.

60 오세혁, 『법철학사』, 세창(출), 2005, 369쪽.

61 J. Ruhloff, *Das ungelöste Normproblem der Pädagogik - Eine Einführung*, Heidelberg:
Quelle & Meyer, 1979, 13-29쪽 참조.

62 M. 하이데거, 『존재와 시간』, 이기상 옮김, 까치, 2001, 22-23쪽. 이기상/구연상, 『『존
재와 시간』 용어해설』, 까치, 1998. 301-303쪽 참조. Ch. 노리스, 『해체 비평 - 디컨스
트럭션의 이론과 실천』, 이기우 옮김, 한국문화사, 1996, 116-120쪽 참조.

63 빅터, E. 테일러/찰스, E. 윈퀴스트(편집), 『포스트모더니즘 백과사전』, 김용규(외) 옮
김, 경성대학교 출판부, 2007, 141-144쪽 & 184-185쪽 참조. P. Engelmann*(Hrsg.)*,
Postmoderne und Dekonstruktion - Texte französischer Philosophen der Gegenwart,
Stuttgart, 1990, 76-221쪽 참조.

64 오세혁, 『법철학사』, 세창(출), 2005, 400쪽 참조.
김재원, 「포스트모던 법이론-법의 해체적 논의」, 『현대 법철학의 흐름』, 한국법철학회
(편), 법문사, 1996, 335-345쪽 참조. 김재원은 '법의 해체적 논의'를 '논리의 한계',
'개념의 한계' '일관성과 이데올로기'의 범주를 설정하고 그 해명을 시도하고 있다.

65 E. 윌슨, 『통섭』, 최재천 · 장대익 옮김, 사이언스북스, 2005, 229쪽.

66 C. Popper, *The Logic of Scientific Discovery*, New York: Basic Books, 110쪽 참조, 1956.

67 데이비드 J. 헤스 , 『과학학의 이해』, 김환석 옮김, 당대, 2004, 31쪽.

68 같은 책, 같은 쪽.

69 같은 책, 231쪽.

70 여기서는 '미국 국립과학재단(NSF)', '영국 SPRU & CHI', '한국연구재단의 학술연구
분야 분류표' 등의 학문 분류를 참조하였음. '한국연구재단의 학술연구 분야 분류표'
에서는 연구 분야가 대분류, 중분류, 소분류, 세분류 4개의 단계로 구성되어 있으며,
세부 분류체계는 대분류 8개, 중분류 152개, 소분류 1,551개, 세분류 2,368개로 구
성된 수직구조로 되어 있다. 대분류체계는 인문학, 사회과학, 자연과학, 공학, 의약학,
농 · 수 · 해양, 예술철학, 복합학 등 8개로 되어 있다. 여기서 활용될 대분류 인문학은
23개, 소분류는 167개, 세분류는 298개로 되어 있다. 본서에서는 현존하는 한국 대학
안에서의 학문 계열을 고려하여 (표 6)으로 정리된 분류 방법을 통해 활용하기로 한다.

제4장 교정 인문 탐구의 이론적 구상: 가능성과 그 한계

1   J. Habermas, "Erkenntnis und Interesse", in: Habermas, J. *Technik und Wissenschaft als Ideologie*, Frankfurt am Main, 1973, 162쪽.

2   같은 책, 같은 쪽.

3   같은 책, 157쪽.

4   E. 윌슨, 『통섭』, 최재천 · 장대익 옮김, 사이언스북스, 2005, 110쪽.

5   같은 책, 같은 쪽.

6   R. Kamitz, *Positivismus – Befreiung vom Dogma*, Albert Langen: Georg Müller Verlag, 1973, 91-110쪽 참조.

7   베버, M. 『프로테스탄티즘의 윤리와 자본주의 정신』, 김덕영 옮김, 도서출판 길, 2010, 243쪽 이하 참조.

8   K. 켈리, 『기술의 충격』, 이한음 옮김, 민음사, 2011, 21쪽.

9   J. 그린, 『옳고 그름』, 최호영 옮김, 시공사, 2017 참조.

10   Oliver R. Goodenough./K. Prehn, "A neuroscientific approach to normative judgment in law and justice", Philos Trans R Soc Lond B Biol Sci. 2004. 여기서는 오카모도 유이치로, 『지금 세계는 무엇을 생각하는가』, 전경아 옮김, 한빛비즈, 2018, 146-147쪽 참조.

11   N. 레비, 『신경 윤리학이란 무엇인가』, 신경 인문학 연구회, 바다출판사, 2011 참조.

12   신기숙, 「아동 대상 성범죄자의 특성 및 집단치료 효과- 좋은 삶 모델을 중심으로」, 『교정 담론』 제11권 제2호, 2017, 242쪽.

13   같은 책, 242-243쪽.

14   Ph. G. 짐바르도, 『루시퍼 이펙트』, (주)웅진씽크빅, 2010, 26쪽.

15   같은 책, 10쪽.

16   이창훈, 「범죄에 대한 오해와 진실 - "그 놈이 그 놈이다"」, 『교정 담론』 제8권 제1호, 2014, 173쪽.

17   같은 책, 191쪽.

18   같은 책, 같은 쪽.

19   김영철, 「범죄-불완전한 인간 존재의 단면」, 『교정 담론』 제9권 제3호, 2015, 38-52쪽 참조.

20   같은 책, 53쪽.

21   같은 책, 212쪽.

22 김연권, 「서평:『감옥으로부터의 사색』- 인간과 세상을 읽는 텍스트로서의 감옥」, 『교정 담론』 제3권 제1호, 2009, 213쪽.

23 같은 책, 같은 쪽.

24 김성은, 「서평: 필립 짐바르도의『루시퍼 이펙트』- 무엇이 선량한 사람을 악하게 만드는 것인가?」, 『교정 담론』 제4권 제1호, 2010, 232쪽.

25 조극훈, 「교정행정에서의 전자기술 사용에 대한 인문학적 성찰」, 『교정 담론』 제6권 제2호, 2012, 9쪽.

26 박연규, 「토론문 1: 교도관과 재소자의 관계윤리 확보를 위해」, 『교정 담론』 제6권 제1호, 2012, 116쪽. "기술 자체에 대한 습관적인 부정적인 태도, 그리고 막연한 공포나 불안은 별 의미가 없고 문제는 인간적 관계성을 해치지 않으면서 기술을 받아들이는 태도가 중요할 것이다." "로봇을 통해서도 '인간적 감시'나 '인간적 안전'을 보장할 수 있다면 교정 로봇의 등장으로 인해 발생하는 관계윤리가 훼손되지 않는다고 본다." 그 외 참조: 윤민우, 「토론문 2: 교정의 본질과 교정 로봇의 한계」, 이창훈, 「토론문 3: 교정에 있어서의 과학기술 활용의 주체와 수형자의 인간소외」, 조윤호, 「토론문 4: 교정 로봇 도입의 의미와 그 한계」.

27 조극훈, 「교정행정에서의 전자기술 사용에 대한 인문학적 성찰」, 『교정 담론』 제6권 제2호, 2012, 9쪽.

28 같은 책, 같은 쪽.

29 같은 책, 같은 쪽.

30 같은 책, 19쪽.

31 같은 책, 같은 쪽.

32 같은 책, 24쪽 참조.

33 같은 책, 26쪽.

34 전석환, 「교정과 로봇(robot) 사용의 연관 문제 - 소통 안에서 '구술적 감성(an orally constituted sensibility)'의 변모 과정을 중심으로」, 『교정 담론』, 제6권 제2호, 2012, 51쪽.

35 김태훈, 「교정의 새로운 비전과 발전방안에 관한 소고」, 『교정 연구』 제56호, 2012, 172-173쪽.

36 최진규, 「교정 보조서비스 로봇 소개」, 『형사 정책연구』 2012년 봄, 2012 참조. 여기서는 '기계에 감시당하고 있다는 수용자의 거부감, 그래서 야기될 수 있는 인권침해 시비, 기계와 사람 간의 관계가 지니고 있을 인간미 부족' 등을 지적하고 있다.

37 K. 켈리, 『기술의 충격』, 이한음 옮김, 민음사, 2011, 21쪽.

38 R. 위너, 『인간의 인간적 활용 - 사이버네틱스와 사회』, 이희은/김재영 옮김, 텍스트

(출), 2011, 234쪽.

39 전석환, 「교정과 로봇(robot) 사용의 연관 문제 - 소통 안에서 '구술적 감성(an orally constituted sensibility)'의 변모 과정을 중심으로」, 『교정 담론』, 제6권 제2호, 2012, 51-52쪽.

40 박병식, 「교정사고의 예방과 CCTV 계호에 대한 연구 헌법재판소 결정을 중심으로」, 『교정 담론』 제6권 제2호, 2012, 62쪽. 박병석은 다음과 같은 일련의 헌법재판소의 판시를 전제로 논의를 전개하였다: 교도소 내 CCTV의 도입은 교도관의 인력과 시선 계호만으로 교정사고를 미연에 방지할 수 없다는 점에서 2007년 '형의 집행 및 수용자의 처우에 관한 법률' 조항을 개정하여, 전자영상장비를 이용하여 수용자를 계호할 수 있는 법적 근거가 마련되었다. 그 이후 2008-2011년 사이 CCTV 계호가 재소자의 프라이버시를 침해한다는 헌법소원이 제기된 사례는 모두 3번이다. 첫 번째 건은 재판관 찬성의 3분의 2를 얻지 못하여 기각되었고, 두 번째 건은 헌법소원심판의 청구 기간이 경과되어 기각되었고, 세 번째 건은 '재판장 전원일치로 CCTV 계호 행위는 사생활의 비밀 및 자유를 침해하지 않는다고 합헌의 판시'를 하였다 (같은 책, 70-77쪽 참조).

41 같은 책, 80쪽.

42 같은 책, 81쪽.

43 같은 책, 같은 쪽.

44 전석환, 「교정과 로봇(robot) 사용의 연관 문제 - 소통 안에서 '구술적 감성(an orally constituted sensibility)'의 변모 과정을 중심으로」, 『교정 담론』, 제6권 제2호, 2012, 53쪽.

45 한민경, 「전자감독 담당 직원의 업무부담 측정에 관한 연구: 사건 수를 기준으로」, 『교정 담론』 제13권 제2 2019, 77쪽. 교도관의 직업 수행 및 현장 실태에 대한 연구 참조: 이수정/윤옥경, 「교정 공무원의 폭행피해로 인한 탈진감과 외상 후 스트레스 장애」, 『교정 연구』 제25호, 2004, pp. 7-34.

윤옥경/이수정, 「수용자-교도관 폭행의 유형과 실태:교도관의 관점」, 『형사 정책연구』 제16권, 제2호(통권 제62호 2005년 여름호), pp. 107-137.

윤옥경, 「교정 공무원의 스트레스: 유발요인과 해소방안」, 『한국공안행정학회보』, 제25집, 2006, pp. 79-107.

윤옥경, 「교도소 수형자의 폭력 피해 경험과 피해두려움」, 『교정 연구』 제45호, 2009, pp. 223-251.

노용준, 『한국 교정 공무원의 교육훈련에 관한 연구』, 경기대학교 대학원 석사학위 논문, 2006.

송경옥,『여성교정공무원의 직업의식과 직무만족도에 대한 연구』, 고려대학교 행정대
학원 석사학위 논문, 2008.

이홍직,「보호관찰 공무원의 직무 스트레스에 관한 연구」,『교정 연구』, 제46호, 2010,
pp. 87-112.

46 79쪽 참조.

47 같은 책, 79쪽.

48 같은 책, 같은 쪽.

49 J. 크레스웰,『질적 연구의 30가지 노하우』, 박영story, 2017, 55-56쪽 참조.

50 이영희,「개별처우 효과성 향상을 위한 분류심사 활용 방안: 교정심리검사를 중심으
로」,『교정 담론』제4권 제1호, 2010, 170쪽.

51 같은 책, 186쪽.

52 같은 책, 같은 쪽.

53 김영윤,「정신병질 특정 집단의 인지기능 연구」,『교정 담론』제8권 제2호, 2014, 120쪽.

54 같은 책, 같은 쪽.

55 이백철,「보호관찰 지도 감독 효율화 방안 연구 - 출석면담과 현장출장면담과의 재범
여부 비교분석연구」,『교정 담론』, 제6권 제2호, 2012, 144쪽.

56 같은 책, 116쪽.

57 같은 책, 144-145쪽.

58 전석환/이백철,「인문 교정을 탐구하는 '방법'에 대한 논의 - '철학적 관점'을 중심으
로」,『교정 담론』, 제9권 제1호, 2015, 18-19쪽 참조.

59 윤가현(외),『심리학의 이해』, 학지사, 2000, 36쪽.

60 같은 책, 38-39쪽 참조.

61 C. Popper나 J. Habermas의 대립된 과학론에서조차 이러한 주장은 명제적으로 전제
된 사안이다.

62 그러한 논의는 이미 실증주의 그 자체가 아니라 그것의 잘못된 적용의 문제, 즉 '맹목
적 과학주의'는 '경험적 보수주의'의 한정으로 빠질 수 있음을 지적한 인문 교정의 한
연구에서 부분적으로 나타났다. 전석환, "교정학의 인문학적 접근을 위한 시론: 규범
개념에 대한 논의를 중심으로",『교정 담론』, 창간호, 2007, pp. 20-21 참조.

63 류창현,「비행 청소년의 재범률 감소를 위한 인지행동치료(CBT)와 웃음 치료(LT)의
장기적 효과」,『교정 담론』제9권 제1호, 2015, 168쪽 참조.

64 류창현/연성진「범죄소년을 위한 분노조절 가상현실 인지행동치료(VR-CBT) 프로그
램 개발과 함의」,『교정 담론』제9권 제3호, 2015, 218쪽.

65 이종하, 『호르크하이머의 비판이론』, 북코리아, 2011, 112쪽.

66 같은 책, 같은 쪽.

67 윤가현(외), 『심리학의 이해』, 학지사, 2000, 426-433쪽 참조.

68 김영희, 「분석심리학적 관점에서 본 거울의 상징과 상담자의 태도 - 교정 상담현장에서」, 『교정 담론』 제6권 제2호, 2012, 104쪽.

69 같은 책, 같은 쪽.

70 같은 책, 같은 쪽.

71 같은 책, 104쪽.

72 G. Zecha, *Für und wider die Wertfreiheit der Erziehungswissenschaft*, Paderborn, 1984 참조.

    Th. W. Adorno(u. a. Hrsg.), *Der Positivismusstreit in der deutschen Soziologie*, Sammulung Luchterhand, 1972 참조.

    H. F. Kaplan, *Ist die Psychoanalyse wertfrei?*, Bern, 1982 참조.

73 이백철/조극훈, 「공리주의 형벌론과 파놉티콘」, 『교정 담론』 제12권 제3호, 2018, 66쪽.

74 M. 푸코, 『감시와 처벌: 감옥의 역사』, 오생근 역, 나남(출), 2003, 303-350쪽 참조.

75 같은 책, 453쪽.

76 같은 책, 같은 쪽.

77 오카모도 유이치로, 『지금 세계는 무엇을 생각하는가』, 전경아 옮김, 한빛비즈, 2018, 61쪽.

78 이명숙, 「범죄인의 신경생물학적 기능손상과 교정치료」, 『교정 담론』 제13권 제1호, 2019, 73쪽.

79 같은 책, 76쪽.

80 같은 책, 77-80쪽 참조.

81 같은 책, 81쪽.

82 같은 책, 86쪽.

83 같은 책, 88쪽.

84 같은 책, 90쪽.

85 김영윤, 「신경과학을 이용한 거짓말 탐지」, 『교정 담론』 제9권 제3호, 2015, 87쪽.

86 같은 책, 88쪽.

87 같은 책, 108-109쪽.

88 같은 책, 112쪽.

89 같은 책, 104쪽. '마음의 문제'는 철학의 '심신론(mind & body)'을 다루는 인식론에서

중요한 비중을 차지하며, 철학사 안에서도 각 시대마다 새로운 쟁점이 있었다는 사실을 확인할 수 있다. J. Ritter/K. Gründer, /G. Gabriel(Hrsg.), *Historisches Wörterbuch der Philosophie*, Bd.3, Schwabe AG Verlg Basel, 1974. 154-204쪽 참조. E. Martens/H. Schnädelbach(Hg.), *PHILOSOPHIE - Ein Grundkurs Band 1/2*, Rowohlt Taschenbuch GmbH, Reinbeck bei Hamburg, 1991, Bd.1 77-115쪽 참조, Bd.2 642-682쪽 참조. S. 프리스트, 『마음의 이론』, 박찬수(외) 옮김, 고려원, 1995 참조.

90 같은 책, 108쪽.

91 전석환, 「'인간의 공격성(aggression)'에 대한 고찰 및 그 치유 가능성의 전망 - 인간학적 관점을 중심으로」, 『교정 담론』 제12권 제1호., 2018, 44쪽.

92 같은 책, 47쪽.

93 같은 책, 49쪽

94 Andy Clark & David Chalmers, "The Extended Mind" *Analysis* 58, 1998 참조. 여기서는 오카모도 유이치로, 『지금 세계는 무엇을 생각하는가』, 전경아 옮김, 한빛비즈, 2018, 62쪽

95 같은 책, 62-63쪽 참조.

96 전중환, 「지식의 합치와 상리적 통섭 - 인문학과 자연과학의 상생을 위하여」, 동서사상연구소 간, 『철학·사상·문화』 제23호, 2017, 216-240쪽 참조. 통섭 개념에 대한 긍정적 평가도 있지만 부정적 평가 역시 많이 나타났다. 국내에서는 2005년 에드워드 윌슨의 『통섭』이 번역되어 나온 이후, 인문학적 입장에서 통섭에 대한 부정적 평가가 많이 등장하였다. 다음과 같은 연구들이 이러한 평가들을 대변한다: 김동광, 「한국의 '통섭 현상'과 사회생물학」, 『문화과학』, 문화과학사, 61호, 2010. 박승억, 「통섭(consilience): 포기할 수 없는 환원주의자의 꿈」, 『철학과 현상학 연구』, 한국현상학회, 36호., 2008. 이남인, 「인문학과 자연과학은 어떻게 만날 수 있는가: 통섭 개념에 대한 비판을 토대로 삼아」, 『철학연구』, 87호, 2009. 이남인, 『통섭을 넘어서: 학제적 연구와 교육의 활성화를 위한 철학적 성찰』, 서울대학교 출판문화원, 2015. 이인식(외), 『통섭과 지식 사기』, 인물과사상사, 2014.

97 권석만, 『인간관계의 심리학』, 학지사, 2017, 473쪽.

98 M. Theunissen, *Selbstverwirklichung und Allgemeinheit - Zur Kritik des gegenwärtigen Bewußtseins*, Walter de Gruyter · Berlin · New York, 1982, 1-2쪽 참조. J. 브로노프스키/ B.매즐리슈, 『서양의 지적 전통』, 차하순 역, 홍성사, 1980, 383-415쪽 참조. J. 하버마스, 『새로운 불투명성』, 이진우·박미애 옮김, 문예출판사, 1996, 161-165쪽 참조. J. 하버마스, 『현대성의 철학적 담론』, 이진우 옮김, 문예출판사, 1996, 23-31쪽 참조.

99   J. 하버마스, 『새로운 불투명성』, 이진우 · 박미애 옮김, 문예출판사, 1996, 34-63쪽 참조.

100   같은 책, 43쪽. "물질주의적 안정과 부양에 대한 욕구는 탈물질주의적 욕구의 뒤로 후퇴한다"라는 현사실이 담고 있는 '관심'과 '감수성' 그리고 '감각들'은 시간과 공간에 대한 새로운 체험을 구체적으로 다음과 같이 지시한다: "자아실현과 자기 경험의 확장된 활동공간에 대한 관심", "자연적 역사적으로 성장한 환경의 보호 필요성에 대한 향상된 감수성", "침해받을 수 있는 인간관계에 대해 예리해진 감각들".

101   같은 책, 159-186쪽 참조

102   송두율, 『역사는 끝났는가 - 송두율 사회사상집』, 당대, 1995, 46-47쪽 참조. 빅터, E. 테일러/찰스, E. 윈퀴스트, 『포스트모더니즘 백과사전』, 김용규(외) 옮김, 경성대학교 출판부, 2007, 386-388쪽, 464-471쪽 참조. J. Ritter/K. Gründer/G. Gabriel(Hrsg.), *Historisches Wörterbuch der Philosophie,* Bd.7, Schwabe AG Verlg Basel, 2004, 1141-1145쪽 참조.

103   전석환, 「'죄'와 '형벌' 개념에 대한 반(反)정초주의적 비판에 대한 논의 - 니체(F. W. Nietzsche)의 『도덕의 계보』를 중심으로」, 『교정 담론』, 제4권 제2호, 2010 참조. 김재원, 「포스트모던 법이론-법의 해체적 논의」, 한국법철학회(편), 『현대 법철학의 흐름』, 법문사, 1996, 335-345쪽 참조. 이상돈(외), 『문헌연구 - 포스트모더니즘과 법』, 세창(출), 2006, 21쪽 참조.

104   J. Habermas, "Erkenntnis und Interesse", in: Habermas, J. *Technik und Wissenschaft als Ideologie*, Frankfurt am Main, 1973, 157쪽.

105   같은 책, 같은 쪽.

106   같은 책, 163쪽.

107   같은 책, 158쪽.

108   같은 책, 157쪽.

109   같은 책, 158쪽.

110   여기서 '철학적 측면의 탐구'는 인문학 전반과 사회과학을 포함한 방법적 차원의 철학의 관점을 뜻한다. 〈제3장 제2절 교정인문학의 탐구 방법: 메타(meta)이론을 중심으로〉를 참조할 것.

111   조극훈, 「교정학의 학적 체계 정립 연구」, 『교정 담론』 제8권 제2호, 2014, 44쪽.

112   같은 책, 44쪽.

113   같은 책, 44-45쪽.

114   같은 책, 45쪽.

115   같은 책, 같은 쪽.

116   같은 책, 같은 쪽.

117   같은 책, 45쪽.

118   같은 책, 45쪽 참조.

119   조극훈, 「인문교정 프로그램의 개발과 의의」, 『교정 담론』, 제9권 제3호, 2015, 46쪽.

120   같은 책, 46-47쪽 참조.

121   같은 책, 54쪽.

122   같은 책, 8-13쪽 참조.

123   같은 책, 15-17쪽/18-24쪽 참조.

124   같은 책, 15쪽.

125   같은 책, 27쪽.

126   같은 책, 같은 쪽.

127   최영신, 「수형자 집중인성교육의 평가와 개선방안」, 『교정 담론』 제10권 제2호, 2016, 146-147쪽 참조.

128   중앙일보, 2016년 4월 18일 14쪽 참조. 여기서는 전석환, 「교정 과정 안에서 본 문학의 역할과 그 의미」, 『교정 담론』, 제10권 제2호, 2016, 2쪽 참조.

129   민선홍/한선아, 「수형자 대상 인성교육 프로그램의 국내 연구 동향」, 『교정 담론』 제13권 제2호, 2019, 10-11쪽 참조.

130   조극훈, 「인문학의 확장과 변용: 교정인문학의 방향과 전망」, 『교정 담론』 제11권 제1호, 2017, 59-78쪽 참조. 이 논문은 2007년부터 2017년까지의 학회의 자세한 활동 정보를 담고 있어서, 사료로의 가치가 높은 연구이다.

131   같은 책, 78-84쪽 참조.

132   본 저서의 본 장 제2절 '(3) 교정학의 철학적 탐구 측면에서 본 인문 교정의 연구: 지속 가능한 연구 주제 및 미래 전망' ①번에서 필자는 이 문제를 다루면서 특히 '교정 인문(학)'과 '인문 교정(학)'의 개념적 상이점과 용례 구별의 해명을 시도하였다.

133   본 저서의 제4장 제3절 '(3) 교정학의 실천적 탐구 측면에서 본 인문 교정의 연구: 지속 가능한 연구 주제 및 미래 전망' ③번에서 필자는 이 문제에 대한 해법을 '아카이브(archive)' 구축 시도로 제시하였다.

134   같은 책, 84쪽.

135   B. 러셀, 『나는 왜 기독교인이 아닌가』 제3장 「나는 이렇게 믿는다」, 여기서는 전석환, 「서평: 교도소 '밖으로부터 구원', 혹은 '교도소 안에서의 자각'? - 잭 자페의 『어느 날 당신이 눈을 뜬 곳이 교도소라면』을 읽고」, 『교정 담론』, 제7권 제1호 2013년, 299-300쪽 참조.

136 박연규, 『교정윤리』, 시간여행, 2017, 43쪽.

137 같은 책, 112쪽.

138 같은 책, 같은 쪽.

139 같은 책, 같은 쪽.

140 같은 책, 212-213쪽.

141 전석환, 「교정 공무원의 기능적 역할과 법적 지위에 대한 문제 – 막스 베버(Max Weber)의 '관료주의적 합리성' 개념에 대한 비판적 담론을 중심으로」, 『교정 담론』, 제5권 제1호, 2011, 85쪽.

142 같은 책, 110쪽.

143 박연규, 「교정에서 회복적 정의의 관계윤리: 콜슨, 제어, 레비나스를 중심으로」, 『교정 담론』 제10권 제2호, 2016, 127쪽.

144 같은 책, 같은 쪽.

145 같은 책, 129쪽.

146 같은 책, 같은 쪽.

147 같은 책, 134쪽.

148 같은 책, 135쪽.

149 박연규, 『교정윤리』, 시간여행, 2017, 176쪽.

150 전석환, 「인문 교정의 탐구 대상으로 본 정의(正義)」, 『시민 인문학』, 제29호, 경기대학교 인문학연구소, 2015, 72-74쪽 참조.

151 같은 책, 74-76쪽 참조.

152 조극훈, 「서평: "재소자의 몸으로 풀어낸 교정윤리"」, 『교정 담론』 제11권 제2호, 2017, 314쪽.

153 정봉길, 「조선 시대 법전을 통해 본 행형의 인본주의적 성격」, 『교정 담론』 제8권 제2호, 2014, 90쪽.

154 같은 책, 64쪽 참조.

155 같은 책, 67쪽.

156 같은 책, 72-79쪽 참조.

157 같은 책, 79쪽.

158 같은 책, 90쪽.

159 김성수, 「교정과 목민심서」, 『교정 담론』 제2권 제1호, 2008, 23쪽.

160 같은 책, 40-43쪽 참조.

161 같은 책, 49쪽.

162 전광수, 「다산 정약용의 형사사건 처리에 관한 판례연구 - 다산의 법철학적 인식과 법 윤리를 중심으로」, 『교정 담론』 제12권 제2호, 2018, 278쪽.

163 같은 책, 같은 쪽.

164 같은 책, 280쪽.

165 같은 책, 278쪽.

166 이송호, 「법가의 사회질서론에 관한 분석」, 『교정 담론』 제9권 제2호, 2015, 4쪽.

167 같은 책, 5-16쪽 참조.

168 같은 책, 20-21쪽 참조.

169 같은 책, 21-22쪽 참조.

170 같은 책, 24쪽

171 같은 책, 25쪽.

172 신성수, 「주역철학(周易哲學)의 관점에서 본 인문 교정(人文矯正)」, 『교정 담론』 제10권 제2호., 2016, 25쪽.

173 같은 책, 28쪽.

174 같은 책, 48쪽.

175 같은 책, 47쪽.

176 같은 책, 같은 쪽.

177 같은 책, 44-45쪽 참조.

178 같은 책, 45쪽.

179 김우성/김영희, 「왕양명의 '지행합일(知行合一)論이 교정 상담에 갖는 함의」, 『교정 담론』, 제9권 제3호, 2015, 60쪽.

180 같은 책, 64쪽.

181 같은 책, 70-76쪽 참조.

182 같은 책, 78쪽 참조

183 같은 책, 같은 쪽.

184 같은 책, 81쪽.

185 같은 책, 같은 쪽.

186 이준호/이상임, 「중세 말에서 근대까지 유럽에서 범죄 발생의 기후적 배경 - '부랑자 법과 교정'을 중심으로」, 『교정 담론』 제10권 제3호, 2016, 244쪽.

187 같은 책, 245쪽.

188 같은 책, 같은 쪽.

189 같은 책, 254쪽.

190 같은 책, 255쪽. 이 주장은 〈F. Allen, *The Decline of the Rehabilitative Ideal: Penal policy and social purpose*, New Heaven and London, 1981.〉에 근거한다고 밝히고 있다.

191 같은 책, 256쪽.

192 같은 책, 같은 쪽.

193 이준호/이상임, 「조선 시대 기상이변에 따른 재해 발생과 공옥(空獄) 사상의 교정적 의미 고찰」, 『교정 담론』 제11권 제3호, 2017, 271쪽.

194 같은 책, 272-275쪽.

195 같은 책, 277-284쪽.

196 같은 책, 286-289쪽.

197 같은 책, 289-290쪽.

198 같은 책, 291쪽.

199 김안식, 『수형자의 종교 활동 및 성향이 정신건강과 수용 생활적응에 미치는 영향』, 경기대학교 대학원 박사학위 논문, 2009, 15-52쪽 참조.

200 이영희, 「개별처우 효과성 향상을 위한 분류심사 활용 방안: 교정심리검사를 중심으로」, 『교정 담론』 제4권 제1호, 2010, 167-169쪽 참조.

201 Ishizuka Shinichi, 「교정에서 종교의 역할 – 프로이센 감옥학이 일본의 교회(教誨)에 미친 영향」, 『교정 담론』 제6권 제1호, 2012 참조.

202 J. W. Marquart, & J. B. Sorensen, *Correctional Contexts - Contemporary and Classical Readings,* Los Angels, California: Roxbury Publishing Company, 1999, 417-488쪽 참조. '회복적 사법'에 대한 논의는 본서 다음 절 – 제4장 제3절 (2) (나)와 (다)항에서 자세하게 다룬다.

203 김용진, 「사설교도소의 도입 및 운영에 관한 연구」, 한국형사정책연구원, 1996. 김지훈, 「한국의 민영교도소 제도 운영방안에 관한 연구」, 동국대학교 대학원 석사학위 논문, 2002. 박광식, 「효과적인 민영교도소 운영에 관한 연구」, 고려대학교 행정대학원 석사학위 논문, 2004. 이백철, 「교도소 민영화의 이론과 실제」, 『교정교화』, 1992. 연성진, 「미국의 민영교도소에 관한 연구」, 한국형사정책연구원, 2004. 장규원/정현미/진수명/정희철, 「민영교도소 도입을 위한 예비연구」, 한국형사정책연구원, 1999.

204 이윤호, 「90年代 韓國矯正의 展望과 發展方向」, 『교정 연구』 제2호, 1992, 20쪽.

205 개소 직전 교도소명이 너무 '기독교적'이라는 이유로 '소망 교도소'로 이름을 바꾸었음.

206 김무엘, 「우리나라 민영교도소의 프로그램과 향후 운영 방향: 아가페 민영교도소 시범 운영 프로그램을 중심으로」, 『교정 담론』, 창간호, 2007, 133쪽.

207 황일호, 「우리나라에서의 민영교도소의 확대방안」, 『교정 연구』 제48호, 2010, 111쪽

참조.

208 같은 책, 112쪽 참조.

209 같은 책, 110-111쪽 참조.

210 같은 책, 126쪽.

211 강길봉/임안나, 「민영교도소의 공공성 탐색」, 『교정 담론』 제8권 제1호, 2014, 77쪽.

212 같은 책, 77-78쪽 참조.

213 같은 책, 76쪽.

214 야마와키 나오시(山脇直司), 『공공철학이란 무엇인가』, 성현창 옮김, 이학사, 2004, 126쪽.

215 같은 책, 135-146쪽 참조.

216 강길봉/임안나, 「민영교도소의 공공성 탐색」, 『교정 담론』 제8권 제1호, 2014, 78쪽.

217 같은 책, 79쪽.

218 같은 책, 77-79쪽 참조.

219 같은 책, 77쪽 참조.

220 같은 책, 78-79쪽 참조.

221 조극훈, 「헤겔 철학에서 상호인정 담론과 회복적 정의에 나타난 범죄와 형벌의 교정학적 의미」, 『교정 담론』 제13권 제3호, 2019, 1쪽.

222 같은 쪽, 3쪽.

223 같은 쪽, 10쪽.

224 이백철 · 조극훈, 「공리주의 형벌론과 파놉티콘」, 『교정 담론』 제12권 제3호, 2018, 42-43쪽 참조. 조극훈, 「인문학의 확장과 변용: 교정인문학의 방향과 전망」, 『교정 담론』 제11권 제1호, 2017, 56쪽 참조.

225 강진철, 「법학과 인문학의 상호 작용에 관한 연구 - '법과 문학운동'을 중심으로」, 〈법학연구〉, 제25집, 2007, 20쪽.

226 성백효(譯註), 「論語集註」, 전통문화연구회, 서울, 1990.

227 브르디외는 인간 삶은 사회 안에서의 투쟁인데, 사회는 기존 질서가 유지되고, 기득권자의 구조가 그대로 재생산되기 위해서는 물리적인 폭력보다는 상징적 형태의 시배 방향으로 나아간다고 주장한다. 즉 정치, 경제, 문화, 교육 등의 재생산 과정 안에서 강자의 원칙에서 비가시적 상징폭력을 사용하는데, 이것은 바로 약자에 대한 지배 체제의 공고화라고 할 수 있다. P. 브르디외, 『상징폭력과 문화재 생산』, 정일준 옮김, 새물결, 1995 참조.

228 양원규 · 정우열 · 장철영, 『현대사회와 범죄』, 지식인공동체 지식인, 2013, 264쪽 참조.

229 「수형자와 사형수 등에 대한 참정권, 섹스권, 흡연권, 사회보장수급권 인정의 당위성」, 2007년 11월 국회발표, 천정환, 『한국교정론』, 학술정보, 2008, 418-441쪽 참조. 천정환·이동임, 『교정학 개론』, 진영사, 2014, 301-301쪽 참조.

230 R. 코젤렉, 『지나간 미래』, 한철 옮김, 문학동네, 1998. 125쪽 참조.

231 F. D. E. Schleiermacher, *Gedanken zu einer Theorie der Erziehung. Aus der Pädagogik - Vorlesung von 1826*, Heidelberg, 1965. 19쪽.

232 같은 책, 22쪽.

233 같은 책, 27쪽.

234 강남순, 『용서에 대하여』, 동녘, 2017, 46쪽.

235 같은 책, 같은 쪽.

236 이백철, 『교정학』, 교육과학사, 2015, 59쪽. 교정이념의 역사는 관점에 따라 약간의 차이가 있다. '응보사상'을 기점으로 '예방', '무해화', '재사회화', '진자 이론(Pendulum Swings)', '회복적 사법'의 과정으로 제시되기도 한다. 박광민/강지영, 「교정 단계에서의 회복적 사법의 실현」, 『피해자학연구』 제15권, 한국피해자학회, 2007, 157-158쪽 참조.

237 같은 책, 565쪽.

238 같은 책, 같은 쪽.

239 같은 책, 566-567쪽 참조.

240 같은 책, 567쪽.

241 같은 책, 567쪽.

242 R. Martinson, "What Works? - Questions and Answers About Prison Reform", Marquart, J. W. & Sorensen, J. B. *Correctional Contexts - Contemporary and Classical Readings,* Los Angeles, California: Roxbury Publishing Company, 1999, 304-305쪽 참조.

243 이백철, 『교정학』, 교육과학사, 2015, 570쪽.

244 윤옥경, 「〈교정 연구〉 게재논문 분석을 통해 본 교정학의 연구 영역과 연구 동향」, 『矯正研究』, 제22호, 2004, 66쪽.

245 같은 책, 85쪽.

246 같은 책, 같은 쪽.

247 J. Habermas, "Erkenntnis und Interesse", in: Habermas, J. *Technik und Wissenschaft als Ideologie*, Frankfurt am Main, 1973, 159쪽.

248 같은 책, 164쪽.

249 같은 책, 163쪽.

250 하버마스의 〈"Erkenntnis und Interesse", in: Habermas, J. *Technik und Wissenschaft als Ideologie*, Frankfurt am Main, 1973.〉에는 '비판적 · 변증법적 과학(die kritisch-dialektische Wissenschaft)'이라는 용어는 직접 나타나지 않는다. 그러나 간접적으로 하버마스는 '해방적 관심'에 상응하는 학문유형을, "비판에 정향된 과학(die kritisch orientierten Wissenschaften)"(159쪽), 혹은 "비판적 사회과학(eine kritische Sozialwissenschaft)"(158쪽) 등으로 표현하고 있다.

251 이백철, 「'철학적 범죄학'의 정착을 위한 시론:교정학의 지향점」, 『교정 연구』, 제41호, 2008, 219-228 참조.

252 같은 책, 225쪽.

253 같은 책, 226쪽.

254 같은 책, 226쪽.

255 같은 책, 227쪽.

256 같은 책, 233쪽.

257 같은 책, 같은 쪽.

258 같은 책, 같은 쪽.

259 같은 책, 228-231쪽 참조.

260 같은 책, 233쪽.

261 이백철/전석환, 「'철학적 범죄학'의 연구 범주와 그 탐구 지평에 대한 소고(小考)」, 『형사 정책연구』, 제20권 제2호, 2009 · 여름호, 236쪽.

262 같은 책, 238-245쪽 참조.

263 같은 책, 246-251쪽.

264 같은 책, 253쪽.

265 같은 책, 254쪽.

266 이규현, 「미셸 푸코와 교정의 만남:『감시와 처벌』을 중심으로」, 『교정 담론』, 창간호, 2007, 77쪽.

267 같은 책, 같은 쪽.

268 같은 책, 같은 쪽.

269 같은 책, 95쪽.

270 같은 책, 같은 쪽.

271 고원, 「미셸 푸코와 인문교정학: 규율 권력에 대한 비판에서 자기 주체화의 탐색으로」, 『교정 담론』 제11권 제1호, 2017, 98쪽.

272 같은 책, 같은 쪽.

273 같은 책, 112쪽.

274 같은 책, 같은 쪽.

275 같은 책, 113쪽.

276 같은 책, 같은 쪽.

277 같은 책, 114쪽.

278 같은 책, 같은 쪽.

279 전석환, 「'죄'와 '형벌' 개념에 대한 반(反)정초주의적 비판에 대한 논의 - 니체(F. W. Nietzsche)의 『도덕의 계보』를 중심으로」, 『교정 담론』, 제4권 제2호, 2010, 35쪽.

280 같은 책, 40-45쪽 참조.

281 같은 책, 53-58쪽 참조.

282 같은 책, 51쪽 참조.

283 같은 책, 56-57쪽 참조. 여기서 F. W. 니체의 발언은 주로 〈도덕의 계보〉에서 주장되었다. 『선악의 저편 · 도덕의 계보』, 니체 전집 14, 김정현 옮김, 책세상, 2009, 427-430쪽 참조.

284 이윤호, 「90年代 韓國矯正의 展望과 發展方向」, 『교정 연구』 제2호, 1992, 7쪽.

285 이백철, 「교정학 담론의 인문학적 모색: 평화주의 범죄학과 회복적 사법」, 『교정 담론』, 창간호, 2007, 5쪽.

286 같은 책, 5쪽 참조.

287 같은 책, 6쪽.

288 같은 책, 6-7쪽.

289 같은 책, 7쪽.

290 같은 책, 같은 쪽.

291 박광민/강지영, 「교정 단계에서의 회복적 사법의 실현」, 『피해자학연구』 제15권, 한국피해자학회, 2007, 157쪽 참조.

292 같은 책, 161쪽.

293 같은 책, 같은 쪽.

294 이백철, 「교정학 담론의 인문학적 모색: 평화주의 범죄학과 회복적 사법」, 『교정 담론』, 창간호, 2007, 5쪽. 8쪽.

295 이백철, 「회복적 사법:대안적 형벌체계로서의 이론적 정당성」, 〈한국공안행정학회보〉, 제13호, 2002, 152-155쪽 참조.

296 같은 책, 148쪽 참조.

297 박선영,「교정의 측면에서 본 관계회복: 회복적 교정」,『교정 담론』제11권 제2호, 2017, 2쪽.

298 같은 책, 16쪽.

299 같은 책, 16-18쪽 참조.

300 유정우,「교도소 안의 관계회복 - 소망교도소 법률 고충 상담 운영을 통한 회복적 정의 원리의 한국화 시도」,『교정 담론』제11권 제2호, 2017, 57쪽.

301 같은 책, 같은 쪽.

302 같은 책, 58쪽.

303 같은 책, 같은 쪽.

304 같은 책, 같은 쪽.

305 같은 책, 60쪽.

306 같은 책, 60-63쪽 참조.

307 성현창,「공공철학과 교정과의 만남을 위한 시론」,『교정 담론』제6권 제1호, 2012, 122쪽.

308 같은 책, 같은 쪽.

309 같은 책, 117쪽.

310 같은 책, 122쪽.

311 같은 책, 117쪽.

312 같은 책, 116쪽.

313 조극훈,「사회갈등과 범죄에 대한 철학적 고찰」,『교정 담론』제7권 제1호, 2013, 20쪽.

314 같은 책, 같은 쪽.

315 같은 책, 25쪽.

316 같은 책, 26쪽.

317 이창훈,「'때린 거 미안해'와 '때린 건 미안한 일이야' - 갈등 해결을 위한 수사학 (Rhetoric)과 회복적 사법의 융합」,『교정 담론』제10권 제1호, 2016, 23쪽.

318 같은 책, 같은 쪽.

319 같은 책, 43쪽.

320 같은 책, 같은 쪽.

321 김영식,「교정 단계 회복적 사법 적용 사례에 관한 연구」,『교정 담론』제7권 제1호, 2013, 273쪽.

322 같은 책, 285쪽.

323 같은 책, 같은 쪽.

324 박광민/강지영, 「교정 단계에서의 회복적 사법의 실현」, 『피해자학연구』 제15권, 한국피해자학회, 2007, 169쪽.

325 같은 책, 172-174쪽 참조

326 같은 책, 173-174쪽.

327 조극훈, 「헤겔 철학에서 상호인정 담론과 회복적 정의에 나타난 범죄와 형벌의 교정학적 의미」, 『교정 담론』 제13권 제3호, 2019, 17쪽.

328 같은 책, 같은 쪽.

329 법무부, 『법무부 변화전략계획 - 희망을 여는 약속』, 법무부 출판국, 2006 참조.

330 쇼리스, E.(Earl Shorris), 『희망의 인문학 - 클레멘트 코스, 기적을 만들다』, 고병헌·이병곤·임정아 옮김, 서울: 이매진, 2006, 229쪽.

331 전석환, 「서평: '모든 사람을 위한 인문학적 향유': 얼 쇼리스(Earl Shoris) 의 『희망의 인문학-클레멘트 코스, 기적을 만들다』를 읽고」, 『교정 담론』 제2호 2008, 179쪽.

332 쇼리스, E.(Earl Shorris), 『희망의 인문학 - 클레멘트 코스, 기적을 만들다』, 고병헌·이병곤·임정아 옮김, 서울: 이매진, 2006, 24쪽.

333 전석환, 「서평: '모든 사람을 위한 인문학적 향유': 얼 쇼리스(Earl Shoris) 의 『희망의 인문학-클레멘트 코스, 기적을 만들다』를 읽고」, 『교정 담론』 제2호 2008, 180쪽.

334 조극훈, 「인문학의 확장과 변용: 교정인문학의 방향과 전망」, 『교정 담론』 제11권 제1호, 2017, 61-62쪽 참조.

335 전석환, 「교정 과정 안에서 본 문학의 역할과 그 의미」, 『교정 담론』, 제10권 제2호, 2016, 9-12쪽 참조.

336 같은 책, 12-19쪽 참조.

337 오민자, 「교정과 미술치료: 성폭력 수형자 미술치료 사례연구」, 『교정 담론』 제2호, 2008, 172쪽 참조.

338 한영선, 「쇼나 조각과 소년원 학생들」, 『교정 담론』, 제8권 제1호, 2014, 207쪽.

339 같은 책, 208쪽.

340 같은 책, 209쪽.

341 강현식, 『인문·사회과학의 새로운 연구 방법론 - 내러티브학 탐구』, 한국문화사, 2016, 489쪽 참조.

342 전한호, 「벗겨진 가죽, 벗겨진 죄 - 〈캄비세스 왕의 재판〉에 나타난 죄와 벌」, 『교정 담론』 제8권 제2호, 2014, 325쪽.

343 같은 책, 307쪽.

344 같은 책, 325쪽.

345　신겸수,「영국 및 미국 교도소의 셰익스피어 연극 프로그램」,『교정 담론』제2호, 2008, 59-61쪽 / 61-71쪽 참조.

346　같은 책, 73쪽.

347　신겸수,「영미 교도소 연극 프로그램의 활용 방안」,『교정 담론』제5권 제1호, 2011, 125-126쪽 참조.

348　같은 책, 130쪽.

349　신겸수,「영국 및 미국 교도소의 셰익스피어 연극 프로그램」,『교정 담론』제2호, 2008, 72쪽.

350　정재훈/박지은,「영화 속에 나타난 범죄의 사회적 의미 - 근대국가체제 국민 보호 기능 분석을 중심으로」,『교정 담론』제8권 제1호, 2014, 145쪽.

351　같은 책, 145-146쪽.

352　같은 책, 167쪽.

353　같은 책, 같은 쪽.

354　같은 책, 같은 쪽.

355　이백철,「문화 범죄학: 범죄학의 새로운 지평」,『교정 담론』, 제5권 제2호, 2011 참조.

356　이백철,「'철학적 범죄학'의 정착을 위한 시론:교정학의 지향점」,『교정 연구』, 제41호, 2008 233쪽 이하 참조. 이백철/전석환,「'철학적 범죄학'의 연구 범주와 그 탐구 지평에 대한 소고(小考)」,『형사 정책연구』, 제420권 제2호, 2009 · 여름호, 246-251쪽 참조.

357　김안식,「수형자의 교정교화와 종교의 역할」,『교정 담론』제4권 제1호, 2010, 82쪽.

358　같은 책, 같은 쪽.

359　같은 책, 같은 쪽.

360　같은 책, 56쪽.

361　같은 책, 82쪽.

362　같은 책, 83쪽.

363　같은 책, 56쪽.

364　전석환,「수용자 처우에 있어서 종교의 역할과 기능에 대한 고찰 - 구조 변화의 의미를 중심으로」,『경찰학 논총』제5권 제1호 2010, 379 참조

365　같은 책, 384-388 참조.

366　같은 책, 393쪽.

367　같은 책, 394쪽.

368　김안식,「수형자의 교정교화와 종교의 역할」,『교정 담론』제4권 제1호, 2010, 57쪽.

369 김지수/김영철,「철학적 사유에 내재하는 교정코드의 의미 - 아우구스티누스의 영혼을 중심으로」,『교정 담론』제12권 제1호, 2018, 145쪽.

370 같은 책, 143쪽.

371 같은 책, 같은 쪽.

372 같은 책, 같은 쪽.

373 같은 책, 146쪽.

374 같은 책, 147쪽.

375 같은 책, 143쪽.

376 김우성,「가톨릭 생명윤리의 관점에서 본 사형의 비윤리성」,『교정 담론』제4권 제1호, 2010, 48-49쪽 참조.

377 같은 책, 45-47쪽 참조.

378 같은 책, 50쪽.

379 같은 책, 34쪽.

380 같은 책, 같은 쪽.

381 같은 책, 35쪽.

382 같은 책, 36-37쪽 참조.

383 같은 책, 51쪽.

384 진희권,「불교의 생명관을 통해서 바라본 사형제도」,『교정 담론』제4권 제1호, 2010, 120쪽.

385 같은 책, 120-121쪽.

386 같은 책, 129쪽.

387 같은 책, 같은 쪽.

388 같은 책, 같은 쪽.

389 박병식,「교수형의 잔혹성 연구」,『교정 담론』제7권 제2호, 2013, 49쪽 참조.

390 같은 책, 52쪽.

391 같은 책, 51쪽. 김상겸,「사형제도 존폐논의: 존치론을 중심으로」,『사형제도의 쟁점 검토』, 국가인권위원회 인권연정책국 인권연구담당관실, 2004. 3. 23. 참조

392 같은 책, 51-52쪽.

393 같은 책, 52쪽.

394 윤창식,「사형확정자 처우의 이해와 쟁점」,『교정 담론』, 제4권 제1호, 2010, 13쪽 이하 참조.

395 같은 책, 14쪽 이하 참조.

396   같은 책, 26쪽.

397   같은 책, 같은 쪽.

398   같은 책, 같은 쪽.

399   같은 책, 27쪽.

400   사람 사이의 친밀감은 물리적 거리를 통해 나타날 수 있다. 개인적 공간의 확보라는 것은 타인에 대한 신뢰로부터 불편함 내지 위협감으로까지 표상될 수 있다. 자신을 중심으로 주위 공간은 친밀역(0-60cm), 개인역(60-120cm), 사회역(120-330cm), 공공역(330cm 이상)으로 분류된다. 물리적 거리라는 것은 상대방에 대한 친밀감을 표현하는 주요한 공간적 수단이라고 할 수 있을 것이다. E. T. Hall, *The hidden dimension*, New York: Doubleday, 1962 참조. 여기서는 권석민, 『인간관계의 심리학』, 학지사, 2017, 155-156쪽 참조. 이러한 전제를 교도소 내 재소자의 독거 혹은 혼거의 문제에 적극적으로 활용할 수 있다.

401   김정희, 「죽음 교육을 통한 청소년 비행 예방: 사회적 불건강 예방 및 건강증진에 대한 재고」, 『교정 담론』 제7권 제2호, 2013, 194쪽.

402   같은 책, 213쪽.

403   같은 책, 같은 쪽.

404   같은 책, 212쪽. 김정희는 "13세 이후 연령집단에서는 철학적 · 추상적으로 죽음 생각이 가능하고 따라서 죽음에 대한 명확한 관념을 가질 수 있기에 무리가 없다"(212쪽)라고 주장한다. '죽음의 교육'이 실제 교육 현장에서 가능해진다면 연령 수준에 따라 커리큘럼을 구성하기 전 -- 세밀하게 구분하는 것이 중요하다.

405   이백철, 『교정학』, 교육과학사, 2015, 566-567쪽 참조.

406   윤창식, 「'주한 미 육군 교도소' 참관기」, 『교정 담론』(2011년 제5권 제2호, 293-302쪽 참조). 그 외 군 교도소에 대한 다른 연구는 『교정 담론』 안에 부재하다.

407   북한의 범죄 실태와 구금시설 및 형집행제도에 대한 연구들은 『교정 담론』(2009년 제3권 제1호 참조)에 기고되었지만, 북한 새터민 주민을 대상으로 한 교정 관련 연구는 매우 적다. 최영신, 「북한이탈주민과 일반 국민의 범죄 및 범죄피해 경험 비교」, 『교정 담론』(2019년 제13권 제2호) 참조. 일반 탈북주민이 아닌 탈북청소년에 대한 교정 관련 연구는 '탈북청소년의 준법의식과 비행'이라는 주제로 2009년 10월 29일 〈한국청소년정책연구원〉과 공동 개최한 〈아시아교정포럼〉의 학술대회에서 발표되었다: 윤상석, 「탈북청소년의 탈북 배경과 준법의식」, 김현아, 「MMPI에 나타난 북한 이탈 청소년의 심리적 특성」, 박윤숙, 「북한 이탈 청소년의 일탈 행동과 해결방안: 사례를 중심으로」.

408 이경재,「변화하는 시대 상황에 부응하기 위한 교정 패러다임의 변혁 - 강제노역의 의미와 성 소수자를 위한 수용 문제를 중심으로」,『교정 담론』제13권 제2호, 2019 참조.

409 박정선, 서평,『시작의 공유, 다양한 삶: 비행 소년에서 70세 노인까지』"*Shared Beginnings, Divergent Lives - Delinquent Boys to Age 70*"『교정 담론』, 제2권 제2호, 2008, 148쪽.

410 같은 책, 같은 쪽.

411 같은 책, 147쪽.

412 조극훈,「인문학의 확장과 변용: 교정인문학의 방향과 전망」,『교정 담론』제11권 제1호, 2017, 81-82쪽.

413 같은 책, 82쪽.

414 M. 샌들,『돈으로 살 수 없는 것들 - 무엇이 가치를 결정하는가』, 안기순 옮김, 미래엔, 2012, 19쪽.

415 "교도소 감방 업그레이드 - 1박에 82달러. 캘리포니아 주 산타아나 시를 포함한 일부 도시에서는 폭력범을 제외한 교도소 수감자들이 추가 비용을 지불하면 깨끗하고 조용하면서, 다른 죄수들과 동떨어진 개인 감방으로 옮길 수 있다." Jennifer Steinhauer, "For $82 a Day, Booking a Cell in a 5-Star Jail", New York Times, April 29, 2007. 같은 책, 같은 쪽 재인용.

416 J-F. 료타르,「포스트모더니즘은 무엇인가」, 허윤기 역, in: 김욱동(편),『포스트모더니즘의 이해』, 문학과지성사, 2001, 279쪽. Engelmann, P.(Hrsg.), *Postmoderne und Dekonstruktion - Texte französischer Philosophen der Gegenwart*, Stuttgart, 1990, 47쪽.

417 테일러, 빅터, E./윈퀴스트, 찰스, E.(편집),『포스트모더니즘 백과사전』, 김용규(외) 옮김, 경성대학교출판부, 2007, 142쪽.

418 같은 책, 같은 쪽 참조.

419 김욱동(편),『포스트모더니즘의 이해』, 문학과지성사, 2001, 11-28쪽, 54-75쪽, 417-459 쪽 참조.

Engelmann, P.(Hrsg.), *Postmoderne und Dekonstruktion - Texte französischer Philosophen der Gegenwart*, Stuttgart, 1990, 5-32쪽 참조.

전 석 환

저자 전석환(全碩煥)은 철학을 주 전공으로 하고 교육학 및 종교학을 부전공으로 하여 독일 Berlin Freie Univ.를 졸업(Magister Artium)했으며, 같은 대학에서 철학박사 학위(Dr. Phil.)를 취득하였다. 동(同)대학 교육학부 및 동아시아학부 강사(Lehrbeauftragte)를 역임했으며, 귀국 후 경기대학교 사회과학연구소 연구교수와 (사)아시아교정포럼 인문교정연구소 소장을 역임하였다.

인문학과 연계하여 교정을 주제로 한 저자의 주요 논문들은 다음과 같다: 〈교정학의 인문학적 접근: 규범개념에 대한 논의를 중심으로〉, 〈수용자처우에 있어서 종교의 역할과 기능에 대한 고찰 ─ 구조변화의 의미를 중심으로〉, 〈교정과 로봇(robot)사용의 연관 문제 ─ 소통 안에서 '구술적 감성'의 변모 과정을 중심으로〉, 〈교정 과정 안에서 본 문학의 역할과 그 의미〉, 〈인문교정의 탐구 대상으로 본 정의(正義)〉, 〈'죄'와 '형벌' 개념에 대한 반(反)정초주의적 비판에 대한 논의 ─ 니체(F. W. Nietzsche)의 『도덕의 계보』를 중심으로〉, 〈'인간의 공격성(aggression)' 개념에 대한 고찰 및 그 치유 가능성의 전망 ─ '인간학적(anthropological) 관점'을 중심으로〉

교정과 인문학
교정학의 인문학적 기초

초판인쇄 2022년 5월 27일
초판발행 2022년 5월 27일

지은이 전석환
펴낸이 채종준
펴낸곳 한국학술정보(주)
주 소 경기도 파주시 회동길 230(문발동)
전 화 031-908-3181(대표)
팩 스 031-908-3189
홈페이지 http://ebook.kstudy.com
E-mail 출판사업부 publish@kstudy.com
출판신고 2003년 9월 25일 제406-2003-000012호

ISBN 979-11-6801-482-4 93330